텍스트로서의 번역

텍스트로서의 번역

Translation as Text

Albrecht Neubert & Gregory M. Shreve 지음

주진국 옮김

도서출판 동인

『텍스트로서의 번역』(*Translation as Text*)은 1985년 *Übersetzungswissen-schaftliche Beiträge*[번역학연구] 제8권으로 발간된 *Text and Translation*을 보완한 책이다. 원저가 긍정적인 반응을 얻고 독일을 비롯한 여러 나라의 상급 번역 수업에서 참고자료로 자주 활용되었다는 점에 고무되어 두 필자는 그 책을 대폭 개정하고 증보하게 되었다. 이를 통해 원저에서 표면적으로 드러나지 않았던 이론적 입장과 방법론적 가정들에 대한 명확화를 꾀하였다. 새 책의 제1장은 현대 번역학의 다양한 접근법 사이에서 본서가 점하는 위치를 언급하는 데 할애하였다. 본서는 번역학을 번역자, 번역 과정, 그리고 텍스트 사이의 관계에 대한 경험적 연구로 기술하고 있다.

번역학은 엄격하게 언어학적인 문제들에 대한 외골수에 가까운 관심을 버렸다. 번역학은 타 학문 분야에서 유입된 새로운 개념들로 활기에 차있다. 번역학자들은 이제 주저 없이 정보과학, 인지과학, 심리학에서 새로운 개념을 받아들인다. 이러한 타 분야들의 학자들도 번역학 연구와 관련 있는 문제들을 채택해 왔다. 번역은 이 학자들에게 텍스트 생산과 텍스트 이해의 역학을 연구하기에 더할 나위 없는 기회를 제공한다. 이와 같은 학제적 교류의 결과

는 새로운 연구 방향으로 나타났다. 번역은 이제 그 자체로 중요한 연구 분야가 되었다.[1)

근현대의 학문으로서 처음 자리를 잡아가기 시작할 때 번역학은 전통적인 문헌학과 언어학의 비중 없는 하위 분야로 간주되었다. 1950년대, 1960년대, 1970년대에 번역과 통역에 대한 학문적 연구는 전통적인 문헌학 교과에서 정당한 위치를 확보하기 위해 노력해야 했다. 번역학도들은 번역과정이 연구할 가치가 있는 과목이라고 다른 학자들을 설득하기 어렵다고 느꼈다. 번역학의 목표는 번역이 단순히 복잡한 형태의 언어 읽기나 이중 언어 구사자에게 자연스러운 기계적 기술mechanical skill이 아님을 입증하는 것이었다. 지난 20년간 번역학의 발전과 관련한 특징을 꼽는다면 언어학이 주는 영향의 퇴조와 번역 연구에 학제적 초점을 두려는 움직임이다. 언어학은 이제 우리가 번역을 이해하는 데 기여하는 많은 학문 분야 중 하나일 뿐이다. 번역이 학제적 학문으로 부상함에 따라 번역학의 성격을 재정의하는 새로운 연구 양상도 나타났다.[2)

확실히 번역은 여전히 언어학의 관심 영역이다. 마찬가지로 언어학은 여전히 번역학의 중심 화두이다. 하지만 번역은 이제 더 이상 온전히 언어학의 영역에 포함되지 않는다. 번역학은 이제 타 학문 영역과의 자체적인 연관성을 추구하게 되었다. 학문 간 제휴가 불어넣은 활력은 여러 번역 모델이 태동하여 경쟁하도록 하였다. 번역학자와 직업 번역사들은 번역의 서로 다른

---

1) 번역에 대한 숙고의 역사는 번역 자체만큼 길다. 번역은 고대 그리스 시대 이래로 실무자와 이론가 모두에게 흥미로운 주제였다. 현대적인 번역 접근법 다수의 토대는 여러 세기 전에 쓰인 소론이나 논문에서 찾아 볼 수 있다. 번역에 관한 이러한 사유思惟 중 일부는 번역 과정과 결과에 관한 고려 사항들로서 잘 다듬어진 것들이다. 현대 번역 이론의 주창자들은 독창성을 주장하는 데 있어 겸손해야 한다.

2) 과학의 모델과 이론이 어떻게 발전하는지에 관한 날카로운 견해는 Kuhn의 *The Structure of Scientific Revolutions*[과학 혁명의 구조] 참고

측면에 초점을 둔다. 또한 번역학도는 공통된 연구 대상에서 특정 분야를 택하여 나름의 관심을 둔다. 이러한 선택적 관심에서 비롯된 여러 가지 시각들이 모여 여러 가지 번역 모델을 태동시켰다. 동일한 현상에 대해 다각적인 이해를 추구하는 것은 발전 도상에 있는 신생 학문의 특징이다.[3] 『텍스트로서의 번역』은 계속 진행 중인 번역학의 진화에 기여할 것이다.

　　본서는 번역에 대한 텍스트적 시각을 견지한다. 텍스트가 일차적인 연구 대상이 된다는 점에서 텍스트적 시각은 번역학의 통합적 개념 역할을 할 수 있는 잠재성을 갖는다. 이러한 시각은 여러 번역 과정과 결과가 텍스트로서의 번역이라는 개념을 통해 조화될 수 있는지를 이해하기 위한 틀을 제공하여 번역에 대한 더 정밀한 시각들을 존중하려 한다. 텍스트와, 텍스트에 텍스트성textuality을 부여하는 여러 특성은 번역이라는 학제적 학문 분야에 대한 통합적 개념으로 제안하는 것이다. 텍스트적 시각은 우리가 일상적으로 수행하는 번역 실무가 텍스트 중심적이라는 사실을 상기시킨다. 번역자는 텍스트에서 지식을 취하고 지식을 텍스트에 투입한다. 이러한 이유로 번역학도에게 텍스트성의 개념보다 더 자연스러운 개념은 없다고 하겠다.

　　실용적인 결과는 번역에 대한 이론적 이해를 개선하는 데서 도출되어야 한다. 더 효과적이고 더 조리 있는 번역 연구가 있어야 번역 교육, 번역 실무, 그리고 컴퓨터를 이용한 번역 시스템의 설계와 관련한 실질적인 편익을 얻을 수 있다. 번역을 포괄적이고 기술적인 측면에서 경험적 현상으로 이해하지 않으면 이를 효과적으로 가르칠 수 없고, 더 자신 있게 번역 실무를 수행하고 더 효율적으로 유용한 소프트웨어를 설계할 수 없다. 번역과 관련

---

3) 필자가 아는 한 '학제 간 경계영역interdiscipline'은 Gideon Toury가 Mary Snell-Hornby에게 전한 사적인 말에서 처음 사용되었다(Snell-Hornby 1991, 7). 이것이 1991년 6월 25일-27일에 라이프찌히에서 열린 Fifth International Conference on Basic Issues in Translation Studies[번역학의 기본적 현안들에 관한 제5차 국제회의]의 독립적인 준거 틀로 채택되었다(Neubert 1993).

한 관찰 가능한 사실들은 텍스트를 통해 드러난다. 번역학자, 번역 교수자, 그리고 번역사들은 공통된 준거 틀을 필요로 한다. 『텍스트로서의 번역』이 이러한 공통된 준거 틀을 제공하여 학자, 독자, 비평가, 교수자, 번역사의 서로 다른 시각을 통합하기 위한 초석을 놓을 수 있다면 본서는 유익한 역할을 한 것일 것이다. 두 필자는 앞으로 번역학이 더 발전하려면 학자들이 서로 협력하려는 의지가 있어야 한다고 굳게 믿는다. 학자들은 자신만의 편협한 입장에서 주장을 펼치지 말고 텍스트로서 번역을 이해하려는 포괄적인 시각을 견지하려고 노력해야 한다.

두 필자는 라이프찌히대학교University of Leipzig 이론언어학 및 응용언어학과와 켄트주립대학교Kent State University 응용언어학연구소 동료들의 격려에 감사한다. 또한 지혜롭게도 국제적인 교류를 권하여 본서와 *Translation Studies* 시리즈가 출판될 수 있도록 한 Bob Clawson 박사, Mark Rubin 박사, Rudolph Buttlar 박사, Thomas Moore 박사, Michael Schwartz 박사에게도 감사를 드린다. 켄트주립대 언어학 교수의 라이프찌히대학교 방문을 처음 제안한 Thom Lamb 학장님께도 저자의 한 명으로서 진심으로 감사하게 생각한다. 특히 두 필자는 '라이프찌히 그룹' 구성원들인 Klaus Gommlich 박사, Christina Schäffner 박사, Willi Scherf 박사의 성원에 감사드린다. 영어판 편집을 맡은 Emil Sattler 박사와 Joan Shreve에게도 원고 수정과 편집에 많은 노력을 기울인 데 대해 특별히 감사의 마음을 전한다.

차 례

▌제1장 번역, 텍스트, 번역학

번역과 역설 ― 11   번역(물)과 텍스트 ― 16
번역학의 통일성과 상이성 ― 20   번역 모델 ― 27
비평 모델 ― 33   실무 모델 ― 36
언어학적 모델 ― 38   텍스트언어학적 모델 ― 43
사회문화적 모델 ― 46   전산 모델 ― 49
심리언어학적 모델 ― 53   번역 이론: 들어가는 말 ― 57

▌제2장 번역 ― 지식과 과정

체계로서의 언어와 실제 사용되는 언어 ― 63
상호작용 구조로서의 번역 ― 70   과정으로서의 번역 ― 74
지식과 상호지식 ― 88   공존성 ― 92
프레임 ― 97   시나리오, 스키마, 플랜, 스크립트 ― 107

▌제3장 텍스트성

텍스트성과 "텍스트다움" ― 113   의도성 ― 115
용인성 ― 119
  • 협력의 원칙 / 122
상황성 ― 138   정보성 ― 143

응집성 ― 152
- 응집성의 결정인자 / 155
- 응집성 표지의 유형 / 159
- 전역적 응집성 / 163

결속성 ― 167
- 어휘 결속성 / 170
- 텍스토니미 / 178
- 단어 체계 / 180
- 문법적 결속성 / 185

상호텍스트성 ― 192

▌제4장 결과로서의 번역

번역의 발달 ― 203

텍스트 유형 ― 205

원형 ― 212

텍스트 의미 ― 220

거시구조와 거시규칙 ― 223

소통값 ― 227

텍스트 등가와 소통적 등가 ― 230

텍스트와 번역 이론: 끝맺는 말 ― 237

- 참고문헌 ― 241
- 찾아보기 ― 255

제1장
번역, 텍스트, 번역학

번역과 역설

번역은 여러 세기 동안 문화적 상호작용에서 중요한 일부분을 차지했다. 이렇게 긴 역사를 가지고 있음에도 불구하고 번역은 역설이다. 번역은 우리가 항상 해왔기에 자연스럽다. 하지만 어떤 때 번역은 심히 부자연스럽게 느껴진다. 특히 잘못된 번역을 읽을 때가 그렇다. 번역은 필요한 것이지만 이를 제대로 하는 것은 때로는 불가능해 보이기도 한다. 번역의 수요를 창출한 사회적, 경제적 여건들은 항상 있었다. 이런 수요가 있었기 때문에 번역사들은 문화와 언어의 차이에도 불구하고 자신의 일을 효과적으로 수행할 수 있었다. 번역은 인간의 역사 속에서 매우 자연스럽게 발전했다. 번역은 문화 간 의사소통과 관련한 기본적인 인간의 요구에 대한 유일무이한 해답으로서 발전했다. 번역과 통역 행위에 대한 통칭으로 언급되는 '언어 조정調停 행위

language mediation'라는 술어는 이러한 중요한 역할을 강조한다. 하지만 번역은 기본적으로 부자연스러운 행위이다. 번역의 전제 전체가 문제가 된다고 볼 수 있다. 어떻게 하면 우리가 원래 다른 언어로 표현된 메시지를 외국어를 이용하여 전달할 수 있을까? 왜곡과 의미의 손실loss 가능성은 막대하다. 원천 텍스트는 복잡다단한 언어적, 텍스트적, 문화적 맥락 속에 뿌리를 두고 있다. 그 의미와 소통 의도, 그리고 해석의 효과는 그 환경 속의 자연스러운 관계에 의존한다. 텍스트를 자연스러운 환경에서 끄집어내어 이를 낯선 언어적, 문화적 배경 속에서 재창조하는 하는 일은 버거운 작업이다. 텍스트는 역동적인 문화 및 언어 생태계에 속해 있다. 번역자는 '취약한' 의미를 이식移植하는 과감한 시도를 위해 그 텍스트를 뿌리째 뽑는다. 번역은 확실히 부자연스럽게 보이고 부자연스럽게 들린다. 이러한 사실은 번역 과정에 내재된 난점을 정확하게 보여주고 있다.

　　아무리 부자연스럽게 보이더라도 번역은 필요한 위범違犯이다. 우리의 복잡한 세계 문명이 이를 요구하기 때문이다. 번역 수요는 국제적인 의사소통이 증가하면서 폭발적으로 증가하고 있다. 따라서 인간의 의사소통 확대 필요성을 인식하고 번역을 가장 자연스러운 노력으로 보려고 하는 것이 적절할 것 같다. 번역을 자연스러운 행위로 보는 쪽은 각 언어와 문화의 유사성을 강조한다. 또 다른 견해는 그 차이점을 강조한다. 문화적 차이점을 중시하는 사람들은 인간의 보편적 특성이 우리가 애써 인정하는 것보다 적다고 확신한다. 이들은 번역이 불가능하다고 생각하며, 번역자가 텍스트를 자연스러운 환경에서 분리하는 것은 사실상 텍스트에 폭력을 행사하는 것이라고 주장한다. Venuti는 번역이 테러리즘과 유사하다고 말하면서 이와 같은 견해를 표명한다(Venuti 1991). Venuti는 "번역의 힘"은 "이국의 텍스트를 (재)구성하여 그 격을 떨어뜨리고, 이異문화를 하찮아 보이게 만들고 배척하여 인종 차별과 민족 간 폭력, 국가 간 정치적 대립, 테러리즘, 전쟁을 조장할 개연성이 있는" 능력이라고 주장한다. Venuti는 그 해법으로 '저항적resistive 번역'을 제안한다. 이러한 번역은 문체와 기타 측면의 불연속성discontinuities을 목표텍스트에 이식하여 원천텍스트의 "이국성foreignness"을 부각시킨다.

이렇게 매우 비판적인 견지에서 보면 번역은 자연스러운 단일 언어 담화와 전혀 다르다. 번역은 영원한 편견의 부담을 안을 수밖에 없다. Venuti는 "번역은 이국 텍스트의 언어적 차이와 문화적 차이를 목표텍스트 독자가 이해할 수 있는 텍스트로 강제로 대체하는 것"(Venuti 1991)이라며 번역에 대한 지극히 부정적인 정의를 거침없이 쏟아 낸다. 이러한 견해는 번역의 잠재적 파괴성을 꽤 적절하게 강조하고 있다. 번역은 항상 손실을 수반한다. 모든 경험 많은 번역자들이 이를 알고 받아들인다. 자연계의 모든 것과 마찬가지로 번역은 엔트로피entropy의 특성을 갖는다. 번역은 열역학 제2법칙의 언어적 예에 해당된다. 문화의 융합이 일어나면 원천텍스트에서 항상 의미의 손실이 있다. 번역은 원천텍스트에 구현된 원래의 언어 형태를 파괴한다. 그 결과, 목표공동체는 그 이국 텍스트를 흡수하고 그 차이점을 없애버린다. Venuti의 비판은 원천 중심적source-centered인 것으로서 그는 손실되는 부분을 살펴보고 있다. 손실이 있으면 이익이 있게 마련이다. 이 역시 번역의 역설이다.

목표독자는 빈곤해지기보다 풍요로워진다. 번역이 원천텍스트에 있는 모든 것을 전이시키지 못한다 해도 목표문화에 이익을 가져온다. 가치 있는 어떤 것도 없다면 목표문화권 독자들은 번역을 요구하지 않을 것이다. 번역 회의론자는 원천텍스트의 모든 것을 보존하는 것은 불가능하다고 해도 번역에서 전이되는 무언가가 있다는 점을 인정해야 한다. 전이 과정에서 모든 이질적인 가치와 의미가 소실되는 것은 아니다. 이국 텍스트에서 가치 있는 모든 것이 그 텍스트의 언어적 형태에 구속된다고 말하는 것은 너무 극단적이다. 이 말은 목표언어의 언어적, 텍스트적 체계가 이국 텍스트의 가치를 담기에 적합하지 않다는 점을 암시한다. 또한 정보 콘텐츠는 언어적, 텍스트적 형태에서 분리할 수 없다는 점도 암시한다.

인류에게 번역은 항상 지식과 지혜의 유일무이한 원천이었다. 번역은 타자성otherness을 이해하고 수용하기 위한 절실한 필요성에서 발생한다. 우리는 다른 사람들이 알고 있는 것을 알고 싶어 하며 다른 사람들이 느끼는 바를 느끼고 싶어 한다. 물론 다른 문화에 대한 우리의 관점이 번역으로 인해 왜곡될 가능성은 언제든 있다. 번역은 정치적, 이데올로기적 어젠다agenda에 이용될 수 있다. 그러나 번역이 폭력을 야기할 가능성이 있다면 그만큼 치유하고, 풍요롭게 하며, 교화할 가능성도 있다. 그렇다면 대안은 무엇인가? 우리가 번역을 하지 않는다면 언어적, 문화적 차이가 강제하는 고립을 극복할 수 있는 가장 중요한 자원 중 하나가 낭비되는 것이다.

번역은 부자연스럽지만 해야만 하기에 하는 것이다. 번역이 없다면 정보를 이전할 기회가 상실될 것이다. 그리고 다른 문화권의 도덕적, 미적 가치는 우리의 범접을 허하지 않을 것이다. 타 사회의 과학적 발견과 기술적 응용은 알 길이 없을 것이다. 물론 Venuti가 번역사들에게 번역을 하지 말라고 하는 것은 아니다. Venuti는 번역이 자민족 중심적인 폭거를 행할 수도 있다는 점을 번역사가 알아야 한다고 말하고 있다. 번역이 해악을 끼칠 가능성이 있다는 점은 부인할 수 없지만, 새로운 사상에 대해 목표문화를 개방하는 능력도 있다는 점도 마찬가지로 부인할 수 없다. 문화의 진화와 변화는 외부의 자극에서 비롯된다. 텍스트를 통한 혁신의 확산은 문화의 지속적인 패턴이다. 이제까지 번역은 문화적 변화에서 중요한 역할을 담당했다. 번역이 억압의 도구로 사용될 수 있는 것이 사실이지만, 번역은 해방의 역할도 수행한다. 번역은 새로운 패러다임과 새로운 삶의 방식을 창출할 수 있다.

번역은 우리의 언어를 풍요롭게 하기도 했다. 언어의 어휘, 통사, 그리고 문체적 체계는 번역에 의해 훼손된 만큼 풍부해지기도 했다. 번역이 없었다면 어떤 현대 언어도 오늘의 모습에 이르지 못했을 것이다. 고전어classical languages에서 영어로 이루어진 방대한 양의 번역이 가져온 효과를 생각해 보라. 현대 언어들의 레퍼토리repertoire, 구조적 특징, 어휘 체계는 번역을 통한 언어 간 접촉에 대한 반응으로 발달했다. 이러한 접촉이 이국 '타자other'의 격을 떨어뜨리거나 하찮아 보이도록 만들었는가? 그럴 수도 있지만 모든 경우에 확실히 그렇다고 할 수는 없다. 번역을 통한 문화적 접촉은 적어도 골칫거리만큼의 이익도 가져왔다. 이것은 번역의 또 하나의 역설이다.

번역에서 눈에 띄게 영향을 받지 않는 텍스트도 많다. 비非문학 텍스트의 대부분을 차지하는 실용 텍스트가 좋은 예이다. 어린이용 자전거의 조립 설명서가 일본어에서 영어로 번역될 때 여기에 어떤 폭력이 가해질 수 있을까? AIDS 백신에 관한 의학 텍스트를 다른 언어로 번역할 때 목표언어의 텍스트적 기대를 무시해야 할까? 텍스트를 더 유창하고 이해하기 쉽게 만들려고 할 때 번역자가 목표언어의 언어 자원linguistic resources을 무시해야 할까? Venuti는 목표텍스트의 유창성이 목표텍스트를 목표언어로 쓰인 독자적 original 텍스트로 보이게끔 하기 때문에 이를 비판한다. 또한 그는 유창성을 가능하게 하는 병렬텍스트parallel texts 같은 번역자원의 활용도 비판한다. Venuti는 언어 구조와 텍스트 구조가 Venuti 자신이 주로 관심을 갖는 문화적 가치에서 분리될 수 없다고 가정한다. Venuti는 "그보다 요는 텍스트의 언어적, 문화적 차이를 보여주기 위해 지배적인 목표언어의 문화적 가치들에 저항하는 번역 이론과 실무를 발전시키는 것"(Venuti 1991)이라고 함으로써 어젠다를 설정한다. 이 말을 통해 Venuti는 유창성에 반하는 번역전략을 제안한다. 이 전략은 원천텍스트와 목표텍스트 간의 차이를 부각시키기 위해 유창하지 않은 번역을 활용한다. 이러한 전략은 이국 문화의 문화적 가치와 문화 고유의 개념들을 전이시키고 보존하는 표현 형태가 목표언어에 있을 수 없다는 가정에 토대를 두고 있지 않은가? 이와 같이 언어적 콘텐츠와 문화적 콘텐츠 간 결속은 언어의 창의적 능력을 인정하지 않는다. 저항적 전략은 문화적 차이를 보전하려 한다. 유창성과 문화적 차이가 공존할 수는 없는 것일까? 번역자들이 문화적 차이를 이해한다면 왜 목표언어의 자원이 문화적 차이를 보전하는 데 동원될 수 없는 것일까? 번역자가 문화적 가치를 이해하지 못하기 때문에 문화적 가치가 소실되는 것일 수도 있다. 저항적 번역은 언어의 힘을 인정하지 않으며, 표현의 무한한 참신성이 모든 언어 체계와 텍스트 체계에 능력을 부여한다는 점을 인정하지 않는다. 솔직히 말해서 대부분의 번역사들에게 이런 모든 논쟁은 중요하지 않다. 어차피 실용 텍스트가 이들이 하는 번역 작업의 대부분을 차지한다. 아마도 진지한 실무자와 번역 애용자에게 더 중요한 문제는 파괴적이지도, 건설적이지도 않은, 단순히 엉망인 번역이 넘쳐난다는 점일 것이다.

번역(물)과 텍스트

필자는 Venuti가 저항적 번역을 외친 것은 주로 특정 문학 텍스트와 문화적 텍스트를 염두에 둔 것이라는 점을 알고 있다. Venuti의 주장을 이용하여 우리의 주장을 돋보이게 한 것도 사과한다. 번역의 잠재적 해악에 관한 Venuti의 분석은 적절하며, 그는 필자와 마찬가지로 번역 과정이 텍스트 형태에 미치는 영향에 초점을 맞춘다. 너무나 많은 이론가들이 번역 과정에만 관심을 갖는다. 이 이론가들은 마치 과정이 텍스트에서 분리될 수 있다는 듯이 말한다. 텍스트는 번역에서 중심적이고도 결정적인 사안이다. 텍스트와 텍스트의 상황은 번역 과정을 결정짓는다. 특정 상황에 내포된 특정 텍스트를 논하지 않고 번역을 일반화할 수는 없다. 단일한 번역 과정이란 존재하지 않는다. 여러 번역 과정이 존재할 뿐이다. 번역은 상황, 번역자 능력, 원천텍스트, 그리고 잠재적 목표텍스트의 교차점이다. 문화적 가치들에 대한 번역의 파괴적 영향이 중요하지 않은 번역 상황들이 존재한다. 반면 이것이 중요할 수 있는, 다른 상황도 있다. 어떤 번역은 비판적이고 해석적이며, 실용적이지 않다. 이러한 번역은 다른 동기가 작용하여 수행된다. 이러한 경우 텍스트의 메시지와 형태는 서로 더 긴밀한 연관이 있다. 하지만 이와 다른 텍스트들은 실용적인 의사소통에 참여한다. 이 텍스트들은 주로 기술, 과학, 상거래와 관련한 가치중립적 정보를 교환한다. 이러한 번역들에서 원천텍스트의 이국성은 득될 것이 없다. 대부분의 실용 텍스트는 사용자 지향적이기 때문에 원천텍스트의 이국성은 극복해야 할 장애물이다.

항상 번역 상황은 활용될 일단의 번역전략을 결정짓는 역할을 한다. 번역은 단일한 과정처럼 보이지만 실제로는 상황별 과정의 집합을 지칭한다. 여기에 또 하나의 역설이 있다. Venuti도 "번역물이 생산되는 개념적 장場들로서 … 유창성과 저항성은 개념적 장이 생성되고 사용되는 특정 상황 conjuncture에 의해 결정되며, 그러한 개념적 장들의 이데올로기적 중요성은 그 특정 상황과 관련하여 정해질 뿐만 아니라 그것들이 처리하는 원천언어 텍스트 이데올로기의 영향을 받는다"(Venuti 1986, 191)는 말로 자신의 주장을 펼친다.

가능한 모든 번역 과정이 공유하는 공통된 특징이 있다. 이 과정들을 구분 짓는 차이점도 있다. 어떤 차이점은 번역 상황의 다양성과 관련이 있다. 또 어떤 차이점은 원천텍스트의 다양한 정보 콘텐츠가 야기한다. 필자의 의도가 다를 수 있고 독자의 니즈needs도 다를 수 있다. 언어 체계와 개념 체계의 문화적 차이는 항상 존재한다. 마지막으로 번역이 어떨지에 대해 사람들이 기대하는 바에 있어서 차이가 존재한다. 번역학의 목적 중 한 가지는 이러한 번역 변수들의 실제적인 조합으로 생기는 여러 종류의 번역을 기술하는 것이어야 한다. 번역학자는 실제 번역 실무를 들여다 볼 필요가 있다. 번역의 현실적인 측면이 연구되는 경우는 많지 않다. 그것보다 우리는 탁상공론적인 번역의 개념에 치중했다. 번역학자들이 해야 하는 것, 그리고 지난 십 년간 하기 시작한 일은 실제로 존재하는 번역의 여러 종류에 주목하는 것이다. 번역학자들은 번역이 이루어지는 동안 원천텍스트에 일어나는 현상을 살펴야 하고, 문화적, 언어적, 텍스트적 요인들이 번역 과정과 결과물에 미치는 영향을 기술해야 한다.

오늘날 번역학은 서로 중첩되는 여러 관점의 집합체라 할 수 있다. 번역 연구에 접근하는 통합된 방법이 존재하지 않는다. 실무자와 학자가 특정 영역에 터를 잡고 자신만의 고립된 방식으로 번역 현실을 이해한다. 이러한 관점 다수는 경험적인 것들이 아니다. 이러한 관점들은 별개의 원천에서 나온 것들이다. 그 중 일부는 다른 학문 분야의 모델에서 비롯되었다. 그리고 다른 어떤 것들은 은유metaphors와 성찰의 결과물이다. 각각의 관점은 서로 다른 번역의 한 측면을 강조한다. 번역은 다양한 이론적, 방법론적 반응을 이끌어내고 권장한다.

예컨대 어떤 학자는 원천텍스트를 그 텍스트의 사회문화적 환경에서 중점적으로 다룰 수 있다. 이러한 원천 중심적 관점은 목표언어에 의한 원천텍스트의 자국화domestication에 초점을 둘 것이다. 번역자는 언어적인 '사자 조련사'의 역할을 한다. 이러한 관점에서 볼 때는 저항적 번역이 설득력을 얻는다. 관점이 변화하면 저항적 번역의 유용성은 소멸된다. 저항적 번역을 보편적 전략으로 제안할 수는 없으며, 그러한 번역을 요하는 번역 상황과 번역 니즈가 있을 뿐이다. 저항적 번역의 유용성은 실용적 고려사항이 아닌, 주로 텍스트-이데올로기적 고려사항들에 의존하는 것이다. 이러한 기법의 활용성은 상황 의존적이다. 저항적 번역은 사회적 관심사(젠더, 계급, 민족성)와 타자에 대한 인식(텍스트의 불투명성)을 다른 관심사(가독성, 수용성, 정보성)보다 중시하는 번역 상황을 요한다. 저항적 번역의 가장 큰 문제 중 한 가지는 저항적 번역을 하는 사람은 유창성을 거부하고, 더 나아가 목표텍스트의 텍스트성을 거부함으로써 흡사 형편없는 번역처럼 보일 수 있는 비非텍스트를 생산할 위험이 있다는 점이다. 그 차이는 어떻게 구분할 수 있을까? 한 가지 가능한 대답은 저항적 번역이 "그 원천언어 텍스트나 원래 목표언어로 쓰인 텍스트와 혼동될 수 없는 어떤 것"을 생산한다는 것이다. 그 번역은 "번역자의 개입을 가시화하는 당대의 기준에서 볼 때 쉬이 읽히길 거부하는 언어 사용"(Venuti 1986, 190)을 포함한다. Venuti가 말하는 별도의 "언어 사용use of language" 개념은 저항적 번역도 체계적인 텍스트적 효과를 발생시킨다는 점을 암시한다. 저항적 번역은 숙달되고 주의 깊은 독자에게 "부자연스러운," 그러나 쓸 만한 텍스트를 생산한다.

텍스트를 번역하는 일에 대해 생각할 수 있으려면 먼저 텍스트가 무엇인지 이해해야 한다. 번역 방식은 원천텍스트와 번역 상황에 대한 고려에서 출발해야 한다. 텍스트가 여러 가지이고 이러한 텍스트들을 번역해야 할 이유도 다양하기 때문에 번역 방법도 여러 가지이다. 번역은 미리 존재하는 것이 아니기 때문에 이 책은 『텍스트로서의 번역』으로 불린다. 번역은 텍스트로 옮겨져서 텍스트에 적용되는 것이 아니다. 번역은 원천텍스트에서 출발하여 목표텍스트를 생산하기 위해 번역자에 의해 관리되는 텍스트적 과정이다. 번역자는 하나의 텍스트에서 다른 텍스트를 유도해 내기 위한 텍스트적 과정

textual process으로서 번역을 관리한다. 대다수 기술 및 상업 번역에서, 유도되는 텍스트는 목표언어로 된 유창한 텍스트여야 한다. 그렇지 않은 경우라면, 텍스트는 번역 변수들의 특정한 결합에 대한 특별한 반응으로서 유도되는 '불투명한opaque' 저항적 텍스트일 수 있다. 번역 변수들은 주로 텍스트 변수들이다. 번역자는 번역 과정에서 이러한 변수들을 다루는 법을 배워야 한다. 번역에 영향을 미치는 텍스트 변수들은 본서의 제3장에서 더 자세히 설명한다.

따라서 부자연성과 필요성, 손실과 이익, 파괴와 조화, 통합과 상이성은 모두 번역의 속성이다. 이러한 속성들이 번역의 본질적인 역설들을 규정한다. 번역 연구는 양립 불가능하고 서로 엇갈리는 것처럼 보이는 이러한 속성들이 목표텍스트에서 어떻게 조정되는지에 대한 설명을 포함해야 한다. 번역은 과정인 동시에 결과이므로 성공이나 실패를 평가할 수 있는 생산물이 있게 마련이다. 우리는 번역자가 번역 상황의 요구에 어떻게 반응했는지 평가할 수 있다. 번역자는 항상 선택권이 있다. 번역자는 문화적 차이와 언어적 비호환성incompatibility에 대처해야 한다. 번역자는 메시지를 외국어로 전환하는 어려움을 극복하는 방법을 터득해야 한다. 번역의 역사는 이러한 노력과 관련한 위대한 승리와 부끄러운 실패의 예들로 가득하다.

번역학의 통일성과 상이성

번역에 대한 성찰은 번역 자체만큼이나 그 역사가 오래되었다. 자기주장이 아주 뚜렷하고 매우 사려 깊은 번역사들이 원천텍스트와 목표텍스트 간의 간극을 메우기 위한 여러 가지 방법을 강구했다. 이들은 번역의 과정에 대해 고민했다. 어떤 번역사는 대개 상황을 판단하는 것으로 번역 과정을 시작한다. 누가 그 텍스트를 원하는가? 왜 이들은 그 텍스트를 필요로 하는가? 상황에 대한 판단이 끝나면 번역사는 특정 작업들을 그 텍스트에 적용하여 실질적인 번역 작업을 개시한다. 이 과정은 목표텍스트인 번역 결과물을 낳는다. 이와 같은 상황, 과정, 결과라는 세 요소는 특정 유형의 번역 과정의 일부이다. 번역 과정은 원천텍스트를 이해하고 이를 특정 조건 하에서 재텍스트화retextualizing하는 것과 관련이 있다. 번역학은 이러한 재텍스트화가 어떻게 달성되는지를 면밀하게 관찰하고 경험적으로 기술하는 것이어야 한다. 번역학은 번역 과정에 영향을 미치는 구체적인 변수들에 대한 설명을 포함해야 한다. 이러한 변수들은 다음과 같은 것을 포함할 수 있지만, 이에 국한되지는 않는다.

1. 관련된 언어 쌍의 체계systemics
2. 원천텍스트와 목표텍스트의 텍스트적 특성들
3. 목표독자의 상황, 의도, 목적, 니즈
4. 문화적 관행, 사회적 관행, 의사소통 관행의 차이
5. 지식 조직knowledge organization의 문화적 차이
6. 공유 지식의 범위와 조직
7. 텍스트 독자의 텍스트에 대한 기대
8. 원천텍스트의 정보 콘텐츠
9. 목표텍스트에 대한 수용 제약acceptability constraints

이상적인 번역학은 실제 번역 행동translation behavior을 연구해야 한다. 번역학은 번역사들이 번역 상황의 가변성에 대응하는 방식을 기술해야 한다. 마지막으로 번역학은 번역 상황과 이에 대한 반응으로 수행된 번역 행동의

작용인 실제 번역 생산물(목표텍스트)을 설명해야 한다.

학자들은 번역 방법과 관련한 규칙을 끝없이 열거하고 이를 전파시켰다. 이러한 규칙 다수는 어떻게 번역할지에 대한 이들의 주장들이라는 점에서 처방론적prescriptive이다. 경험적 형태의 번역학은 주로 기술론적descriptive이며 번역 실무에 대한 관찰에 토대를 두어야 한다. 경험적 학문으로서 번역학은 두 가지 목표가 있다. 번역학은 번역자가 특정 번역 상황에 대응하는 방식의 규칙성을 찾으려 하며 그러한 대응의 결과에서 규칙성을 모색한다. 처방론적 번역 교수법은 이러한 경험적 접근법에서 파생될 수 있지만 이에 수반되는 것은 아니다. 그러나 번역 교수법의 이상적인 콘텐츠는 효과적인 실무에 대한 이해에서 비롯된 일단의 발견적 교수법heuristics일 것이다. 오늘날 번역의 방대한 양만 놓고 봐도 일상적인 번역 실무에 대한 지식의 양은 대단히 많다. 실로 당황스러울 만큼 많다. 급증하는 번역 수요를 보고 혹자는 번역에 대한 조리 있고 경험적인 일련의 견해들을 내놓고 싶어 할 것이다. Toury가 번역의 "관찰 가능한 사실들observable facts"이라고 칭한 경험적 원천 자료는 접하기 쉽다(Toury 1982). 하지만 일치된 견해는 아직까지 찾아볼 수 없다. 방대한 번역 규모만으로도, 그리고 무수히 많아 보이는 번역 접근법들 때문에 "번역사들이 자기 기술art의 거의 모든 측면에 대해 서로 자유로이 반박하는"(Savory 1968, 9) 개탄스러운 상황이 초래되었다.

어떤 학자들은 번역의 결과물에 중점을 두었고, 또 어떤 이들은 언어적 관계들에 초점을 맞추었으며, 또 다른 어떤 학자들은 원천텍스트에서 발생하는 손실에 주로 관심을 가졌다. 과거 수년간 다양한 번역 접근법을 모두 번역학의 영역으로 끌어들여 통합하려는 시도가 있었다. 이를 통해 하나의 경험적 학문이 자리를 잡아 가고 있다. 이러한 새 학문 분야의 발전은 예견된 것이며, 이 학문 분야의 쟁론의 역사가 빚은 결과요, 분열에서 통일을 이끌어내려는 시도이다. 번역학의 발전은 눈에 띄는 몇 가지 경향을 특징으로 한다. 본서가 번역학의 역사를 다루지는 않지만, 이 중 두 가지 경향은 논의할 가치가 있다. 한 가지는 번역학의 지적 토대로서 언어학의 역할이 감소되고 있다는 점이고, 다른 한 가지는 이론적 개별주의particularism의 증가이다. 이 두 경향은 현재 번역학에 대한 합치된 의견이 없는 주된 이유이다.

번역학의 초기 연구 상당수는 언어적 전통에 뿌리를 두고 있다. 언어학 지향적 학자들에게 번역자들은 단지 특별한 부류의 화자에 지나지 않았다. 번역자의 능력competence은 원천언어와 목표언어 화자의 능력과 유사하게 취급된다. 그러나 세부적으로는 차이가 있을 수 있지만 언어학적 접근법들은 번역을 두 개의 언어로 수행하는 보통의 의사소통으로 추정할 수 있다는 망상에 사로잡혀 있다. 어떤 번역 실무자든 언어 조정자의 능력은 보통의 이중언어자의 능력과 상당한 차이가 있다고 말할 것이다. 번역은 단순히 두 능력 간의 인지적 가교는 아니다. 이중언어자는 대개 적절한 의사소통 상황들이 발생할 때만 자신의 언어적 능력을 활용한다. 이는 언어적 분업이다. 이중언어자는 집에서는 한 언어로 대화하고 학교나 직장에서 다른 언어를 사용할 수 있다. 이중언어자는 보통 두 언어를 모두 사용하여 동일한 콘텐츠를 전달하거나 "동일한 것을 말하는" 일이 없다. 두 언어 체계에 대한 이들의 구사 능력은 기능적 현상으로 발전한 것으로서 이러한 기능적 현상은 의사소통의 니즈가 변화하면 바로 붕괴되며 다른 언어에 대한 능력을 불필요한 것으로 만든다.

번역은 이상적으로는 이중언어자의 이중 능력double competence을 전제로 할 수 있지만 결국 부가적인 능력을 요구하는 의사소통 행위이다. 번역자나 통역자는 단일한 콘텐츠를 두 번째 텍스트에서 전달해야 한다. 이중언어자와 달리 번역자는 두 언어로 "동일한 것"을 말해야 한다. 번역은 원래의 메시지를 새로운 언어 형태로 재구성하는 행위이다. 이러한 재구성은 다른 사람들을 위해, 어쩔 수 없이 시차를 두고, 다른 장소에서 이루어진다. 번역은 탈장소적이고displaced 뒤틀린disjointed 의사소통이다. 어떤 면에서 보면 번역사는 햄릿Hamlet의 딜레마를 공유한다. 하지만 다행히도 번역사가 자신의 독자를 위해 바로 잡아야 하는 것은 세계가 아니라 그 세계의 거울인 언어이다. "Language is out of joint; O cursed spite that ever i was born to set it right.[뒤틀린 언어, 아 저주스런 낭패로다, 그걸 바로 잡으려고 내가 태어나다니.]"

"바로 잡을" 수 있다는 것은 비단 언어학만 관련되는 것은 아니다. 번역이 언어학적 과정이라고 단순하게 가정할 수 없다. 이런 가정은 번역이 얼마나 효과적으로 작동하는지를 더 잘 이해하는 데 도움이 되지 않는다. 더 복잡한 현상의 여러 측면 중 예컨대 언어적 형태와 같이 한 가지에만 초점을 맞추는 접근법으로는 번역을 더 잘 이해할 수 없다. 번역은 번역물과 그 번역을 있게 한 원천언어 텍스트들이 사회적 영역에서 하는 소통적 역할을 수행해야 한다. 번역은 텍스트이며, 번역은 언어적 형태와 과정이 포함되는 텍스트적 과정이다. 텍스트는 일반적인 의사소통의 구성요소이며, 특히 번역의 구성요소이다. 텍스트는 번역 연구의 일차적인 대상으로 간주되어야 한다.

언어학의 역할에 대한 과거의 논의는 긍정적인 효과와 부정적인 효과를 모두 가져왔다. 언어학을 포용한 것은 우리의 학문이 언어학적 혈통을 가진 결과만은 아니다. 체계적인 접근법의 필요성도 동기가 되었다. 언어학이 우리가 필요로 한 체계적인 모델이 아니라는 것이 더 광범하고 더 포괄적인 번역 접근법을 거부할 이유가 될 수는 없다. 번역학이 현재 체계적인 접근법에 관심이 있는 것은 언어학적 혈통이 남긴 유산이다. 분류학systematics에 대한 요구는 경험적 번역학에 의해 충족될 수 있다. 현대 번역학의 발전에 더 큰 피해를 준 것은 형식언어학과 기술언어학이 결별했을 때 발생한 비경험적 전통이다. 번역학은 실무의 관찰을 바탕으로 해야 한다. 실제 사용되는 언어를 관찰한 Franz Boas 같은 초기 민족언어학자들과 마찬가지로 번역학자는 토착적인 수행indigenous performance과 번역의 자연스러운 사용 예를 관찰해야 한다. 말speech과는 달리 번역은 자연스러운 능력이 아니다. 번역은 경험, 훈련, 그리고 의뢰자와 번역자 간, 혹은 번역자와 독자 간 피드백 효과의 산물이다.[1] 번역학에서 제시된 가설, 모델, 이론은 번역 실무에서 수집된 자료에 근거해야 한다. 그렇기에 번역학에서 자료 수집은 적어도 부분적으로 민족지학적ethnographic이어야 한다. 번역을 연구하는 언어학자들은 번역에 대한 성찰을 실무의 관찰에서 분리함으로써 이 학문 분야가 분열되는 계기를 제공했다.

필자는 번역학에서 합치된 의견이 없는 두 번째 원인으로 이론적 개별주의를 지적했다. 개별주의는 어떠한 현상에 대한 순전히 '국지적local' 이해에 기초하여 다중적이고 '전역적global'인 이론적 구성체를 생성하는 것으로 정의될 수 있다. 예컨대 현실에 대한 관찰에서 이론이 유리遊離될 때와 같이 학문에서 이러한 현상이 일어날 때 혼란과 모호함이 초래된다. 번역학자들이 번역에 대해 글을 쓸 때 이들이 기저의 개념과 가정을 공유한다는 보장은 없다. 번역 학회들과 문헌은 실망스러울 정도의 소통 두절 사례로 넘쳐난다. 학자들이 유례없이 많이 번역이라는 주제를 진지하게 다루고 있다. 공감하는 영

---

1) 필자는 "기본적인 번역 능력은 선천적인 언어적 기술verbal skill"(Harris and Sherwood 1978, 155)이라는 가설에 반대하는 입장이다. 또한 필자는 "자연적 번역natural translation"(Harris 1977) 개념도 거부해야 한다. 필자는 아래와 같이 이중언어자bilinguals와 전문 번역사를 명확하게 구분하는 De Lisle(1988, 20)의 견해를 따른다.

> 이중언어자는 일반적으로 구두로 의사소통을 하기 위해 자신의 제2언어 지식을 활용하는 데 반하여 번역사는 텍스트를 활용한다. 결과적으로 번역사는 자신의 생각을 결코 자유롭게 표현할 수 없다. 번역사는 원천텍스트와 원문 저자의 생각을 제 멋대로 고칠 수 있는 자유가 없다.

역이 점차 늘고는 있지만 번역학의 현 상황은 결코 만족스럽지 않다. 저자들의 글과 번역 교수자들의 교수 내용이 종종 모순되기도 한다. 번역의 개념은 역설적인 만큼 모호하다. 소통 두절을 낳는 모호함은 몇 가지 원인에서 비롯된다. 첫 번째 원인은 과정-결과의 문제이다. 우리가 번역을 논할 때 우리는 번역을 주로 과정으로 보는 것인가, 아니면 결과로 보는가? 모호성의 또 다른 원인은 번역학의 역사가 짧다는 점이다. 역사가 짧은 학문에서는 부정확하고 역동적이며 중첩되는 술어와 개념 체계를 갖는 패러다임들이 서로 경쟁한다. 그리고 모호성의 마지막 원인은 번역의 텍스트 종속적 속성이다. 모든 번역(생산물)은 원천텍스트, 번역 상황, 번역자 능력의 역동적 배합으로 개시되는 (번역)과정의 산물이다. 앞서 필자가 열거한 모든 번역 변수는 유효하다. 모든 번역은 폭넓은 범주에서 볼 때 다른 모든 번역과 같다. 하지만 개별적인 것들을 뜯어보면 각 번역은 항상 다르다. 번역자는 전략적 선택을 내리고 일련의 텍스트적 가능성이 있는 것들에서 단 하나의 목표텍스트를 실현한다. 이러한 본질적 역동성은 항상 번역자나 번역학자에게 번역의 다른 국면을 보여준다. 번역학자들이 자신이 연구하는 번역(과정과 결과) 간의 차이점을 규명하지 못하기 때문에 번역학계에 혼란이 초래된다. 번역학도들은 번역의 일부분이나 한 종류만 기술하기 때문에 장님 코끼리 만지듯 한다. 학생들은 코끼리의 귀나 꼬리만 만지고 있는데도 코끼리 전체를 기술하고 있다고 생각한다. 그러고 나서 이들은 흠잡을 데 없이 타당하지만 특수한particular 진술들을 전역적인 것으로 제시한다.

이런 현상을 개선할 방법은 없을까? 우리가 해야 할 일은 실무에 대한 직접적 관찰이라는 토대 위에서 경험적 이론을 제기함으로써 이론과 실무를 재결합시키는 것이다. 그 다음으로는 이론적 개별주의에서 오는 모호성을 제거해야 한다. 모든 논의의 특수한 맥락을 구체적으로 기술함으로써 그러한 모호성을 일부 제거하는 것이 가능할 수도 있다. 여기에서 우리는 번역자들이 역자 서문에서 자신들이 이해한 바와 전략을 설명해야 한다는 Venuti의 주장을 상기하게 된다. 아마도 이러한 접근법은 많은 개별 상황에서 실제적인 해법이 될 것이고 특정 서적이나 논문의 독자들에게 쟁점을 명확하게 해줄 수 있을 것이다. 하지만 면밀히 들여다보면 이러한 개별적 접근은 번역학에 그리 건설적인 것이 아니며 번역에 대한 독특한 견해들의 확산을 야기할 것이다. 서로 다른 모든 관점들에 적용될 수 있는 일단의 공통된 방법이 있어야 한다. 번역 연구의 목적이 체계적인 경험적 학문을 발전시키는 것이라면 자신의 생각을 보태는 모든 학자는 자신이 취한 접근법과 관점을 명확하게 규정해야 한다. 이미 모호한 주제에 대한 인상주의적impressionistic 개념에서 탈피하는 것이 중요하다. 번역학자는 자신의 관점을 명시적으로 드러내야 한다. 이 학자가 언급하는 대상은 번역 행동인가, 번역 결과물인가, 혹은 번역 상황인가? 번역학자는 자신의 주장을 뒷받침하기 위해 활용하는 관찰과 자료를 명확히 해야 한다. 명확성에 대한 필자의 요구는 자료를 수집하고 가설을 수립하는 데 활용된 방법을 밝히는 것과 수행되고 있는 연구에 대한 동기를 밝히는 것도 포함한다. 우리가 모두 서로에게 동일한 언어로 말하기 시작할 때 비로소 끝도 없어 보이는 번역 접근법들이 뚜렷한 몇 개 주제에 대한, 그 수가 유한한 변형들이 될 수 있을 것이다.

번역 모델

모든 학문에서 분석은 연구 대상을 분해하는 것과 관련이 있다. 일부 특징이 연구를 위해 선택되고 전면에 배치된다. 마찬가지로 중요한 다른 특징들은 후면으로 밀려난다. Hjelmslev는 이러한 선택 과정을 살펴보고 이를 적절성pertinence에 대한 기호학적 개념과 관련지었다(Greimas and Courtes 1982, 31). 어떤 현상과 관련하여 연구를 위해 특정 측면들을 선택할 때 일단의 연구 매개변수가 토대가 된다. 그 연구 매개변수들은 해당 현상이 그 연구자에게 적절한지를 반영한다. 번역학의 연구 매개변수는 다음과 같은 사항들을 포함할 수 있다.

1. 적용 영역(실무, 교육, 비평, 자동화)
2. 텍스트적 지시textual reference 지점(원천 중심, 번역 중심, 목표 중심)
3. 중점을 두는 체계(언어 체계, 가치 체계, 지식 체계, 텍스트 체계, 인지 체계, 정치 체계)
4. 중점을 두는 대상(원천텍스트, 번역, 병렬텍스트)
5. 중점을 두는 활동(텍스트 이해, 텍스트 생산, 번역 전략, 인지)
6. 연구 방법(사례연구, 실험, 텍스트 분석, 참여자 관찰)

번역학에 오해의 가능성이 내포되어 있는 이유는 관심 연구 분야의 다양화 뿐만은 아니다. 그러한 다양화는 모든 연구의 특성이다. 그러한 현상은 복잡한 연구 대상이 연구 목적으로 구분될 때 연구 매개변수가 명확하게 제시되지 않은 결과이기도 하다.

오늘날 번역학은 번역에 대한 여러 대안적 관점들로 특징지어진다. 이러한 관점들은 서로 다른 연구 목적과 관심에 그 뿌리를 둔다. 상이한 연구 동기와 연구 결과 활용에 대한 다양한 가능성은 번역학을 자연스럽게 구분하는 역할을 한다. 이렇게 구분된 영역은 번역 모델들로 지칭할 수 있다. 모델은 개념적 구성체이다. 모델은 연구 대상을 개념화한 것들이 모여 논리적으로 연결된 것이다. 모델은 또 가설적 구성체일 수도 있다. 이는 그 모델이 연구자가 입증하고자 하는 경험적 (번역) 현실에 관한 무언가를 주장한다는 의미이다. 가설적인 개념적 구성체로서 그 모델은 기술 능력descriptive power과 설명 능력explanatory power을 가지고 있다고 주장한다. 모델은 이론이 아니라는 점에 주목해야 한다. 모델은 가설과 유사하다. 모델은 현실을 설명하고 기술한다고 주장할 뿐이다. 모델은 설명 능력이 있다는 주장을 뒷받침할 증거를 제시하지 않고는 이론이 될 수 없다. 번역학에는 종종 그러한 증거가 결여되어 있다. 이러한 모델 다수가 이를테면 세련된 논증이나 모델을 만든 이의 지위, 혹은 공식적인 체계들의 일관성을 확보하는 일 등, 경험적 검증 대신 미약한 형태의 권위에 의존한다. 더 안타까운 것은 문헌에 나타난 소수의 경험적 연구들이 보여주듯 번역 이론과 번역 실무 간 연결고리가 부실하다는 점이다.

여러 번역 모델의 동기가 되는 연구 매개변수를 밝히는 일은 명확화를 위한 첫 단계다. 번역에 대한 서로 다른 두 가지 견해가 실제로는 대립 관계에 놓여있지 않을 수도 있다. 이 두 견해가 더 큰 현상의 서로 다른 측면들에 초점을 맞추고 있을 수 있기 때문이다. 그럼에도 불구하고 번역학이라는 더 폭넓은 분야는 하나의 기선基線을 필요로 한다. 두 필자는 텍스트적 번역 접근법이 기선 역할을 할 수 있다고 주장하는 것이다. 통합적 개념이 없으면 번역을 부분적으로만 이해하고 전체는 파악하지 못할 위험이 있다. 통합적 개념이 없으면 통합된, 혹은 통일된 번역 이론을 기대할 수 없다. 통합 이론은 여러 번역 모델과 다양한 번역 유형을 더 포괄적인 이론적 구조 안에 포섭할 것이다.

공통된 일단의 개념 없이 모델을 구축함으로써 최근에 Newmark가, 그리고 그 이전에 Savory가 언급한 번역학의 분열이 초래되었다. Newmark는 "통합된 번역 이론은 가능하지 않다"(Newmark 1990, 711)고 주장하였다.

Newmark는 또 "모든 이론이 쓰임새가 있다. 이론이 배타적이거나 독점적이라는 주장을 듣게 되면 이런 이론들은 위험한 도그마dogma가 된다"고도 하였다. 도그마에 대한 Newmark의 주장은 옳다. 도그마는 번역학에서 설 자리가 없으며 어떤 경험 기반 학문에서도 존재할 수 없다. 그러나 통합된 번역 이론이 가능하지 않다는 그의 주장은 지나치다.[2] 각각의 번역 접근법이 타당할 수 있다. 각 접근법은 연구 목적을 신중하게 선택하고 선택된 영역 안에서 해당 현상을 기술하는 데 있어서 엄격한 방법론 및 비평 체계를 적용함으로써 타당성을 확보할 수 있다. 번역 모델의 범위와 이에 따른 설명 능력은 분석되

---

2) Newmark(1991, 105-106)는 가장 최근에 번역 이론의 오류를 지적하면서 이렇게 적고 있다.

> 번역은 필자가 생각하기에 모든 유형의 텍스트를 아우르는 단일한 통합 이론, 도그마, 포괄적 진술에는 아주 부적절한 파편화된 주제이다. 간혹 너무나 많은 것들을 동시에 생각해야 하는 과정과 실무에서... 단 하나의, 충분한 숙고를 거친durchdachte 이론이 모든 번역 문제를 포괄하는 일은 없을 것이다.

Newmark는 자그마치 일곱 가지 번역 관점 - 기능주의적functionalist 관점, 텍스트 지향적 text-oriented 관점, 문화 예속적culture-bound 관점, 수용 기반reception-based 관점, 과정 중심 process-centered 관점, 소통적communicative 관점, 보편적universalist 관점 - 을 비판한다. Newmark 는 종종 다른 곳에서 자신이 거부한 논거들을 들어 어떤 모델을 비판하기도 한다. 그는 마찬가지로 "통합된unified" 자신만의 신조를 자세히 설명하며 아래와 같이 끝맺는다.

> 마지막으로, 번역은 원천언어 텍스트, 그것의 전통, 그것의 규범, 그것의 문화를 위해서 행해져서는 안 되며, 목표언어 텍스트, 그것의 매끄러운 관습, 그것의 독자, 그것의 의뢰자를 위해서 행해져서도 안 되고, 비판적으로, 섬세하게, 직관력 있게, 궁극적으로 보편적 진리와 권리를 위해 행해져야 한다. (1991, 108)

이런 방식이라면 자신의 업무를 특정 종류의 텍스트에 맞추려는 모든 번역자는 보편적 진리를 추구하지 않는 것이라고 생각할 수 있을 것이다. 이것은 번역학자가 다양한 번역 전략과 번역 상황을 고려하여 번역학에 접근하지 않아야 한다는 것을 의미하는 것인가? "보편적 진리와 권리"는 흡사 "단 하나의 진정한 번역the one true translation" 개념과 비슷하다. 번역의 진리는 누가 정하는 것인가? 이러한 방식 전체에 깃든 것은 다름 아닌 도그마이다. 우리는 각 "도그마"의 이론적 기여를 부정하지 말고 이를 복잡한 대상을 보는 고유한 관점으로 존중해야 한다. 실무에 대한 관찰을 통해서만 경험적 진리에 도달할 수 있다.

는 요소들로 제한된다. 그렇다고 반드시 통합 이론이 불가능한 것은 아니다. 일부 번역 접근법이 제한된 일단의 요소에 초점을 맞추기로 했다고 해서 더 포괄적이고 의미 있는 일단의 요소를 구성할 수 없는 것은 아니다. 이것은 다양한 모델에 공통되는 개념적 요소를 통합하고 서로 차이를 보이는 영역을 설명함으로써 달성될 수 있다.

통합된 접근법은 통합적 개념을 필요로 한다. 필자는 통합적 개념으로 텍스트를 제안했다. 번역에서 우리는 세 가지 형태의 텍스트에 관심을 둔다. 원천텍스트와 목표텍스트가 있고, 세 번째 텍스트는 이른바 '가상번역virtual translation'이다. 가상번역은 원천텍스트와 일련의 잠재적 목표텍스트 간에 성립될 수 있는 관계의 종합이다. 가상번역은 실제 원천과 아직 실현되지 않은 목표 간의 정신적 영역에 존재하는 요소와 관계에 대한 정신적 모델이다. 번역사는 이러한 정신적 모델을 구축하기 위해 번역 상황의 조건들을 고려하여 원천텍스트를 이해한다. 번역사는 자신의 번역자 능력에 따라 생각할 수 있는 절차를 이용해 그 정신적 모델에서 목표텍스트를 구현해 낸다. 비전문가들이 '번역'이라고 부르는 것은 독자에게 전달될 때까지 재공품在工品의 상태에 있었던 가상번역이 언어적 형태를 갖게 된 목표텍스트이다. 필자는 정신적 성격을 강조하고 싶기 때문에 이러한 인지적 구조를 가상번역이라고 부른다. 가상번역은 꾸준히 조금씩 기록해야 할 정신적 구성체이다. 가상번역은 항상 원천텍스트와 독자의 텍스트적 기대의 제약을 받는다. 가상번역은 정신적 구성체이지만, 텍스트와 유사하다. 가상번역 개념은 번역자가 정신적 표상 mental representation을 통해 작업한다는 사실을 강조하는 개념이다. 그 표상은 원천텍스트에 기반하며 번역 상황의 결정인자들에 의해 점진적으로 정교화되면서 방향성을 잡아간다. 목표문화에서 언어적 실체를 갖추는 과정에서 표상은 점차 목표문화의 언어적, 텍스트적 체계의 통제를 받게 된다. 가상번역은 상호 의존적인 구성요소와 관계를 다수 포함한다. 가상번역의 이러한 관계들은 두 언어 체계의 요소들 간 관계이며 원천텍스트와 잠재적 목표텍스트의 요소들 간 관계이다. 정신적 표상은 원천텍스트 기저의 메시지가 갖는 명제적 컨텐트propositional content와 언표내적 효력illocutionary force, 그리고 텍스트를 둘러싼 원천 및 목표공동체의 화용적 조건을 포함한다.

본서의 나머지 부분에서는 가상번역이 목표텍스트를 향해 가는 도정에서 이에 영향을 미치는 중요한 관계들을 살펴본다. 구체적으로는, 번역 실무에서 가상번역의 텍스트적 성격을 결정하는 일곱 가지 매개변수, 즉 의도성intentionality, 용인성acceptability, 상황성situationality, 정보성informativity, 응집성coherence, 결속성cohesion, 상호텍스트성intertextuality을 다룬다. 이러한 텍스트 특성들은 목표문화에 맞도록, 혹은 이에 대한 저항으로 조작될 수 있다. 이러한 것들은 텍스트성을 결정하는 특성이며, 따라서 번역의 특성이기도 하다. 가상번역이 다양한 소통적 요소와 기능적 요소의 영향을 받기 때문에 번역학의 이러한 대상이 의미론과 화용론의 기호학적 영역에 이르는 것이 사실이다. 가상번역은 번역물의 생산자와 독자에 대한 설명을 가능하게 하며, 이들의 지식, 생각, 느낌을 반영하고, 이들의 목표, 의도, 니즈, 기대를 포괄한다.3)

번역 과정은 의사결정 과정이다. 번역 과정은 일련의 잠재적 등가물equivalents에서 최적의 선택을 하려 할 때 판단을 위한 절차와 전략의 집합이다. 번역 이론은 이와 같은 의사결정이 어떻게 달성되는지 이해하려는 시도를 해야 한다. 가상번역의 정신적 표상이 구성되고 이것이 어떻게 목표언어 텍스트로 나타나는가? 번역 이론은 전문 번역사가 어떻게 구체적인 원천텍스

---

3) Cf. Halliday의 언어의 사회기호학에서 기능은 이렇게 설명된다. "필자가 의미하는 언어 기능 이론이라 함은 언어가 우리 삶에서 특정 역할을 한다는 생각, 그리고 언어가 특정한 보편적 유형의 요구에 부응해야 한다는 생각에 따라 언어 구조와 언어 현상을 설명하려고 하는 기능 이론이다"(Halliday 1971).

트에서 가상번역의 구성으로, 그리고 가장 적절한 목표텍스트 생산으로 이행하는지 설명해야 한다. 번역 이론은 의사소통 기능, 목표언어 텍스트의 문체, 잠재적 독자, 수용 문화권host culture과 수용 언어 체계의 요건을 포함하여 의사결정에 작용하는 요소들을 설명해야 한다.

어떤 통합 번역 이론도 이 중 한 가지 문제에만 집중해서는 안 된다. 그러나 번역의 부분 이론partial theories이 각자의 관심 영역을 획정하는 것은 정당하다. 앞으로 나올 여러 장에서는 (가상) 번역으로서의 텍스트와, 텍스트적 의미와 소통값의 관련 개념이 어떻게 번역학에서 통합적 개념 구조로서 기능할 수 있는지 보여줌으로써 텍스트로서의 번역 개념에 대해 자세히 설명한다. 필자는 통합된 번역 이론이 가능하다고 주장하는바, 그 주장에 대해 논의를 전개하기 전에 이제까지 번역학을 점유하고 있던 부분 이론들 중 일부를 설명해야 한다고 생각한다. 이러한 부분 이론들은 비평 모델, 실무 모델, 언어학적 모델, 텍스트언어학적 모델, 사회문화적 모델, 전산 모델, 심리언어학적 모델이다. 이러한 일련의 연구 관점은 비단 저자들의 전략만은 아니다. 이러한 관점들은 우리의 공통된 학문 분야의, 현재와 같은 발전 단계에서 진지한 논의를 위해 필요한 준비이기도 하다. 살펴볼 모델의 순서는 중요성과는 무관하다.[4]

비평 모델

비평 모델critical model은 보통 완성된 번역을 가정한다. 번역은 시간과 공간 속에 존재한다. 비평가의 목표는 평가적인 해설이다. 번역에 대한 이러

---

4) 번역학에 대한 "모델model" 접근의 과거 버전은 Neubert(1991b)에 나타나 있다. 확장된 독일어 버전은 Neubert(1992)에 있다.

한 관점은 결과물 지향적이고 정태적이다. 번역이 어떻게 달성되었는지에 대한 이해나 번역자가 특정 번역 절차를 어떻게 활용했는지에 대한 본질적 관심은 찾아볼 수 없다. 비평가는 번역 과정이 아닌 번역 결과물에 초점을 맞춘다. 더 복잡한 비평 모델은 번역물과 그 원천텍스트 간 등가의 정도를 평가할 수도 있다. 하지만 종종 비평가는 구체적인 언어적 실체로서의 원천텍스트를 망각한다. 주된 대상은 목표텍스트이다. 원천텍스트가 비평가들에게 주어진 경우 (그리고 이것을 이해할 수 있는 경우) 비평가는 분석할 때 원천텍스트를 활용할 수도 있다. 그러나 비평가가 어떤 번역물을 인정하는지를 결정하는 주된 요소는 그 자체로 완비된 텍스트로 간주되는 번역 생산물이라는 점에는 의심의 여지가 없다.

번역 비평 모델은 여러 종류가 있다. 이 모델들은 오랜 시간에 걸쳐 나타나고 변형된다. 번역 비평 모델은 뚜렷한 역사적, 사회적, 개인적 요소들에 좌우된다. 비평 모델의 두 가지 특징인 주관성의 정도와 목표언어의 지배는 원천텍스트에 접근하여 진정한 비교를 할 수 있는 비평가의 능력과 직접 관련된다. 그러나 비평 모델의 신뢰도를 제고할 이 두 가지 능력은 이러한 접근법을 적용하는 이들 일부에게 결여되어 있다. 주로 출판자의 고문이거나 서평가인 이 비평가들은 흔히 텍스트의 목표언어 수용성에 초점을 맞춘다. 번역에 대한 이러한 문체적 비평과 '번역 비평translation criticism' 간에는 차이가 있다. 번역에 대한 문체적 비평은 번역의 형태로 존재하는 글의 문체적 속성이나 텍스트적 속성을 주로 다룬다. 그러한 번역은 하나의 목표언어 텍스트로서 갖는 자체적인 우수성으로 평가 받는다. 반면 번역 비평은 하나의 '번역'으로서의 텍스트를 평가한다.

비평 모델은 다른 번역 모델과 융합하여 다양한 형태로 분화되기도 한다. 예컨대 비평, 혹은 수정correction은 번역 교육의 중요한 일부분이다(실무 모델). 이런 모델은 번역학도를 대상으로 번역 수업 시간에 활용되며, 흔히 번역된 텍스트의 일부분에 적용된다. 이러한 접근법은 목표텍스트가 주는 효과와 관련된다. 이러한 효과는 주관적이거나("틀린 것 같다") 더 관습적인 언어 규범과 텍스트 규범을 위반한 결과일 수 있다. 비평 모델의 또 한 가지 파생형은 품질관리를 위해 수행되는 번역 감수translation revision이다. 이 경우 비평은 더 나은 혹은 더 수준 높은 이차 번역자가 수행하며, 이차 번역자는 이 힘든 작업을 위해 더 많은 경험과 더 폭넓은 지식을 투입한다.

번역 비평은 항상 비교를 수반할 수밖에 없으며 원천텍스트와 목표텍스트의 쌍을 유지한다. 완전한 비평 모델을 구축하려면 본질적으로 대조 연구 방법론을 개발해야 하며, 이러한 모델은 번역 가치, 번역 결과, 그리고 원천언어 및 목표언어 가치들을 포괄하는 것이어야 한다.

비교를 수반하지 않는 독특한 형태의 비평적 번역 분석도 있다. 이러한 분석은 번역될 원천텍스트에 초점을 맞추고 주로 그 텍스트의 문제점을 다룬다. 이러한 분석 모델은 원문을 불가침의 영역으로 보지 않고 번역자가 문제점을 찾도록 촉구한다. 번역 업계는 "한 가지 큰 문제점은 원천텍스트의 품질, 즉 대응되는 목표텍스트의 목적에 비추어 볼 때 출발점으로서 만족스럽지 않은 원천텍스트와 관련이 있다"(Berglund 1990, 146)고 끊임없이 불만을 토로한다. 가장 흔한 흠결은 모호성, 비일관성, 간섭5)이며, 이러한 흠결들은 종종

---

5) Berglund(1990, 147)는 원천텍스트의 문제점으로 세 가지 유형을 설명한다.

1. 모호성obscurity: 틀리거나 부정확한 용어, 의도된 의미를 파악할 수 없을 정도로 부실한 통사 구조나 문장 구조, 논리의 배열에 있어 누락된 요소, 맥락에 부적합한 구절 등
2. 비일관성inconsistency: 용어의 설득력 부재, 클라이언트인 회사가 선호하는 바에 대한 정보 누락, 번역자가 전해들은 바 없는 내부 참고 자료를 활용할 것이라는 번역 의뢰자의 기대 등
3. 간섭interference: 글쓴이가 보통 사용하는 언어가 아닌 언어로 쓰인 원천텍스트는 그 구조로 인하여 글쓴이가 흔히 사용하는 언어와 유사성이 없고 완전한 이해가 쉽지 않다. 마찬가지로 다른 언어에서 번역된 원천텍스트는 본래의 원천언어의 구조를 반영하는 경우 다루기 어려울 수 있

성실한 번역자의 개입 없이는 발견되지 않는다.

　　비평 모델은 과거 지향적retrospective이기 때문에 번역 생산물을 출발점으로 삼는다. 비평 모델은 과정이 아닌 결과로서의 번역에 초점을 맞춘다. 이 모델의 주창자들은 수행된 번역의 종류를 설명해야 한다. 서로 다른 유형의 텍스트는 서로 다른 번역 기법과 서로 다른 감수 또는 비평 범주를 가정한다. 따라서 번역 비평 모델 연구는 관련된 텍스트 유형에 기초하여 다양한 비평 방법을 가정하게 된다. 산업체 번역industrial translation의 평가를 위해 구성된 범주는 문학 번역 비평가가 활용하는 범주와는 차이가 있게 마련이다. 비평 모델은 번역에 대한 포괄적 관점을 이루는 필수불가결한 일부분이다. 비평 모델은 텍스트의 수용성에 초점을 둔다. 수용성은 텍스트성을 결정하는 자질 중 한 가지이다. 비평 모델은 이와 같이 텍스트성과 본질적으로 연결되어 있기 때문에 필자가 제안하는 더 전역적인 텍스트 기반 번역 개념에 의미 있게 참여할 수 있다.

실무 모델

　　실무 번역 모델practical model은 원천텍스트를 출발점으로 삼는다. 그 목표는 수용 가능한 번역에 이르기까지의 번역 과정(번역 행동과 번역 전략)에 대한 연구를 통해 목표텍스트를 이해하는 것이다. 비평 모델이 과거 지향적인 데 반하여 실무 모델은 미래 지향적prospective이다. 연구 대상은 번역자가 자신의 작업을 하는 데 필요한 선언적 지식과 절차적 지식이다. 실무 모델은 원천텍스트와 그 맥락에 대한 철저한 분석과 관련이 있다. 주된 목적은 원

　　다.

천의 내용을 어떻게 목표로 전이시킬 것인지를 결정하는 것이다. 실무 모델은 원천텍스트에 잠재된 번역들을 평가하여 이 텍스트 중 한 가지를 현실 속의 목표텍스트로 전환하는 데 활용되는 전이 기제를 연구한다. 실무 모델은 가상번역을 구성하고 이것에서 목표텍스트를 실현시키는 것을 강조한다. 반면 비평 모델은 실현된 목표텍스트들에 초점을 맞추고 그 원천일 수 있는 것을 가정할 뿐이다. 따라서 실무 모델도 통합적 텍스트 개념에 토대를 둔다.

실무 모델은 정태적이지 않고 동태적이다. 이 번역 모델을 하나의 용어로 특징짓는 것은 쉽지 않다. 이 번역 모델은 번역 실무자, 연구자, 교수자, 학생이 활용한다. 이와 같이 사용자가 다양하기 때문에 실용적 접근, 교수법적 접근, 학습법적 접근 등 몇 가지 하위 모델로 구분하는 것이 가능하다. 그 결과 이 모델은 그 복잡성의 정도를 달리하는 여러 형태로 존재한다. 이 명칭의 '실무적'이라는 말은 이러한 번역 접근법이 인간이 수행하는 번역 실무의 과정에 중점을 둔다는 사실을 강조한다. 우리가 실제로 번역을 해야만 한다면 이런 접근법이 번역을 바라보는 방법이다. 또 하나의 적절한 명칭은 '수행 모델performative model'이 있을 수 있다. 모든 하위 모델은 미래 지향적 관심을 공유하지만 그 수행 역할은 차이가 있다. 이렇게 다른 역할들로 인해 실무상의 결과물을 얻기 위해 활용하는 일련의 선언적, 절차적 자원resources도 달라진다.

이와 같이 하위 모델을 구분하다 보면 매우 흥미로운 점이 발견된다. '모델'이 연구자의 전유물이 아니라는 점이다. 번역 과정에 대한 실무자들의 실체적 개념도 역시 모델이다. 번역학자가 간혹 간과하는 것은 '실무자'도 자신이 지침으로 삼는 번역 과정 개념이 있다는 점이다. 이러한 비공식적인 번역 모델이 일차적first-order 번역 모델이다. 이러한 모델은 완전하게 의식적이지는 않다. 이러한 모델은 흔히 겉으로 뚜렷하게 드러나지 않지만 발견 가능하고 꽤 일관성이 있다. 물론 이러한 일상적 지식은 덜 명시적으로 형성되는 경향이 있다. 대체로 이러한 지식은 전혀 말로 표현되지 않는다. 경험 많은 번역사, 잘 가르치는 교수자, 재능 있는 학생은 번역의 전략과 기술을 적용하는 과정에서 실무 모델을 실제로 활용하지만 이러한 모델은 명확한 분류가 거의 불가능하다. 그럼에도 불구하고 이런 모델들은 경험적 관찰의 대상으로서 살펴보면 규칙적인 패턴을 보인다. 수 세기에 걸쳐 축적된 좋은 번역의 증거들은 항상 실무 모델이 존재해 왔음을 입증하고 있다.

실무 모델이 집중적인 관찰과 비교, 그리고 경험적 연구에 의해 형성되었기 때문에 당연히 패턴이 목격된다. 일차적인 실무 모델은 번역 교육과 실무 개선을 위한 이차적인 실무 모델을 낳는다. 번역에 대한 일차적 이해와 이차적second-order 이해는 필자가 번역 이론을 살펴볼 때 중요하게 다룰 문제이다.

언어학적 모델

언어학적 번역 모델linguistic model은 원천언어 기호signs를 목표언어 기호로 전환하거나 대체하는 데 관여하는 언어적 기제를 다룬다. 이러한 접근법은 번역을 특정한, 그리고 아마도 독특한 유형의 언어 사용으로 본다. 언어학적 모델은 비평 규범이나 실무적 제약과 같이 외부적인, 혹은 '언어 외적extralinguistic' 요인들을 고려하지 않는다. 그 대신 이러한 모델은 원천언어와 목표언어 간 체계상의 관계를 중점적으로 다룬다. 이러한 모델은 원천언어와 목표언어의 언어 자원과, 번역에서 나타나는 원천과 목표 간 구조적 차이를 극복하는 데 필요한 목표언어의 기제를 연구한다. 언어학적 모델은 어휘와 구조의 전이 가능성을 연구하고 언어 간 대응correspondence 규칙을 수립하려고 한다. 대응 규칙은 원천언어와 목표언어 어휘 간, 혹은 두 언어의 문법 구조 사이의 규칙을 포함하여 다양한 언어 층위에서 존재할 수 있다. 그리고 대응 규칙은 이보다 큰 구조들을 지칭할 수도 있다. 대응 규칙은 대부분 복합적인 문법-어휘 유형들에 관한 것이다. 규칙에 의거한 번역쌍translation pair의 언어적 행동linguistic behavior에 관한 언어자료가 번역의 대조언어학에 있어서 근간이 된다.6)

엄밀한 의미에서의 언어학적 모델을 대표한다고 흔히 언급되는, 더 일반적인 언어학적 모델도 있다. 종종 "번역 언어학translation linguistics"(Jäger 1975)이나 "번역의 언어학적 이론linguistic theory of translation"(Catford 1965)이라 불리는 이와 같은 번역학의 추상적 분야는 번역 이론과 동일시되기까지 했다. 그러나 어떤 형태든 언어학적 모델을 완전한 번역 이론으로 보는 것은 정당화될 수 없다. 번역에 언어만 관련된다고 볼 수 없기 때문이다. 그뿐만 아니라 둘을 동일시하는 것은 언어학적 이론 제기가 번역학의 주된 분야라고 시사하는데, 이는 잘못된 것이다. 이러한 관점은 여러 가지 중요한 모델 중 한 가지일 뿐인데도 언어학적 모델이 번역 이론의 최고봉에 오를 유력 모델인 것처럼 취급한다.

일부 학자는 언어학적 모델이 '응용 모델applied model'이 아니기 때문에 다른 모델들과 다르다고 주장했다. 언어학적 모델은 언어 간 체계상의 관계를 다루기 때문에 매우 추상적이다. 이와 같은 모델의 추상성과 형식성은 이러한 모델을 응용 모델들과 구분 짓고 이를 더 이론적인 것으로 만드는 속성으로 지목된다. 번역학이라는 맥락에서 '응용'과, 그 반대로 추정되는 것, 즉

---

6) 이와 같이 복합적인 문법-어휘적 접근을 하는 몇몇 저자에 대한 참고문헌이 포함된 Neubert(1991b) 참고

'이론'간 이항적 구분은 술책에 불과하다. 이런 구분은 이론을 추상성과 동일시하고, 응용을 구체성과 동일시한다. 다시 말해서 체계로서의 언어를 우리가 더 많이 다룰수록 (그리고 구체적인 번역 행동을 덜 다룰수록) 우리의 모델은 더 이론적이 된다. 이러한 구분은 이론과 실무 간 관계를 모호하게 한다. 분명 실제 사용되는 언어의 응용 문제를 다룬다 할 수 있는 실무 모델은 언어학적 모델만큼이나 이론적이다. 이론을 구축한다 함은 모든 학문에 적용될 수 있는 관찰, 개념 형성, 가설 설정, 검증의 과정이다. 이론의 구축은 구체적인 것들에 대한 관찰에서부터 진행하며 일반화할 수 있는 진술들을 제시하고 검증하는 과정이다. 이러한 진술들은 언어의 구조적 특징이나 번역 실무를 지칭할 수 있다.

그뿐만 아니라 언어학적 번역 모델은 엄밀히 말해서 번역자에 의해 언어가 어떻게 적용될 수 있는지 이해하기 위함이다. 번역의 대조언어학은 번역 실무에서 실제로 발생하거나 발생할 수 있는 언어적 대응을 연구한다는 점에서 응용언어학이다. 번역을 다룬다고 주장하는 모든 번역 모델은 '실제 사용되는 언어'를 다루고 있다. 번역 실무는 번역자의 지식을 문화 간 의사소통의 문제점들에 적용하는 것이다. 여기에는 쌍을 이루는 언어 체계들에 대한 번역자의 지식이 포함된다. 번역 실무는 그 결과로서 텍스트를 야기한다. 번역 능력을 텍스트 생산에 적용하는 것은 거의 가장 학문적인 상황에서 벌어지는 작업 형태이며, 번역 이론의 정당한 대상이다. 따라서 모든 번역 모델은 고유한 응용 형태의 소통적 문제 해결을 연구하는 한 그만큼 "응용"모델이다. 그 모델들이 연구 결과를 기술적이고 설명적인 구성으로 진술한다면, 그 모델들은 이론적이기도 하다.

언어학적 모델이 추상적이고 형식적인 속성을 갖는 것은 부분적으로 이러한 모델이 언어적 의미linguistic meaning에 두는 관심 때문이다. 번역을 연구하는 언어학자는 어떻게 의미가 한 언어에서 다른 언어로 옮겨지는지를 연구한다. 의미의 재구성은 언어의 재부호화recoding로 이해된다. 이러한 관점에서 볼 때 번역은 우선적으로 연구 및 다시쓰기 활동이다. 원천언어 단위들은 목표언어 등가물로 다시 쓰인다. 각각의 의미는 비교적 한결같이 유지된다. 원천언어와 목표언어 기호 간, 그리고 기호의 무리 간 의미의 불변성은 이 모델에서 첫 번째 원칙이다.

물론 언어학적 번역 접근법을 옹호하는 학자들은 자신의 관점을 통해 의미를 바라본다. 그 결과 이들이 등가를 해석하는 방법은 다양하다. 이 학자들이 등가를 어떻게 이해하는지는 이들이 두 언어의 단순 기호와 복합 기호 간의 의미 편차meaning gradients에 맞출 수 있도록 충분히 풍부하고 충분히 뚜렷한 의미 보편소semantic universals 레퍼토리에 대해 어디까지 미리 가정하고 들어가는지에 달려있다.[7]

현행 언어학적 모델의 기술 대상에는 문장 범주 아래에서 개별 언어 요소 간 매칭matching뿐만 아니라 발화 의미들의 진정한 재구성도 포함된다. 이런 점에서 볼 때 언어학적 모델은 대조 문법과 어휘론의 범주를 넘어선다. 번역 과정에서 의미의 재구성을 위한 가변적 기제를 연구하는 것은 재구성 restructurings과 재어휘화relexicalizations가 일어날 때 이동되는 '의미양자 semantic quanta'와 관련이 있다. 이러한 유형의 언어적 의미 전이를 측정하려는 모든 시도가 모종의 보편 의미론universal semantics을 가정하고 있다는 점에는 의심의 여지가 없다.

---

7) 언어학적 번역 모델 내에서 '등가' 문제는 논쟁거리였다. 언어학적 맥락에서 등가는 단순 대응 correspondence 관계이다. 이러한 관계는 이중 언어 사전과 언어유형론에서 찾아 볼 수 있다. '의미 등가meaning equivalence'는 대체적으로 의미론적semantic이다. 의미 등가는 화용론과 의사소통 변수들을 고려하지 않는다. 의미 등가는 항상 언어 간 호환성language compatibility 문제들과 관련이 있기 때문에 언어학의 태동 이래 이 문제는 언어학자들을 따라 다녔다. 등가가 견식이 있는 의미론 학자들에 의해 "의미 동일성meaning identity"으로 해석된 적은 없다.

언어학적 모델은 두 언어 간 조정을 통한 의사소통에 적용되는 언어학의 확장이다. 언어학적 모델은 다양한 형태로 나타나는 비교 모델이요 기술 모델이다. 이 모든 형태는 공통적인 특징을 공유한다. 그 특징은 이 모델들이 원천텍스트와 목표텍스트 기호 배열 패턴의 체계상 상관관계에 관한 객관적 진술의 형성에 초점을 맞춘다는 점이다. 번역에서 발생하는 모든 원천-목표 간 차이점은 두 언어 체계 간 차이점에서 그 원인을 찾을 수 있다. 이런 관점에서 보면 번역학은 체계언어학systemic linguistics과 다르지 않다. 언어 간 관계는 전문 언어학자의 정당한 관심사이며, 그렇기 때문에 이들에게 기본적인 연구 분야이다. 언어 간 관계는 언어가 작용하는 방식에 관하여 우리가 이론적으로 이해하는 데 기여한다. 하지만 언어학적 모델이 번역 실무자에게 유용한지에 대해서는 확실하게 말하기 힘들다. 언어학적 번역 모델은 번역 실무자와 다른 모델 옹호자들의 반대에 직면했다. 이러한 모델은 너무 추상적이고 실무에 대한 적용과는 동떨어진 것으로 생각되었다. 언어학적 모델이 응용 모델이 아니라고 한다면 이러한 의미에서만, 즉 실무적 유용성의 의미에서만 그러하다. 언어학적 접근법은 비생산적이라고 공격 받기도 하였다 (Berglund 1990; Newmark 1991).

언어학적 모델과 함께 사용될 수 있는 어휘 '응용'은 두 가지 의미가 있다. 첫 번째 의미는 "번역 실무의 교육 또는 개선에서 실무적 유용성"이 있다는 의미다. 두 번째는 "언어 체계의 상호 작용이 번역이라는 응용 활동에서 발생할 때 이를 연구, 기술하고 이에 대한 객관적 진술을 형성하는 것"이다. 언어학적 모델은 두 번째 의미에서 응용적일 뿐, 첫 번째 의미에서는 응용이 아니다. 언어학적 번역 이론가들의 일반화는 비평 모델이나 실무 모델의 옹호자들에게 도움이 될 수도 있고 그렇지 않을 수도 있다. 이러한 것들이 응용된다면 그 응용과 관련하여서는 공정할 것이다. 이러한 공정성은 번역에 대한 언어학적 진술들이 형성되는 방식에 반영되어 있다. 언어학자들이 주창한 번역 모델은 다른 모델들과 어떤 직접적인 관계를 형성한다고 볼 수 없다. 다른 모델을 활용하는 학자들은 자신들의 연구 어젠다 내의 언어학적 측면을 다루어야 하고 번역의 대조언어학에서 자신들이 필요로 하는 것들을 차용해야 한다. 언어학적 모델은 언어학을 위해 번역을 바라보는 정당한 방법이다. 언어학적 모델은 언어 현실에 대해 무언가를 말해주지만, 그렇다고 반드시 번역 현실에 대해 말해주는 것은 아니다. 내과의사를 지망하는 사람에게 특정 과학 지식이 필수적인 것처럼, 최소한 언어학적 모델은 전문직으로서 번역에 임하는 사람의 지적 소양에서 중요한 일부분을 차지한다.

텍스트언어학적 모델

텍스트언어학적 번역 모델text-linguistic model은 원문original 텍스트와 번역은 (서로 다른 두 언어 체계의 언어 규칙에 의해 결정되었기에) 문장이 다르기 때문에 다를 뿐만 아니라 문장 상위 층위에서 작용하는 제약들 때문에 다르기도 하다. 전통적인 대조언어학적 접근법은 문장 상위 층위의 '텍스트적' 요소를 설명할 수 없다.

텍스트언어학적 번역 모델을 발전시킨 또 다른 동인은 번역을 수행하고 학생을 가르쳐 본 실무적 경험에서 나온다. 좋은 번역과, 사전에 의존하고 문법책의 영감을 받은 무미건조한 번역을 비교해 보면 언어학적 접근법의 한계는 명확해 진다. 성공적인 번역을 위한 어휘 항목, 통사구조, 텍스트 자질들이 반드시 대조언어학적 모델에서 예상됐을 수 있는 그러한 것들은 아니다. 원천과 목표언어 체계는 언어학적으로 적절한 목표텍스트에 화용적 동기를 가지고 가한 변형transformation과 수정modification을 설명할 수 없다. '화용론'이라 할 때 우리는 특정 의사소통 상황에서 화자와 저자의 다양한 언어 사용을 지칭한다(Neubert 1968b, 1973a). 번역자는 대개의 경우 더 만족스럽고 화용적으로 적절한 번역물을 생산하기 위해 명시화explicitation, 삭제deletion, 변조 modulation를 포함하여 다양한 방법을 사용하여 원천텍스트를 수정해야 한다. 이렇게 텍스트적으로 적절한 번역은 언어-체계 모델이 제시하는 더 명백한 등가물만을 활용해 생산할 수 있는 모든 번역보다 낫다. 번역은 원천언어 연속체sequence의 단순한 복제나 재구조화가 아니다. 번역은 '텍스트 문장text sentences'의 배열을 의미한다. 번역물에서 문장 하나하나의 연속은 목표문화의 특정 텍스트 범주를 위해 존재하는 관습에 따르는 하향식top-down 과정들에 의해 결정된다(Neubert 1988). 언어학적 모델은 어휘와 어휘의 개별적인 의미에서 시작하는 상향식bottom-up 과정을 상정한다. 상향식 번역은 결코 수용 가능한 목표텍스트를 생산해 낼 수 없다.

텍스트언어학적 모델에서 의미는 문장 종속적이지 않다. 이 모델은 의미 등가를 텍스트 전체에서 찾고 텍스트 전체에 배분한다. 의미가 어휘와 문장으로 고립되는 것이 아니라 텍스트가 전역적으로 의미를 갖는다. 번역 과정에서 실제로 목표텍스트로 전이되는 것은 원천텍스트의 복합적 의미값 semantic value과 화용적 기능이다. 원문의 전역적 의미를 결정인자로 하여 번역이 목표언어 공동체에서 새로운 의미론적, 화용적 전체로 재구성되는 것이다. 재구성된 결과물의 표층 구조는 원문의 문장별 번역이 아니다. 재구성된 텍스트는 목적에 따른 목표언어 자원의 선택을 통해 텍스트가 하향식으로 재탄생한 것이다. 언어 자원의 선택은 번역자의 마음속에서 가상 번역(정신적 모델)에 의해 유도된다. 목표언어 자원은 가상번역에 옷을 입히고 물리적 실체를 가진 텍스트로 번역을 탄생시킨다.

이 모델이 "텍스트언어학적"이라고 불리는 이유는 이 모델이 언어학적 모델을 더 발전시킨 것이기 때문이다. 텍스트언어학적 모델은 번역학을 담화 분석과 화용론의 영역으로 확장했음을 보여준다. 텍스트언어학적 모델은 텍스트에 기반을 두고 의미를 더 폭넓게 개념화한다는 점에서, 그리고 번역 등가 개념을 더 현실적으로 설정한다는 점에서 언어학적 모델과 다르다. 텍스트언어학적 모델은 문장과 어휘 층위가 아닌 텍스트와 의사소통 층위에서 등가를 추구한다. 이러한 접근법은 문장언어학sentential linguistics이 제공하는 것보다 더 강력한 번역 연구의 분석 툴tools을 제공한다. 이러한 분석 능력은 그 대가를 수반한다. 언어학적 모델에서는 원천언어와 목표언어의 체계 간 관계 때문에 개별 문장 간 의미의 대응이 꽤 예측 가능하다. 반면 텍스트언어학적 모델은 원천문화권과 목표문화권의 텍스트 세계 사이의 유사점과 차이점에 대한 정의가 덜 명확하고 예측가능성도 낮다. 물론 이것은 텍스트가 갖는 본질의 일부이다. 텍스트는 전적으로 언어적 규칙의 산물이 아니다. 번역은 대부분 목표문화권의 전형적인 텍스트 프로파일text profiles을 모방해야 한다. 어떻게 하면 번역자가 매번 적당한 텍스트 프로파일을 생산해 낼 수 있는지 보여주는 규칙은 아직 나온 바가 없다. 이쯤 되면 문장 종속적 언어학적 모델이 제공할 수 있는 예측가능성을 부러워할 만하다. 하지만 이러한 예측가능성에는 한계가 있다. 문장의 경계를 넘어서면 언어학적 모델은 전문적이고 품질 높은 실제 번역이 어떤 모습을 갖게 될지 예측하지 못한다(Neubert 1987; Neubert 1989, 63).

언어학적 모델과 텍스트언어학적 모델은 의미를 다르게 취급한다. 텍스트언어학적 모델에서 번역은 의미의 전이와 무관하다. 전이되는 것은 원천 텍스트의 '소통값communicative values'이다. 소통값이라는 술어는 담화 내 어휘와 의미의 소통적 맥락화contextualization를 지칭한다. 소통값은 전적으로 텍스트 층위와 소통 맥락에서만 나타나는 의미의 복합체이다. 언어학계 일부에서 유행처럼 언급되는 것처럼 혹자는 언어학의 경계를 확장하여 인간의 의사소통과 관련한 모든 변수를 포함시켜야 한다고 주장할 수 있다. 그리고는 별도의 텍스트언어학적 모델을 없애고 이를 특별한 형태의 언어학적 모델로 편입시킬지도 모른다. 하지만 이보다는 현재 상태 그대로 텍스트언어학적 번역 모델을 별개의 접근법으로 생각하는 편이 낫다. 텍스트언어학적 모델의 준거 틀은 언어 체계가 아니라 의사소통을 하는 두 공동체의 텍스트 체계이다. 텍스트 체계는 텍스트 사용자가 텍스트가 어떤 것이어야 하는지에 대해 갖는 기대가 모여 이루는 복잡한 집합들이다. 번역자는 이러한 기대를 염두에 두고 텍스트적 전이 과정과 텍스트 생산에 임한다. 번역자에게 목표텍스트는 또 다른 텍스트에 대한 대응으로 유도된 텍스트이다. 번역자는 두 텍스트 체계 간 조정을 통해 목표텍스트의 텍스트성을 가능하게 한다. 이 모델에 따른 번역은 '텍스트에 의해 유도된 텍스트 생산text-induced text productions'이다.

사회문화적 모델

언어 체계를 그다지 중요하게 고려하지 않는 또 하나의 번역 모델이 있다. 이 모델은 번역의 언어적 기층verbal stratum을 인식하지만 번역을 우선적으로 문화 간 의사소통의 시도로 정의한다. 이 모델에서 텍스트는 특정 문화권의 역사와 사회구조가 낳은 고유한 산물로 간주된다. 텍스트의 맥락은 고유한 것이므로 텍스트는 반복될 수 없다. 이 모델의 극단적 형태는 번역 허무주의로 이어진다. 이에 따르면 번역은 불가능할 것이다. 이보다 덜 급진적인 견해라면 번역 과정에서 사회문화적 손실을 방지하기 위한 특정 전략을 제안하려 할 것이다. 사회문화적 모델에서 목표텍스트는 애초에 불가능한 것이거나 원문이 변질된 것이다. 사회문화적 모델의 옹호자 중에는 번역가능성 translatability을 인정하는 사람도 있을 것이다. 이들은 단순히 역사적, 사회문화적 장벽을 극복할 수 있는 번역자의 능력이 제한적이라고 생각한다. 이러한 번역 회의론자들은 종종 "번역 불가능한" 텍스트를 예시할 것이다. 이들이 제시하는 사례는 대부분 목표문화권에서 필요로 하지 않는 텍스트이다. 이러한 텍스트들은 다른 문화권에서는 대응물을 찾을 수 없다. 이러한 경우에 텍스트 상황은 양립할 수 없다.

사회문화주의자들은 특히 번역 등가 개념을 허상으로 여기며 이에 반대한다. 이들은 번역물은 다른 인식을 가진 대체 현실을 잠깐 들여다보는 것이라고 생각한다. 이들의 주장에 따르면 이러한 타자성otherness을 번역 과정에서 소멸시키는 것은 진정한 번역을 외면하는 것이다. 이런 입장에서 보면 번역물은 언제나 대용물로 인식되어야 한다는 결론이 나온다. 대용 텍스트의 독자들이 이러한 텍스트에서 얻을 수 있는 것은 결코 "진짜"가 아니다. 이러한 견해는 목표공동체 텍스트 관습과의 교감이 동기가 되는 텍스트언어학적 모델과 배치된다. 사회문화적 접근법은 번역물은 항상 번역물처럼 읽혀야 한다고 주장한다. 목표텍스트는 원천의 에두른 표현이어야 한다. 사회문화적 차이와 언어학적 차이는 독자가 생경한 세계에 머무르고 있다는 표지markers로서 유지된다. 그럼에도 불구하고 결과물이 목표독자에게 최소한도로 접근 가능해야 하므로 목표언어 체계의 규칙들은 여전히 적용된다. 사회문화적 번역은 형태적으로는 옳지만 독자를 불확실한 상태로 두는 언어 연속체들을 토대로 하여 표층적 이해를 가능하게 한다. 이 모델은 목표언어와 원천언어의 부자연스러운 혼성물인 목표텍스트를 생산한다. 이러한 학파의 옹호자 다수는 이것이 제대로 된 것이라 믿는다.

사회문화적 목표텍스트는 익숙한 어휘와 구로 구성되며, 사이사이에 원문에서 차용한 번역 불가 요소가 끼어있게 된다. 번역이 목표문화권에 미치는 효과는 항상 예측하기 힘들다. 사회문화적 모델의 기본 원리는 이러한 효과가 원문이 원문 독자에게 미치는 효과와 달라야 한다는 것이다. 번역물과 번역물의 독자는 이러한 상황을 감수해야 한다. 사회문화적 이론가들은 번역자가 원천문화와 목표문화 간 피치 못할 차이를 보상하고 목표텍스트에서 언어적 결과물을 일일이 매만짐으로써 독자들이 원천문화권을 이해하지 못하게 한다고 주장한다. 이들의 견해에 따르면 조정調停된 번역mediated translations은 원저자를 죽이는 것이고 목표텍스트에 대한 책임을 번역자에게 너무 많이 지우는 것이다. 이러한 접근법이 변형된 한 형태(Venuti의 저항적 번역)는 모순적이게도 번역자의 영향을 더 많이 요구한다. Venuti는 번역자가 자신의 "불가시성invisibility"을 버리도록 요구한다(Venuti 1986). 이러한 주장들은 확실히 텍스트 지향적 번역 학자들의 더 화용적인 노선과 차이가 있다. 분명 누군가의 번역 모델은 번역이 무엇이어야 하고 번역을 생산하기 위해 무엇을 해야 하는지에 대한 그 사람의 생각을 형성시키는 역할을 한다.

텍스트언어학적 모델을 버리고 사회문화적 모델을 취하는 것은 두 가지 포괄적 모델 간의 선택이 아니다. 사회문화적 접근법은 분명히 특정 텍스트 종류에만 적용될 수 있다. 사회문화적 모델은 문화적 가치의 전달 수단으로서 원천언어의 언어 형태가 갖는 가치를 가장 중시하는 상황에서 목표언어의 텍스트 관습 위반이 정당화되는 경우 유용하다. 그러나 목표언어로 생성되는 텍스트도 여전히 텍스트이다. 이 경우의 텍스트는 번역자가 문화적 가치의 구체적 전달 수단으로 생성시킨, 인위적인 이데올로기적 텍스트이거나 "불투명한opaque" 텍스트이다. 그러한 텍스트는 더 일상적이고 실용적인 번역 종류에는 드물게 사용될 것이다. 아주 독특한 경우를 제외하고 이러한 불투명한 텍스트들은 그 텍스트만의 텍스트 프로파일을 견지할 것이다. 이러한 프로파일은 두 문화의 텍스트 체계가 결합한 혼합형이며 원천언어 텍스트 체계를 목표문화에 맞게 변형adaptation한 것일 수 있다. 텍스트는 비평 모델, 실무 모델, 텍스트언어학적 모델에서 그러한 것처럼 이 모델에서도 중심적인 사안이다.

전산 모델

이제까지 살펴본 다섯 가지 모델은 번역이 전적으로 인간이 행하는 과정이라고 가정한다. 하지만 디지털 컴퓨터가 등장한 초창기부터 계산 기계에 의하거나 이러한 기계의 도움을 받는 번역에 대한 시도가 있었다. 전산 모델은 두 종류로, 기계번역과 컴퓨터 보조 번역이 있다. 기계번역은 실제 번역 단계에서 사람의 도움을 거의 필요로 하지 않는다. 컴퓨터 보조 번역은 번역 과정을 인간 번역자에게 맡기지만 번역자의 활동에 대한 지적 지원을 제공한다.

기계번역은 번역 과정과 절차를 형식적 표상formal representation으로 바꾸어 놓는다. 기계번역에서 그러한 표상은 인간의 번역 행동에 기반을 두지 않으며, 인간에서 비롯된 알고리즘을 이용하지 않고도 꽤 괜찮은 결과를 도출할 수 있다. 텍스트는 대체substitution와 전위transposition에 의해 번역되며, 그 과정은 원천텍스트의 문자열에 직접 작용하는 규칙에 의해 통제된다. 인간의 프로그래밍에 의해 언어 모델을 표현한 것이 번역 소프트웨어의 기저를 이루지만 실제 전이 과정은 인간의 참여를 요하지 않는다. 기계번역은 형식적 표상에 기반을 두며, 번역 등가는 형태적 등가formal equivalence의 문제로 압축된다. 이와 같이 등가에 근거한 언어 형태의 재부호화는 대부분 적절치 않다. 따라서 인간 독자를 위해 사전 및 사후 감수를 통해 기계의 생산물을 점검해야 한다. 묘하게도 인간에 의한 사후 감수는 기계번역물을 개선할 수 있으며, 지식 습득 능력이 있는 복잡한 시스템은 사전 또는 사후 감수자가 내놓은 감수를 분석하는 것이 가능할 수 있다. 감수에 대한 분석을 통해 새로운 규칙이 생성되고 이것이 번역 규칙 베이스base에 부가될 수 있다. 번역자들은 자신들의 전문 지식을 투입함으로써 일단의 전이transfer 규칙을 개선할 수 있다. 피드백과 감수의 순환구조가 개선되어 가면서 소프트웨어 가동을 거듭할수록 점차 번역의 성공률이 높아지게 되어 더 정교한 기계번역 시스템을 구축할 수 있게 된다. 기계번역 모델은 언어학적 모델과 유사하다. 기계가 의존하는 형태적 등가는 원천언어와 목표언어 간 등가이다. 형태적 등가는 다시 쓰기rewrite 규칙들의 집합으로서 프로그램되며, 이러한 규칙들은 프로그램이 어휘와 구조를 접하고 이를 저장된 사전 표제어의 토큰tokens과 프로그램된 통사 템플릿syntactic templates으로 인식할 때 적용된다.

기계번역에 대한 접근법은 몇 가지가 있다. 이 접근법들의 공통점은 형식적 전이 기제에 대한 의존이다. 일부 접근법은 원천언어와 목표언어 간 직접 전이를 이용하며, 어떤 것들은 중간언어interlanguage를 활용한다. 중간언어는 서로 다른 기호 체계 간 중개에 이용되는 일단의 메타언어적metalinguistic 표현이다. 기계번역이 더 정교해짐에 따라 이러한 중간언어는 훨씬 더 많은 의미론적 정보와 화용론적 정보를 포함하게 될 것이다. 기계번역이 텍스트언어학적 정보를 포함하게 되면 더 내실을 기할 수 있을 것이다. 예컨대 특정 텍스트 유형에 적용되는 연산자를 통해 등가 규칙의 가부를 결정할 수 있다. 그리고 나서 소프트웨어는 특정 텍스트 유형에 전형적인 번역들을 자동으로 선택한다. 이렇게 되면 감수 분량이 대폭 감소할 것이다. 이러한 정교화 작업은 특정 영역에서만, 그리고 텍스트 관습이 절차적 지식이나 선언적 지식으로 표현될 수 있는 텍스트 유형에 대해서만 가능할 것이다. 기업의 번역 사용자는 그러한 시스템 개발 비용을 추산해야 할 것이다. 응용프로그램들은 번역할 텍스트의 수가 많을 경우에만 경제적 타당성을 확보할 수 있을 것이다. 기계번역은 분명히 번역 분량이 많은, 전문적인 상업 번역 및 기술 번역과 연계성이 있다.

기계번역 모델은 이와 같이 한정된 응용프로그램에서 꽤 효과가 있을 수 있다. '심리적으로 타당한' 것은 아닐지라도 기계번역은 효과를 발할 수 있다. '구조적으로 타당한' 것으로 충분하다. 구조적 타당성은 번역 결과가 수용 가능함을 의미하지만 그러한 결과를 달성하는 데 활용되는 과정은 실제 심리적 활동이 아니다. 기계번역은 번역 활동, 즉 번역자가 수행하는 것에 대한 모델이 아니다. 기계번역은 결과를 달성하기 위해 고안된 형식 모델이다. 인간처럼 번역하는 컴퓨터 소프트웨어를 설계하는 것이 가능할 수 있지만 우리는 그러한 형식적 표상이 순수하게 구조적인 표상만큼 효율적이지는 않다고 생각할지도 모른다(Shreve 1990).

또 하나의 전산 모델인 컴퓨터 보조 번역에서 컴퓨터는 인간 번역자의 도구로서 기능한다. 번역자가 번역을 통제하는 것이다. 번역자는 자신의 업무 스타일에 맞춘 소프트웨어 환경에서 작업을 수행한다. 이러한 환경은 번역자에게 하나의 증폭기나 의족과 같은 역할을 한다(Shreve 1991). 컴퓨터 보조 번역 환경에서 소프트웨어 설계를 효과적으로 하려면 번역 행동에 대한 경험적 연구가 필요하다. 잘 설계된 컴퓨터 환경은 과거에 수행된 경험적 연구를 바탕으로 번역자가 시간을 많이 소모하게 되는 자료 참고나 사전 조사 같은 영역을 지원하게 된다. (통상적인 워드프로세싱 기능은 제외하고) 컴퓨터 보조는 다음과 같이 다섯 가지 주요 참고 영역의 보조 기능과 관련된다(Shreve

1990; Scherf 1990; Gommlich and Förster 1991).

1. 용어/어휘 보조
2. 백과사전적 지식 및 지식 체계 보조
3. 텍스트 유형 및 병렬텍스트 보조
4. 번역 전략 보조
5. 문서 관리 보조

번역 전략 관련 요소는 성공적인 번역 전략을 기록하고 추출하는 기제이다. 적절하게 설계된 시스템은 전형적인 번역상의 문제들에 대한 효과적인 해법을 포착하여 이를 저장할 수 있다. 컴퓨터 보조 번역은 지적 의사결정을 지원할 수 있는 '번역 전문가 시스템translation expert system'을 포함할 것이다 (Neubert 1986).

컴퓨터 번역의 두 가지 하위 모델은 언어적 전문 지식과 전문 번역 지식을 요한다. 기계번역이 실제로 인간이 수행하는 번역 과정을 흉내 내는 것은 아니지만 번역 결과는 인간의 번역에 대비시켜 평가된다. 그러고 나서 기계번역을 수행하는 알고리즘은 더 수용 가능한 번역을 제공할 수 있도록 수정된다. 기계번역과 컴퓨터 보조 번역은 모두 의사결정을 수반한다. 기계번역의 경우 컴퓨터는 최종 결과 달성을 위해 생성된 형식적 표상에 기초하여 의사결정을 한다. 컴퓨터 보조 번역에서는 번역 품질 강화를 위해 설계된 지식 지원 시스템을 활용하여 인간이 의사결정을 한다.

어느 정도까지는 기계번역에 의해 생산된 번역물은 미완성 생산물로 여겨진다. 이러한 번역물은 인간 번역자나 사후 감수자가 완성해야 하는 일종의 원재료이다. 기계번역의 이러한 원재료 단계를 넘어설 수 있는 우리의 능력은 번역 과정을 단순히 언어적 과정이 아닌 텍스트적 과정으로 이해하는 능력에 의해 한계가 정해진다. 이러한 한계는 기술적인 한계는 아니다. 기계 번역 산출물을 개선하는 데 필요한 지식은 자동화에 적합한 형식주의formalism 에는 포함되어 있지 않다.

전산 모델은 다른 모델들을 더 잘 이해하는 데 기여한다. 기계에 의존해 (혹은 기계의 도움으로) 좋은 번역을 산출하려는 시도는 번역의 중요한 현안들에 대한 이해를 전제로 한다. 두 모델 모두 궁극적으로는 사용 가능한 텍스트를 산출하는 데 관심을 둔다. 실무 모델과 마찬가지로 전산 모델은 실용적이다. 전산 모델이 더 나은 번역을 추구하다 보면 텍스트성과 텍스트 생산 과정을 다루기 위한 방법을 모색하게 될 것이다. 이러한 모델들도 텍스트와 텍스트성에 중점을 둘 것이다.

심리언어학적 모델

번역의 모든 측면을 포괄할 수 있는 단일 모델은 존재하지 않는다. 이제까지 살펴본 여섯 개 모델은 번역 과정에 관련된 정신적 작용을 구체적으로 다루지 않았다. 다른 종류의 언어적 과정과 관련하여 생각해 볼 때 번역은 실무자의 "인지 체계에 특정 부담을 지우는 작업"이다(Neubert 1991b). 심리언어학적 모델psycholinguistic model은 번역 과정의 인지적 측면을 기술하는 것에 관심을 둔다. 번역 교수자들은 번역이 학생들에게 지우는 인지적 부담에 맞춰 교수 내용을 수정하기 위한 방법을 모색하기 시작하면서 이러한 유형의 질문을 던지기 시작했다. 심리언어학적 접근법은 이러한 초기의 교육적 관점을 넘어 발전하였다. 이제 심리언어학적 모델은 관련된 구체적인 인지적 과정들을 포함하여 번역의 일반적인 인지 구조를 다룬다. 심리언어학적 모델은 번역을 특징짓는 인지적 요소와 언어 처리 전략을 분리하려 한다.[8] 이러한 모델에서 일차적인 연구 문제는 '번역자의 마음속에서 어떤 일이 일어나는 가?'이다(Krings 1986a).

심리언어학적 관점은 번역을 인지적 과정이 일어나는 "블랙박스black box"로 본다. Toury(1982, 25)는 심리언어학적 모델의 경험적 함의에 대해 다음과 같이 언급하고 있다.

> 번역된 텍스트와 이들 텍스트의 구성 요소들은 관찰된 사실들이다.... 실제 번역물이 실제 원천텍스트에서 도출되도록 하는 일련의 작용은 마찬가지로 의심할 바 없이 경험적 사실이며, 그렇기 때문에 대상 차원 object-level의 번역학 일부를 구성하지만, 그럼에도 불구하고 이러한 작용들은 일종의 '블랙박스'로서만 연구에 직접 활용될 수 있다.

블랙박스 속에 감추어진 인지적 과정들을 밝히기 위해 번역학도들은 실험을 포함하여 경험적 방법을 이용해야 한다. 이러한 모델은 이제까지 설명한 모델 중에서 가장 명시적으로 경험적이다. 심리언어학적 모델은 심리언어학과 인지과학을 모태로 하여 연구 어젠다를 구성하였다.

블랙박스의 내용물을 밝히기 위한 한 가지 모델은 사고발화법 think-aloud-protocol: TAP이다. 사고발화법은 번역자가 주어진 작업을 놓고 생각에 빠져있을 때 번역자의 반응과 의견을 포착하는 것이다. 사고발화법은 번역자가 스스로 발화하는 논평에 의존하여 텍스트가 최초의 형태에서 최종 버전으로 발전되어가는 과정을 추적한다. 그러나 아무리 복잡한 형태라도 순

---

8) 통역의 인지적 측면들은 수십 년간 심리학의 연구 주제였다(Barik 1970; Gerver and Sinaiko 1977, 1-5, 245-314, 333-342, 385-402). 번역은 꽤 최근에 와서야 심리학자들의 관심사가 되었다(Danks 1991).

전히 말에 의존하는 프로토콜이 특정 반응이나 의견을 촉발시킨 원문이나 초기 형태의 목표텍스트에 존재하는 구체적인 텍스트적 문제들을 항상 정확하게 집어낼 수 있는 것은 아니다. 일부 연구자들은 더 정교한 연구 방법을 활용하여 이러한 문제점을 해결했다. 예컨대 번역 시 발생하는 안구의 빠른 움직임을 기록하는 데 비디오카메라가 사용되었다. 비디오카메라는 프로토콜의 각 부분을 원천텍스트와 목표텍스트의 특정 구획에 맞춰 색인을 다는 데 활용된다. 사고발화법을 이용하는 초기 연구에서 나타난 한 가지 문제점은 그러한 연구들이 학생 번역자를 대상으로 한 점이다. 이러한 피실험자를 활용하였기 때문에 연구는 실제 번역상의 문제점과 부족한 언어적 기술로 인해 발생하는 문제를 혼동하였다. 이제 이러한 연구 대부분은 경험 많은 번역사가 수행하는 실무에 중점을 둔다(Krings 1986a, 1988).

다음 장에서 다룰 번역 과정 개념은 심리언어학적 모델과 실무 모델에서 특히 관심을 끈다. 실무 모델에서 번역 과정은 번역 시 '번역자가 수행하는 일what the translator does'로 이해된다. 번역의 발견법에 관심이 있는 번역 교수자와 학자들은 실무에 대한 관찰에서 추출된 번역 전략들을 열거했다. 관찰 가능한 실무 패턴에 기초한 그러한 추출물들은 인지 측면의 대응물 cognitive counterparts을 갖는다. 심리언어학적 모델의 목표 중 한 가지는 관찰 가능한 실무 패턴의 인지기질cognitive substrates을 파악하는 일일 것이다. 그러고 나서 전위, 변조, 등가와 기타의 소위 번역 전략들이 심리학적으로 어떻게 실현되는지 설명하기 위해 인지기질은 "번역 전략"과 같은 교육적 개념과 짝지어진다.

번역을 구성하는 정신적 과정들의 복잡한 네트워크가 부연amplification이나 변조 같은 일련의 발견적 번역방법으로 깔끔하게 압축될 수 있을 것 같지는 않다. 그럼에도 불구하고 번역 작업을 수행하는 번역자의 마음속에서 일어나는, 뚜렷한 정신 작용의 범주들을 파악하는 것이 가능할 수도 있다. 이러한 작용들은 복잡하게 조합되어 목표텍스트에서 특정한 언어적 패턴을 형성할 것이다. 텍스트적으로 실현된 패턴이 일반화된 것이 우리가 교실에서 학생들에게 가르치는 소위 "전략"들이다. 교수자들만 심리언어학적 모델에서 뭔가 얻을 수 있는 것은 아니다. 번역의 심리학을 더 잘 이해하면 전산 모델을 활용하여 작업하는 사람들에게도 도움이 될 수 있다. 본격적인 인공지능을 가능하게 할 만큼 소프트웨어가 발전하면 컴퓨터가 인간 번역자에게서 무언가 배우는 것이 가능할지도 모른다. 사고발화법과 인터뷰를 통해 알게 된 인지적 전략들은 똑똑한 번역 기계의 내부 기제를 제어하는 알고리즘을 위한 템플릿 역할을 할 수 있다.

심리언어학자는 상황변수가 "내적인internal" 번역 과정에 미치는 인지적 영향, 즉 이러한 변수들에 대한 반응으로 야기된 인지적 번역 행동에 관심을 갖는다. 몇 가지 중요한 연구 문제를 들자면 언어 체계, 시간 제약, 경험의 정도, 원천텍스트의 정보 구조, 목표문화에 대한 친숙도 등이 번역의 인지적 과정들에 미치는 영향에 대한 조사가 포함될 것이다. 궁극적으로 심리언어학적 모델은 텍스트 처리를 위한 인지적 전략들로 구성되는 독특한 부분집합이 번역의 인지적 과정들이라고 생각할 것이다. 텍스트 처리를 위한 인지적 전략들은 텍스트 생산 및 텍스트 이해와 관련된다. 심리언어학적 모델은 텍스트적 과정으로서 복잡한 인지적 번역 수단과 방법들을 드러내 보일 수 있다. 원천텍스트와 초기 형태의 목표텍스트는 번역 블랙박스의 양 쪽 끝 기준점이다.

번역 이론: 들어가는 말

이상과 같이 번역 모델을 정리한 것은 일부 공통적 요소를 설명하고 차이점을 해결하려는 시도라 할 수 있다. 번역학 내에서 일고 있는 논란은 많은 경우 번역에 대한 여러 다른 관점이 서로 어떻게 연관될 수 있는지에 대한 이해를 증진함으로써 잠재울 수 있다. 각 모델은 특정 관점을 대변하지만 각 모델 간 상호의존적 측면도 두드러진다. 결국 각 모델은 각자의 구체적 관점을 포기하지 않고 더 심오하고 더 적절한 통합 번역 이론을 만드는 데 일조할 수 있다.

번역 이론이 어떠하며, 어떠해야 하는지에 관해서 상당한 혼란이 있다. '이론' 개념의 철학적 배경에 관해 깊이 숙고하지 않고 여러 학자가 시대를 달리하며 다양한 목적으로 그러한 표현을 사용했다는 점은 분명하다. 그러한 술어의 다양한 의의senses를 구분하고자 하는 시도는 거의 없다. 이론이 여러 층위에서 나타나고 각각의 이론은 서로 다른 간주관적intersubjective 권위를 갖는다. 그러한 의의 중 일부는 그저 평범하다. 비전문가에게 이론은 하나의 의견과도 같다. 이론이라고 하는 것이 상식 수준의 기술론적이고 설명적인 구성체이고 그 간주관적 지위는 약하다. 간혹 설득이나 믿음, 혹은 설득력 있는 논증에 의해 이러한 의견에 지나지 않는 구성체가 타인에 의해 수용된다. 그러한 구성체는 의견의 일치를 통해 권위를 획득한다. 이렇게 많은 이들이 공유하는 의견들이 간혹 이론으로 지칭된다. 후에 이러한 의견들은 명문화되어 공식적인 체계를 갖추게 될 수도 있다. 형식주의formalism가 그 체계 내에 엄밀성과 "증거proof"의 가능성을 더하게 된다. 종종 이론이라는 것은 연역적 추론에 의한 설명이거나 이러한 체계에서 비롯된 구성인 경우가 있다. 문학 비평 이론들이나 언어학 이론들이 종종 이러한 유형이다. 어떤 경우는 패턴을 발견하기나 진술을 검증하는 구체적인 방법이 그러한 체계에 부가될 수도 있다. 과학의 경험적 이론들이 검증 방법에 의해 강화된 이론의 예이다. 이렇게 혼란스러운 상황을 고려할 때 Newmark를 위시한 학자들이 통합 번역 이론의 가능성을 부정하는 것도 무리가 아니다(Newmark 1991).

본서는 경험적 접근을 주장한다. Alfred Schutz(1963, 235)는 이러한 접근법을 "통제된 추론 과정을 통한 발견으로서... 명제적 형태로 진술 가능하고 관찰을 통해 검증하고자 노력할 준비가 된 모든 이에 의해 검증될 수 있는 것"이라고 규정한다. 우리가 번역학에 대한 경험적 접근법을 주장하는 것은 새로울 것이 없다. 이것이 관찰에 기반한, 더 엄밀하고 검증 가능한 번역학을 향한 일반적인 움직임에 포함되기 때문이다. 이것이 여러 학자 중에서도 Toury(1982)와 Snell-Hornby(1988)가 주창한 바이기도 하다. Snell-Hornby는 "경험적empirical"이라는 말을 사용하지는 않았지만, 통합적 번역학에 대한 Snell-Hornby의 어젠다는 우리가 지향하는 바와 여러 면에서 맞아 떨어진다.

통합 이론이라는 것이 불가능하다는 것은 무엇을 근거로 주장할 수 있을까? 연구 대상이 너무나 복잡하기 때문인가? 확실히 복잡성은 장애물이기는 하지만 통합 이론을 부정할 이유는 되지 않는다. 번역학자들은 문제점을 잘게 쪼개 살펴보는 방식으로 이미 복잡성의 문제를 다루었다. 우리가 살펴본 각 모델은 더 큰 사안의 일부분을 중점적으로 들여다보는 식이다. 각각의 이러한 부분적 관점을 충분히 발전시킴으로써 전체론적 관점이 구성될 수 있다. 하지만 이것은 공통된 방법론적-비평적methodo-critical 체계가 유지될 때에 한한다. 통합이론이라는 개념이 과학 번역, 문학 번역, 시詩 번역의 특수 이론을 배제하는 것은 아니다. 통합의 이러한 다양성 개념은 Snell-Hornby의 1988년 책에서 중심적인 사안이다.

우리가 현재 겪고 있는 개념적인 혼선은 다채로운 계보가 모인 결과이다. 비평 모델의 주창자들은 다양한 접근법을 활용하며 이 중 다수는 문학 비평 체계와 정치적 "이론" 체계(라캉, 푸코, 마르크스)에서 비롯되었다. 언어학자와 텍스트언어학자들은 종종 자신들의 이론을 표현하고 입증하기 위해 논리연산과 언어학에서 발전한 형식체계들을 이용하였다. 그러한 이론들은 차라리 수학적인 증거들과 닮았다. 심리언어학적 관점에서 번역을 연구하는 사람들은 행동과학의 경험적 기법들을 채택하였고 이들의 이론들은 경험적이다. 실무 모델을 이용하는 교육자와 번역자들은 응용 이론에 관심이 있다. 이러한 이론들은 해결책이라고 할 수 있는 것들을 관찰하고 기록한 것에 기반을 둔다. 관찰에 토대를 두기 때문에 이것들도 경험적이다. 그러나 이 경우는 '순진한 경험주의empiricism이다. 종종 교육자들은 "자신들에게 도움이 된 해결책"에 대한 전적으로 주관적인 기술만을 출발점으로 삼는다. 이러한 기술은 일차적 의견 진술일 뿐, 이차적인 것이 아니다. 우리가 이론으로서 수용하는 것은 우리가 이론에서 원하는 것, 우리의 출발점이 되는 가정들, 그리고 우리가 속한 업계를 규정짓는 담론의 역사와 권위에 의존한다. 이런 조건들이 너무나 상이하면 공감대 형성은 상당히 허망한 것으로 보이게 된다.

앞서 우리는 번역학의 명시성explicitness을 요구한 바 있다. 학자들은 자신의 연구 목적과 연구 목표를 밝혀야 한다. 이러한 명시성은 이 학자들이 활용하는 이론적 체계에도 확대되어야 한다. 학자들이 자신들의 모델이 기술적이고 설명적이라고 한다면, 우리는 이러한 주장의 근거가 무엇인지 알 필요가 있다. 이러한 주장은 정교한 논증, 비평의 장치, 폐쇄적인 개념 체계, 세심한 분류체계, 경험적 방법 중 어떤 것에 기초한 것인가? 다양한 관점을 한데 모으는 통합적인 경험적 번역이론은 가능한 것이지만, 경험주의의 테두리 안에서만 존재할 수 있다. 각자의 원칙들에 기반을 두는 몇 가지 복수의 통합이론도 동시에 존재할 수 있다. 하지만 현재의 번역학을 특징짓는, 여러 이론의 잡다한 혼합물을 통합하는 것은 불가능하다. 공통된 방법론적 토대가 형성될 수 없다면 통합이론은 요원하다.

통합된 번역 이론이 있다고 해서 이것이 최선의 번역으로 한 종류의 번역만 제시될 수 있다는 점을 전제하는 것은 아니다. 번역이론의 목적은 소통적 번역이나 화용적 번역이 의미론적semantic 번역이나 언어학적philological 번역보다 낮다고 주장하기 위함이 아니다. 이러한 주장은 번역의 여러 유형 및 기법과, 번역에 대하여 관찰한 것들을 기술하고 검증하는 방식을 혼동한 결과이다. 실제로 발생하는 한, 여러 번역 방법은 번역학의 주제이지 번역학의 방법론이 아니다. 우리가 이제까지 펴온 주장을 고려할 때 우리는 여러 가지 유형의 번역이 있다는 점을 받아들일 수 있다. 이러한 여러 가지 형태는 모든 번역이 번역 상황과 번역 과정의 역동적 교차점이라는 사실에서 발생한다. 이러한 교차점은 텍스트로 항상 판단되는 번역 결과물을 낳는다. 통합 번역이론은 목표텍스트를 생산하기 위해 행해져야 하는 것이 아닌 행해지는 것에 대한 진술들을 기술, 설명, 검증하는 데 초점을 맞추는 것에서부터 출발해야 한다. 여기에서도 경험적 접근법은 중요한 영향을 미칠 수 있다. 목표텍스트에 대한 수용 조건들이 경험적으로 평가될 수 있기 때문에 번역의 발견적 교수법의 토대를 경험적 결과에 두는 것이 가능할 수 있다. 번역 이론가들은 너무나 자주 특정 번역 스타일이나 유형에서 출발하여 거꾸로 연구하면서 이를 정당화하려고 노력했다. 현재와 같은 번역학의 발전 단계에서 우리는 번역의 관찰 가능한 사실들에 초점을 맞추고 검증 가능한 일반적 진술들을 만들어내기 위해 매진할 필요가 있다.

번역의 사실들을 관찰하다 보면 아마도 우리는 번역 상황이 사실상 무한하고 번역 결과는 진정으로 무한하다는 것을 알게 될 것이다. 번역학에서 진정으로 중요한 것은 번역의 실무 영역, 즉 실제 번역사들이 하는 일과 번역사가 하는 일에 대해 번역 사용자가 보이는 반응이다. 우리가 할 일은 번역 실무의 무한한 각 형태 속에서 의미 있는 패턴과 규칙성을 파악하는 것이다. 우리는 전형적인 패턴과 문제를 다루는 전형적인 방법들, 그리고 특정 종류의 번역이 선호되는 전형적인 상황들을 기술할 필요가 있다. 번역 실무에는 패턴이라는 것이 없고 각 번역은 완전히 고유한, 일종의 언어적 기적miracle일 수도 있다. 그렇다면 우리는 번역이론은 불가능한 것이라는 데 동의할 것이다. 기적의 과학은 있을 수 없다. 그러나 번역이 마구잡이식으로 이루어지는 것이 아니라는 단 하나의 가정이 우리에게 허용된다면 통합된 경험적 번역이론은 틀림없이 가능하다.

우리가 번역이론의 토대를 번역 실무에 둔다면 우리가 당면하게 되는 것은 화용적/소통적 접근이 아닌 언어적/의미적 접근을 선택한다거나 목표문화 가치가 아닌 원천문화 가치를 강조한다거나 하는 문제가 아니다. 그보다 우리는 여러 가지 번역적 대응을 요하는, 매우 다양한 번역 현실이 존재한다는 점을 깨닫는다. 필자의 번역 접근법은 이러한 모든 접근법이 번역의 텍스트성에 토대를 두고 있고 방법론에 있어 경험적이라면 그러한 접근법 모두가 타당하다고 주장한다.

번역이론의 토대를 번역 실무에 두도록 하는 것은 번역학이 일차적 번역현상first-order phenomena of translation에 근거한 것이어야 한다고 은근히 주장하는 것이나 다름없다. 번역의 일차적 사실들은 텍스트에 집중된다. 이러한 사실들은 실제 원천텍스트요, 실제 텍스트 상황이며, 번역과정에 대한 실제적인 일차적 설명이고 목표텍스트에 대한 독자들의 실제 반응이다. 다음 장에서는 번역에 대한 경험적 접근에서 주된 변수인 특정 텍스트적 요소를 다룬다. 이를 살펴보고 번역이론 문제를 다시 논의한 후 텍스트 기반 경험적 번역학에 대한 우리의 어젠다를 요약한다.

제2장
번역 – 지식과 과정

체계로서의 언어와 실제 사용되는 언어

번역자는 구체적인 상호작용 환경 내에서 번역 능력을 활용한다. 번역은 연설이나 다른 언어 사용 사례와 마찬가지로 항상 의사소통 맥락 내에 내포되어 있다. 번역 실무는 의사소통 맥락과 이 의사소통 맥락이 번역 과정의 핵심인 의사결정에 미치는 영향을 설명하지 않고는 연구될 수 없는 의사소통 활동이다.

번역학은 그 연원이 언어학과 문헌학에 있기 때문에 항상 두 가지 연구 방향이 존재했다. 이 두 연구 방향은 우리가 이제까지 살펴 본 번역 모델에 드러나 있다. 그 중 한 가지는 실제로 사용되는 언어language in use 형태로서 번역이 갖는 상호작용적 특징과 소통적 특징을 강조했다. 그리고 다른 한 가지는 번역에 존재하는 언어적 관계가 갖는 체계상의 본질에 초점을 맞추었다. 예를 들어 언어학적 모델과 기계 번역 모델은 원천언어와 목표언어의 체계 간 관계에 기초를 둔다. 실무 모델과 텍스트언어학적 모델은 수행 측면과 상호작용 측면을 강조한다.

우리가 언어를 사용할 때, 즉 말하고, 듣고, 쓰거나 읽을 때 우리는 복잡한 인지적, 소통적 활동에 참여한다. 이러한 활동들은 체계적이다. 규칙적이고 예측 가능하기 때문에 이러한 활동들은 규칙 체계를 이용해 기술될 수 있다. 이러한 활동들은 규칙의 지배를 받는다고 할 수 있다. 읽기, 쓰기, 말하기, 듣기도 소통 상대방을 필요로 하기 때문에 상호작용적이다. 언어적 상호작용은 개인 간에, 그리고 집단 간에 놀랍도록 다양한 방식으로 일어난다. 개인 간 면대면 대화가 아마도 가장 명백한 언어적 상호작용 방식이겠지만, 확실히 이것이 유일한 방식은 아니다. 언어를 사용하여 행동하고 반응하는 다른 수단들도 많다. 예컨대 "혼잣말"을 할 수도 있고 독백을 하면서 사적인 생각을 청중에게 전달할 수도 있다. 소통 당사자가 공통의 소통적 상황 내에 함께 존재하는 경우 언어적 상호작용은 상당 부분 실시간으로 발생한다. 하지만 언어적 상호작용이 항상 이러한 직접성을 특징으로 하는 것은 아니다.

다른 형태의 언어적 상호작용도 있다. 예컨대 보이지 않는 청중을 상대로 한 말하기와 이들을 위한 녹음을 포함하는 방송저널리즘이 한 예가 될 수 있다. 위대한 문학작품을 읽을 때 우리는 몇 달 혹은 몇 년 전에 그 페이지에 담아놓은 말을 읽는 것이다. 상호작용이 지연되거나 탈장소적displaced일 수도 있다. 번역은 탈장소성을 특징으로 하는 활동이다. 번역에서 의사소통 파트너들은 시간적, 물리적으로 함께 존재하지 않는다. 의사소통 파트너는 항상 서로의 존재를 예측할 수 있기에 상호작용은 여전히 가능하다. 번역자는, 눈앞엔 없지만 그 존재를 예측할 수 있는 저자와 독자 간 중개 역할을 한다. 번역자는 이들을 대신하여 행위하며, "마치" 모든 파트너가 눈앞에 있는 것처럼 텍스트를 재부호화한다. 번역의 탈장소성은 번역의 텍스트성에 기인한다. 텍스트의 형태로 전달된 문어 형태의 의사소통은 일반적으로 탈장소적이다. 이러한 텍스트는 (미래에) 이를 읽을 독자에 대한 예상을 활용하여 생산된다. 의사소통의 파트너 관계는 생산자가 존재하는 환경에서 완성되는 것이 아니라 일정한 시간이 지난 후 완성된다.

인간은 물리적, 사회적 현실에 대해 아는 바와 느끼는 바를 반영하고 전달하기 위해 언어를 사용한다. 인간이 말하고, 쓰고, 듣거나 읽는 모든 것은 인지cognition와 의사소통이라는 이중의 과정이 빚는 결과이다. 인지는 의사소통과 분리될 수 없다. 이 둘은 두 개의 독립적인 행위가 연속되어 일어나는 것이 아니라 하나의 통합된 행위이다. 구어적인 담화와 문어 텍스트는 화자와 저자가 언어 내용물로 채우는 중립적인 빈 용기vessels가 아니다. 인지적 내용물과 의사소통 이벤트, 그리고 지식과 과정 사이에는 복잡한 관계가 존재한다. 담화와 텍스트에는 항상 소통적 목적이 있으며 담화와 텍스트의 언어적 표현은 그러한 목적을 반영한다. 번역자는 항상 이러한 이중 과정의 이해관계를 염두에 두고 행위를 한다. 번역자는 의사소통의 인지적 내용물을 설명할 수 있어야 하고 그러한 설명의 과정에서 언어를 사용해야 한다. 사용되는 언어적 형태는 해당 상호작용에 적용되는 조건들을 반영해야 한다. '상황situation'이라는 술어는 상호작용 중 활성화되는 맥락적 제약contextual constraints을 지칭한다. 번역자의 능력은 두 언어 체계에 대한 지식뿐만 아니라 소통적 지식도 의미한다. 소통적 지식은 구체적인 상호작용 상황에서 '언어를 어떻게 사용할지 아는 것'이다. 번역 능력translation competence은 번역자가 번역하기 위해 알아야 하는 것, 그리고 어떻게 할지에 대해 알아야 하는 것의 총합이다. 번역 능력은 통합된 과정에서 몇 개의 인지적 영역을 활성화시킨다. 번역자는 언어적 지식을 활용하고, 소통적 지식, 즉 두 문화 공동체의 서로 다른 상호작용 패턴에 대한 지식을 활용한다. 번역자는 텍스트를 통해 전달되는 상업적, 과학적, 문화적, 기술적 영역에 대한 지식인 주제 지식도 활용한다. 엄밀히 말해서 번역은 지식과 의사소통 과정을 결합시킨다.

전통적인 언어학적 모델 다수는 의사소통 이벤트를 고려치 않는다. 이 모델들은 문법적 형태와 어휘 형태의 규칙적 분포를 파악하는 데 초점을 맞추며, 이러한 형태들이 관찰되는 의사소통 이벤트에서 이러한 형태들을 분리한다. 이와 같은 언어관은 탈맥락적 언어 구조가 존재한다고 가정한다. 이러한 구조들이 일차적인 연구 대상이 된다. 사람들이 실제로 시공간 속에서 경험하는 발화는 맥락이라는 포장을 걷어내야 하는 일시적인 표층 현상으로 간주된다. 이와 같이 한계가 있는 언어-체계적language-systemic 접근으로는 번역 실무에 대한 진정한 이해는 불가능하다.

언어와 번역에 대한 소통적 관점과 체계적 관점은 상호 배타적인 것처럼 보인다. 하지만 더 자세히 살펴보면 둘 사이의 관계는 상호 보완적임을 알 수 있다. 실제 사용되는 언어와 체계로서의 언어는 서로를 전제로 한다. 두 접근법은 인간의 상호작용이 일정한 패턴이 있고 규칙의 지배를 받는 언어 기호의 사용이라고 가정한다. 언어학자들이 기술하는 형태적 구조는 소통적 상호작용을 통해 내재화된다. 한편, 사회언어학자들이 기술하는 의사소통 이벤트는 기저의 언어 체계를 상정한다. 체계언어학자의 문법 규칙은 규칙성의 형식적 표상이다. 이러한 규칙들은 사람들이 언어에 대해 알고 있을 것으로 생각되는 것들을 기술한다. 그러한 규칙성이 없이 언어 사용은 불가능할 것이다. 한편으로는 언어적 상호작용에 대해서, 그리고 다른 한 편으로는 구조의 목록inventory과 언어 형태의 기술에 대해서 고립된 연구를 하는 것에 대한 정당화 논리가 무엇이든 인간의 의사소통 매개체로서의 언어를 연구하는 복잡한 작업은 이러한 두 가지 주요 연구 기조의 통합을 요한다.

상호작용적 언어학interactional linguistics의 주요 연구 문제는 어떻게 사회적 관계의 네트워크와 행위를 관찰 가능한 언어적 규칙성과 관련짓느냐는 것이다. 마찬가지로 언어적 상호작용에 최우선적인 관심을 두는 번역학자도 유사한 의문을 갖는다. 번역학자는 번역의 관찰 가능한 생산물인 텍스트를 주요 텍스트 변수와 번역 상황, 구체적인 언어 형태와 어떻게 관련지을 수 있을까?

어떻게 하면 순수한 언어적 데이터를 이용하여 언어적 상호작용을 체계적으로 기술할 수 있을까? 어휘 항목이나 문법구조와 같은 개별 언어적 요소가 사회적 상호작용에 대해 제공하는 정보의 조각들은 불충분하고 단절된 것들일 뿐이다. 번역자로서 우리는 대응 규칙을 활용하여 단순히 목표언어 구조를 추론하는 것만으로 좋은 번역을 생산할 수 없고, 학자로서는 이런 것들만을 통해 좋은 번역을 예측할 수 없다. 개별 언어적 요소라는 것은 기껏해야 상호작용 상황에 대한 지표일 뿐이다. 인지적 과정과 의사소통 의도를 가리키는 신호로서 개별 언어적 요소가 갖는 가치는 제한적이다.

정형화된 상호작용의 레퍼토리에 적용되는 언어적 표지를 열거하여 이러한 난점을 극복하는 것이 가능할 수 있다. 이러한 표지들은 특정 언어사용자 집단이 선호하는 것들일 수 있고 특정 의사소통 전략을 나타내는 것들일 수 있다. 또한 이 표지들이 구체적인 인지적 스타일을 반영할 수도 있다. 경험적인 사회언어학적 분석을 통해 상호작용 양태의 지표 역할을 하는 뚜렷한 언어적 레퍼토리가 다양하게 밝혀진 바 있다.

사회언어학자들의 딜레마는 이러한 기조를 따르는 연구가 기껏해야 통계에 기초한 일련의 잠재적 상호작용 사례만 산출한다는 점이다. 다多방언문법(polylectal grammar: 구조적 차이를 밝히기 위해 관련된 여러 언어 형태를 연구하는 것을 목적으로 하는 언어적 분석[역주])을 정립한다는 것은 단일방언문법(monolectal grammar: 단일 순간에 단일 화자가 단일 스타일로 한 발화에 대한 기술이 목적[역주])을 정립하는 것보다 훨씬 어렵다(Bickerton 1973). 모순되는 사회 규범 때문에 '누가 무엇을 언제 어떻게' 그리고 '누구에게'를 기술할 수 있는 복잡한 규칙의 장치가 필요할 것이다. 그러한 다방언문법은 결국에는 정립될지도 모른다. 하지만 현재 우리는 "다방언문법의 특성과 구조에 관해서, 그리고 그러한 다방언문법이 취할 수 있는 최상의 형태가 어떤 것인지에 대하여 아주 막연한 개념만 있을 뿐이다"(Bickerton 1973, 18; Mitchell 1984).

사회적 상호작용에 사용되는 레퍼토리는 특정 맥락에서 발생하고 "규칙의 지배를 받는 가변적인" 언어적 의사소통의 사례들이다. 규칙의 지배를 받는 이러한 행동이 맥락화되어 발현된 것이 '텍스트'이다. 텍스트는 우리로 하여금 언어적 변이variation를 인식하도록 하는 텍스트 패턴의 변이이다. 따라서 사용되는 언어는 텍스트적 발현을 통해 연구하는 것이 최선이다(Labov 1970). 텍스트는 구조화된 상호작용을 연구하기 위한 경험적 토대이다. 번역이 원천텍스트 저자와 번역자, 목표텍스트 독자 간 구조화된 상호작용의 한 형태라면 텍스트는 번역 연구를 위한 의사소통의 토대이기도 하다.

고전 문법 이론은 실제적인 의사소통 맥락에서 구조에 관한 정보를 이끌어낸다. 통상적으로 이러한 이론은 이 정보를 기껏해야 문장 수준의 언어 단위로 축소한다. 이뿐만 아니라 구조 문법structural grammar은 대개 이상적인 언어 사용자를 상정한다. 실제 언어 사용은 고전적인 문법 이론의 적절한 영역 바깥에 놓이게 된다. 고전 문법의 연구 목적은 이상화된 능력idealized competence에 대한 기술이다. 그리고 그 목표는 상황적 제약의 영향이 전혀 없는 문법적 지식 잠재력이다. 언어적 능력은 문법적 능력이나 형식적 능력으로 환원된다.

언어를 아는 사람은 그것을 어떻게 사용할지도 알고 있다. 완전한 언어적 능력은 문법적 문장을 구성하기 위한 형식적 요건들을 안다는 것에 국한되지 않는다. 언어적 능력에는 텍스트를 구성하기 위해 이러한 문장들을 어떻게 활용할지 아는 것이 포함된다. 개별 발화가 수행 제약performance constraints의 영향을 나타낸다는 사실은 논외로 하고, 문장을 텍스트와 연결시키는, 근본적으로 전략적인 측면도 있다. 문장은 텍스트의 이익을 위해 이용된다. 문장 문법sentence grammar은 더 포괄적인 텍스트 문법의 중요한 구성요소로 보아야 한다. 텍스트 문법은 텍스트 지식 모델로서 우리의 관심을 문장 너머로 확대하는 것 이상의 역할을 한다. 텍스트 문법은 문장 내 현상 및 문장 간 현상의 기술과 설명을 위해 활용해야 하는 구조적 범주에 대한 기본적인 재평가로 이어진다(Hartung 1981, 1307).[9]

문법적 범주의 영역을 확대하여 텍스트 데이터를 포함시킨 결과 형식 언어학의 인위적인 연구 패턴은 변화가 불가피했다. 이러한 현상은 언어적 의사소통의 단위에 관하여 더 실제적인 연구가 이루어지도록 동기를 제공했다. 맥락을 떠난 문법의 자립성은 더 큰 범위의 맥락화된 현상들에 대한 기술로 인하여 도전에 직면했다. 언어학도들은 패러다임의 전환을 목격하고 있다. 구舊시스템 지향적인 모델들은 텍스트를 중심적인 준거 틀로 삼는 소통적 관점을 통해 강화되고 있다.

---

9) "공시적인 차원에서 구조에 관한 용어는 더욱 다양해지고 있다. 예컨대 오늘날 담화분석 연구 등의 분야에서 이미 완전히 새로운 담화 구조화가 이루어지고 있다. 구조에 관한 현존하는 미시적 모델들을 염두에 두고 보면 이러한 새로운 구조는 단지 문맥을 방해하고 흐름에서 이탈하는 요소들에 지나지 않는다(예를 들어 휴지 채움말, 유도 신호, 불필요한 중복 등). 하지만 다른 관점에서 보면 어느 정도 기능성을 주장할 수 있는 구조들이다. 혹은, 실존하는 범주로 명확하게 분류되지 않지만, 그럼에도 불구하고 구두 대화문 범위 내에서 명백한 구조의 단위로 자리 잡은 부류가 있다(원문은 독일어)"(Hartung 1981, 1307).

상호작용 구조로서의 번역

텍스트는 번역 연구를 위한 적절한 출발점이다. 텍스트 생산과 수용은 사회적 관계를 생성시키고 유지하는 데 있어 중요한 역할을 하는 활동이다. 이와 같은 행위가 사회 발전에서 담당하는 중요한 역할은 텍스트를 통한 교류의 사회적 다양성에 의해 입증된다. 의사소통의 다양한 텍스트적 방식을 자세히 분석해 보면 이러한 의사소통 방식이 어떠한 사회적 네트워크를 떠받치고 있는지 쉽게 알 수 있다. 텍스트는 사회적 도구로 이용된다. 텍스트는 모든 도구와 마찬가지로 그 도구 이용자에 관한 무엇인가를 드러낸다.

우리는 다원적이면서도 근본적으로 단일 언어 부호를 공유하는 공동체 속에서 사회화 경험의 자연스러운 결과로서 텍스트를 생산하고 수용하는 법을 습득했다. 이러한 텍스트들은 문화적 관습들에 따라 일정한 패턴을 갖는다. 우리가 텍스트를 사회적으로 경험했다고 해서 우리의 모국어와 관련한 모든 텍스트 관습을 통달할 수 있는 능력을 갖게 되는 것은 아니다. 더욱이 텍스트에 대한 지식은 문화화enculturation의 결과이기 때문에 우리가 보유한 텍스트적 지식은 문화 종속적이다. 이것은 텍스트를 통한 문화 간 교류에 있어 중요한 사항이다. 텍스트 관습은 문화적 공동체의 더 큰 언어 부호의 일부이기 때문에 해당 공동체에 종속한다. 이러한 종속은 필자가 제1장에서 언급한 번역의 "부자연스러운" 측면을 만들어 낸다. 번역은 언어적 경계와 텍스트적 경계를 넘으려는 시도이다.

번역은 그러한 경계를 넘나들려는 공통된 욕구가 동기가 된다. 원천언어(이하 L1) 사용자와 목표언어(이하 L2) 사용자는 서로 소통하기를 원한다. 이를 달성하기 위해 양 언어 사용자는 번역자에게 (통역은 예외로 하고) 이미 압도적으로 많은 경우 그 의사소통 목적을 달성한 '원천텍스트'를 목표언어의

'텍스트 세계' 구성원으로 재창조해달라고 요청한다. 텍스트 세계는 특정 의사소통 공동체에서 사용되는 텍스트적 상호작용 구조들의 레퍼토리이다.

사회적 활동의 한 사례로 나타나는 원천텍스트는 이미 소통적 기능을 완수했다. 번역되지 않은 텍스트가 그 텍스트가 속한 보통의 문화적 맥락 내에서 생산되고 수용되는 것은 대개 문제를 수반하지 않는다. 의사소통의 매끄러운 흐름은 L1 공동체 내에서 텍스트의 피통제성directedness이 수행하는 기능이다. 전문 텍스트 다수는 특정 독자가 있다. 전문 텍스트는 특정 저자 고유의 전문 지식을 반영하며 텍스트 구조도 특별한 목적을 반영한다. 각 텍스트의 구조는 특정 상호작용적 목표를 수행하도록 변화되었거나 생성된 특별한 상호작용 구조이다. 과학 텍스트, 법률 문서, 상거래 관련 문서, 그리고 기술 매뉴얼은 전문 텍스트의 전형적인 사례이다. 이러한 텍스트들은 특정 발신자와 수신자 집단 간에 존재하는 공통된 특별한 관심과 상호지식mutual knowledge의 결과로 높은 수준의 피통제성을 보인다. 문화 간 의사소통의 상당한 부분을 촉진하는 더 일반적인 텍스트와 전문 텍스트를 구분하기 위한 명확한 경계란 없다. 한 문화의 텍스트적 세계는 동질적이지 않다. 텍스트적 지식도 고르게 분포되어 있지 않다. 의사소통 당사자가 자신이 사용할 수 있는 모든 텍스트 형태에 접근할 수 있는 것도 아니다. 의사소통 당사자가 이러한 모든 것들을 활용할 사회적 필요성이 있는 것도 아니다. 사회 전체를 볼 때 텍스트 다수가 특정 하위 집단 간 의사소통에만 사용된다.

번역자는 L2 독자의 필요성과 기대 요건을 충족시킬 수 있도록 L1 텍스트에 가하는 변형들을 평가해야 한다. 이러한 변형들은 비단 언어적 변형만은 아니다. 번역은 번역물의 모태인 원천텍스트와 마찬가지로 사회적 상호작용의 발현이다. 보통의 텍스트들과 마찬가지로 번역물은 사회적 피통제성이 있어야 한다. 문화적 맥락에서 어떠한 텍스트의 자연스러움은 유사한 상황에서 유사한 통제를 받는 텍스트에 대한 독자의 실무적 경험에서 비롯되는 기대들과 문제의 그 텍스트가 얼마나 긴밀한 상관관계를 갖는지에 달려있다. 독자는 텍스트에 대한 상식 수준의 지식을 가지고 있고 이러한 지식은 초보적 수준의 텍스트 유형론의 형태를 띤다. 이러한 일차 범주화는 보통 언명言明으로 표현되지 않고 체계적으로 기술되는 경우도 거의 없다.[10) 텍스트는 일상생활 속 익숙한 장면들의 일부이며 "통상적인 행동 방향normal course of action으로 인식되는 것"으로서 "누구나 알고 있는 것"(Schutz 1970)으로 간주된다. 이러한 자명한 구성체들은 아래와 같이 레시피recipes에 비유되곤 했다 (Schutz 1970, 81).

> 한편으로 레시피는 행동 수칙으로서 작용하며 표현의 계획scheme of expression 역할을 한다. 누구든 특정 결과를 얻고 싶다면 이러한 목적에 따라 제공된 레시피에 나타난 대로 진행해야 한다. 다른 한편으로 레시피는 해석의 계획scheme of interpretation 역할을 한다. 누구든 특정 레시피에 나타난 대로 진행하면 이와 상관관계가 있는 결과를 의도하는 것이다. 번역이 제대로 되려면 목표문화권의 텍스트적 의사소통의 레시피를 따라야 한다. 그렇지 않으면 번역은 텍스트 사용자에게 해석의 계획으로 기능하지 못한다.

텍스트는 텍스트적 외양이 아니라 주로 그 텍스트의 정보 컨텐트 information content에 의해 가장 폭넓은 의미에서의 흥미를 유발한다. 목표공동체는 그 텍스트에 무엇이 담겨 있는가에 관심을 둔다. 그러나 텍스트 소비자가 그 텍스트의 포장에 호도됨 없이 어떤 텍스트의 내용을 수용할 수 있도록

---

10) 소위 실용 텍스트 다수에서 내용이 형태를 지배한다. 하지만 문학 텍스트가 포함되는 순간 이러한 일반화는 더 이상 가능하지 않다. 허구적fictional 텍스트는 내용을 담고는 있지만 텍스트 의미의 상당한 부분을 텍스트의 형태에서 이끌어 내야 한다.

하는 것은 그 텍스트가 해당 문화 공동체의 텍스트 관습을 고수하기 때문이다. 텍스트 관습을 고수하면 그 텍스트는 특유의 텍스트 프로파일을 부여받는다. 텍스트 프로파일은 사용된 레시피를 텍스트 사용자가 파악할 수 있도록 하는 일단의 특성들로서 언어적 표지의 배열이 포함된다. 대부분의 경우 텍스트 사용자는 텍스트 프로파일과 자신이 텍스트에 대해 기대하는 바를 의식적으로 알아채지 못한다. 이러한 기대는 그 기대에 어긋날 때에만 의식세계로 들어온다. 사용자가 어떤 번역이 '이상한 것 같다'고 말 할 때 이것이 어긋난 기대를 인식하는 것이다.

번역은 L2의 의사소통 환경 내에서 경쟁해야 한다. 보통의 모든 (비非 번역) L2 텍스트는 L2 의사소통 상황의 자연스러운 결과물이다. 이러한 텍스트들은 사용자의 텍스트 규범과 전통을 따른다. 반면 번역물은 두 언어 공동체 양쪽에 "걸쳐있다." 번역은 한 상호작용 위치에서 발생한 의사소통 활동들을 다른 위치로 옮겨 놓는다. 앞서 필자들이 언급했다시피 번역은 탈장소적 상호작용 구조다. 원천언어의 독자를 위해 쓰인 텍스트는 원래 의도하지 않은 독자의 정보 니즈를 충족시키기 위해 변형된다. 이 때 L1텍스트의 정보에 대한 필요성이 추정된다. 이러한 필요성이 없다면 번역은 필요하지 않다. 번역은 다른 방식으로는 L2 공동체에서 입수할 수 없는 정보를 제공하기 때문에 L2 독자에게 가치 있는 것이다. 번역이 이러한 필요성을 충족시키는지는 해당 정보에 대한 사용자의 갈망에만 달려있는 것은 아니다. 성공적인 번역은 텍스트에 부호화된 정보를 수용하고 처리하는 사용자의 능력에도 의존한다.

보통의 독자는 자신이 읽는 텍스트의 형태적 요건들을 의식적으로 파악하지 못한다. 텍스트 소비자는 텍스트의 자연스러움을 초보적인 방식으로 인식한다. 반면 번역자는 해당 텍스트를 더 명시적으로 이해할 수 있어야 한다. 번역자는 해당 언어쌍의 대조언어학적 측면뿐만 아니라 대조적인 텍스트 요건들에 대해서도 알아야 한다. 번역자는 목표텍스트의 텍스트 구조를 의식적으로 인식하고 있어야 한다. 목표언어가 번역자의 모국어가 아니면 이것은 꽤 어려운 일이다.

텍스트에 대한 번역자의 지식은 번역학자의 이차 지식과 같다. 번역자의 지식은 신중하고 체계적으로 구축되어야 한다. 어떻게 번역할지에 대해 아는 것, 즉 번역 능력은 구축되는 능력이다. 번역 능력은 직접적인 경험과 의식적인 성찰을 통해 구축된다. 번역 능력은 복수의 언어에 대한 지식과 복수의 체계에 대한 지식의 결합이다.

과정으로서의 번역

번역 이론가는 상호작용과 텍스트라는 개념에 의해 생성되는 준거의 틀을 통해 문장의 경계를 넘어 더 포괄적인 구조들을 기술할 수 있다. 텍스트가 상호작용 구조라는 개념을 활용한다는 것은 번역학을 언어사회학linguistic and social science으로 파악하는 것과 같다. 번역이 기예art라고 주장함으로써 번역의 사회적 성격을 부정할 수는 없다. 번역을 기예로 지칭한다고 문화 간, 언어 간 텍스트 생산 활동으로서의 번역의 지위에 근본적인 변화가 있을 수 없다. 번역 과정은 텍스트에 의해 유도되는 텍스트 생산 과정이다. 독특하게도 번역 결과물은 텍스트에 의해 유도된 텍스트text-induced texts이다.

번역 과정과 번역 결과물은 서로 필연적으로 연관되어 있다. 과정 측면은 주로 방법론적 이유로 먼저 연구될 것이다. 앞서 필자는 번역 능력의 개념을 소개한 바 있다. 이제 필자는 번역 능력이 어떻게 활성화되는지 기술해야 한다. 번역 과정은 번역 상황에서 능력의 활성화를 의미한다. 번역 과정의 결과는 목표텍스트이다. 따라서 번역은 일종의 텍스트 생산이다. 여러 학문 중에서도 현재 텍스트언어학이 텍스트 생산 과정을 설명하는 이론으로서 발전해가고 있다. 번역 과정은 이와 같이 모습을 갖춰가고 있는 텍스트 생산 및 텍스트 이해의 틀 속에서 연구되어야 한다. 번역 연구가 언어학의 현 경계를 확장시키는 연구 목표를 요구한다는 점은 놀랄 일이 아니다. 사회언어학자의 상호작용적 관점조차도 언어 상호작용speech interaction의 과정이 아닌 형식을 강조한다. 우리는 번역을 이해하기 위해 포괄적인 텍스트 구조 또는 상호작용 구조의 목록 이상을 필요로 한다. 번역 활동을 이해하기 위해 우리는 그러한 구조들이 어떻게 생성되고 이해되는지에 대한 설명을 포함시킬 수 있도록 시야를 넓혀야 한다. 번역의 문제 영역translation problems을 범주화하기 위한 첫 번째 진지한 시도는 L1 체계와 L2 체계 간 차이점에 대한 인식의 영향을 받았다. 두 언어 체계에 대한 기술이 번역 시 일치matching 가능성에 토대를 두고 두 언어의 요소 및 구조를 비교하기 위한 선행 과제로 인식되었다. 번역은 L1과 L2의 구성요소 층위의 규칙적 관계나 대응correspondence에 의존하는 것으로 생각되었다. L1의 어휘 항목은 L2 어휘 항목으로 부분적으로, 혹은 완전히 대체될 수 있는 것으로 인식되었다. 마찬가지로 L1의 문법 구조에 대응되는 L2의 구조가 있었다. 사실 각각의 어휘 요소나 문법 요소 간 정확한 대응은 비교적 드물다. 대개 번역 실무에서 L1-L2 쌍은 어휘-문법 복합체의 쌍이다. 문법적 기제로 해결이 되지 않으면 어휘 자원이 활용되고, 이보다 흔하지는 않지만 L1의 어휘 구분을 대체하기 위해 L2의 문법 구조가 활용된다.

번역 대응translation correspondences에 대한 시각은 근본적으로 기계적이었다. 번역은 하나의 체계, 즉 L1의 구성 요소를 다른 체계의 구성 요소로 대체하는 것, 그 이상도 이하도 아니었다. 1960년대 번역학 이론(Catford

1965; Neubert 1968)의 특징인 이러한 접근법은 당연히 번역학이 주로 언어학적 시도라는 믿음으로 귀결되었다. 인정하건대 명시적으로 기능주의적인 관점, 즉 복합적인 언어 체계가 실제 의사소통 이벤트의 제약 및 조건과 상호작용을 한다는 관점을 채택한 것은 언어학이었다. 그럼에도 불구하고 인간의 의사소통 과정은 주로 언어 체계에 따른 행동으로 간주되었고, 따라서 언어적 과정이었다(Catford 1965, 1).[11]

언어 기능이 텍스트의 기능으로 재해석된 1970년대에는 언어학자와 번역 이론가 다수에 의해 결정적인 전기가 마련되었다. 언어적 과정은 텍스트적 과정과 연관 지어졌고 언어 처리 개념은 확대되어 '텍스트 처리'를 포함하게 되었다. 저자, 번역자, 독자는 어휘와 문법 구조 이상을 처리한다. 이들은 어휘와 문법 구조의 처리를 포함하는, 더 포괄적인 정보 처리 활동을 수행한다. 이와 같이 더 높은 수준의 처리 활동에는 의미 구조들의 종합, 화용적 제약에 대한 고려, 텍스트의 언어적 표층에 대한 전역적 조건화global conditioning가 포함된다. 번역이라는 행위에서 언어 체계, 화용적 제약, 세상 지식world knowledge, 의미 체계는 모두 한 데 모이게 된다. 번역은 번역자가 의미론적, 통사적, 텍스트적, 화용적 분야를 역동적으로 조화시켜 통일성 있는 전체, 즉 L2 텍스트를 생성시키는 종합 과정synthetic process이다.

어떻게 이 복합적인 활동이 더 다루기 쉬운 분석 단위로 분해될 수 있을까? 텍스트 처리 행위는 처리 능력processing competence을 상정한다. 처리 능력을 더 작고 더 개념적으로 다루기 쉬운 단위로 분해하는 것이 가능할 수 있다. Eikmeyer(1983, 12)에 따르면 "가정은 모든 과정의 기저에는 절차가 있

---

11) "번역은 언어를 놓고 수행하는 작업이다. 다시 말해서 한 언어로 된 텍스트를 다른 언어로 된 텍스트로 치환하는 과정이다. 그렇다면 분명 어떤 것이든 번역 이론이라면 언어 이론, 즉 일반 언어학 이론에 의존할 수밖에 없다. 일반언어학은 주로 언어가 어떻게 작용하는지에 관한 이론이다"(Catford 1965, 1).

고... 이 절차는 실행되었을 때 프로세스 토큰process token을 보여준다.... 과정들은 시간의 흐름에 내포된 실체들이다. 이 과정들은 출발점이 있고, 일정 시간 동안 작동하며 결국 결과를 가져온다. 과정들은 필자가 절차들procedures이라고 부르게 될 다른 종류의 실체들을 실행함으로서 나타난다."

'절차'는 번역과 텍스트 처리 능력의 구성요소일 수 있다. 번역자의 절차적 지식은 번역자가 번역을 하면서 어떻게 할지에 대해 의식적으로, 혹은 무의식적으로 알고 있는 모든 것을 포함한다. 절차적 지식은 언어 사용에 관한 지식과 텍스트 사용에 관한 지식을 포함한다. 이러한 절차적 지식의 상당 부분이 경험을 통해 습득된다. 텍스트를 활용하는 능력은 번역자가 사회의 타 구성원들과 공유하는 일반적인 텍스트 처리 능력이다. 그러나 특히 번역에 있어서 일부 절차적 지식은 특별한 경험과 훈련으로 습득된다. 텍스트를 경험하면서 텍스트 처리 능력이 강화되고 이를 통해 우리 스스로 텍스트를 생산하는 능력을 기르게 된다. 우리가 생산하고 해석하는 각 텍스트는 연속되는 텍스트들의 진행, 즉 텍스트의 흐름textual stream의 일부이며, 이러한 텍스트의 흐름에서 우리는 능력을 강화한다. 우리가 접하고 생성시키는 각각의 새로운 텍스트는 무수히 많은 이전의 텍스트들을 처리하면서 축적된 지식을 활용해 처리된다.

인간 사회에서 제 기능을 하는 모든 구성원은 어떤 공통된 텍스트 처리 능력, 즉 일반적 텍스트 능력을 보유한다. 그러나 한 가지 강조할 점은 인간이 언제, 어디서, 어떻게 매우 다양한 종류의 텍스트를 처리할지 알고 있다는 점이다. 무수히 많은 상황 속에 놓인 텍스트와 관련한 능동적, 수동적 경험이 맥락을 구분하는 텍스트 능력을 구성한다.12) 특정 텍스트가 특정 상황

---

12) 독자와 저작자의 일반적인 텍스트 능력도 특별한 텍스트 능력과 조합될 수 있다. 일반적인 텍스트 처리 전략의 기본 구성요소에 기초를 두고 배양되는 이러한 능력들은 전문 텍스트를 생산하기

에 맞게 생산될 수 있는 것이다.

화자의 텍스트 능력은 화자의 언어 능력과 함께 존재한다. 해당 언어에서 "허용되는" 문장, 그리고 오직 그러한 문장만 생산하는 능력을 의미하는 언어적 능력은 텍스트적(논변적論辯的) 능력의 표현으로서만 관찰 가능하다. 텍스트와 텍스트적 절차에 대한 지식은 의사소통 당사자로 하여금 텍스트 내 언어를 처리할 수 있게 해준다. 이러한 지식이 있기 때문에 소통 당사자는 문장 상위의 언어 구조들을 생산하고 이해하며, 필요하다면 이를 번역할 수 있다. 이러한 구조들은 형태소와 문장들의 단순한 연결체가 아니다. 텍스트는 "문장 상위 층위" 이상이다.13)

번역에 대한 과정 지향적process-oriented 견해는 난해한 연구 문제들을 다수 던져준다. 번역자는 의사소통 과정에서 자신의 텍스트 지식을 어떻게 활성화시키는가? 어떠한 개념이 어떻게 텍스트에 반영되고, 청자와 독자는 어떻게 텍스트를 수용하고 텍스트가 전달하는 개념들을 추출하는가? 그뿐만 아니라 화용적 제약들은 그 텍스트의 언어적, 의미론적 프로파일에 어떤 영향을 미치는가? 효과적인 번역을 위해 번역자는 L1 및 L2 텍스트 능력을 모두 활용해야 한다. 번역자는 L1 텍스트가 무엇을 하는 텍스트이고 그 텍스트에 담긴 정보가 무엇인지 이해하고 나서야 L2 독자를 위해 이를 재창조할 수 있다. 번역자의 텍스트 처리 능력은 L1 절차적 지식과 L2 절차적 지식을 모두 포함해야 한다. 게다가 번역자의 능력이 해당 문화권에서 일반화된 텍스트

위한 더 구체적인 절차들을 제공한다. 기술 보고서나 컴퓨터 매뉴얼을 생산하는 능력 같은 특별한 능력들은 통상적인 텍스트 관련 경험의 흐름에서 발달하지 않는다. 텍스트 능력의 스펙트럼은 대화하는 능력에서 소설을 쓰는 능력에 이르기까지 다양하다. 이러한 능력들 중 일부만 문화화를 통해 배양된다. 더 전문화된 유형들은 교육과 특별한 훈련을 요한다.

13) 형태소의 자체 의미 대對 음소의 의미 변별성을 강조하는 Martinet의 1차분절first articulation과 2차분절second articulation 구분이 텍스트 의미 구성요소로서의 형태소와 문장 기능에서 발생하는 3차분절third articulation을 상정하는 데 활용될 수 있을 것이다.

처리 능력에 토대를 둔다고 해도 일반적인 텍스트 능력에 포함되지 않는 절차적 요소들이 있다.

모든 텍스트는 시공간 속에 내포되어 있다. 텍스트는 어떤 사람에 의해 어떤 사람에게 전달된다. 텍스트는 시작과 끝이 있는 과정의 결과이다. 텍스트 능력은 텍스트적 절차들의 목록으로 구성된다고 생각할 수 있는바, 텍스트적 과정을 실현하는 것은 우리가 실시간으로 의존하고 적용하는, 바로 이러한 절차들이다. 분석 목적 상 우리는 생산production과 수용reception의 양 극極을 중심으로 텍스트적 절차를 분류할 수 있다. 생산 쪽 극은 아래와 같이 서로 중첩되는 다양한 하위 과정들에 대한 상위어이다(Meyer 1975).

1. 첫째 텍스트 생산자는 어떤 정보 콘텐트를 전달할 계획이 있다.[14] 이러한 계획 단계planning stage는 이미 어떤 텍스트 프로파일을 가정한다. 이것은 많은 수의 옵션 중에서 한 가지를 선택함을 의미한다. 이것은 또 정보 제공하기informing, 질문하기questioning, 지시하기ordering, 설득하기persuading, 즐겁게 하기entertaining, 방어하기defending와 같이 어떤 태도의 상태를 중심으로 할 수도 있다.
2. 시작 단계 다음은 기획 의도에 실질을 부여하는 개념화 단계ideational phase이다. 이 단계는 텍스트 계획text plan을 활용하여 전달하고자 하는 아이디어를 배열하는 것과 관련된다. 이러한 의미론적 단계는 독자적으로 발생한다기보다 계획 단계에서 시작된다.
3. 아이디어의 배열은 계획의 결과로 전개된다. 이러한 전개 단계 development stage는 텍스트적 과정과 함께 진행된다. 아이디어는 점차 언어화하여 표층에 가깝게 이동한다. 전개는 개념화를 위한 전반적 배열의 구성요소 간에 소통값을 배분함으로써 진행된다. 전개를

---

14) 문헌과 유용한 서지목록을 폭넓게 섭렵하여 제시한 Beaugrande & Dressler(1981, 38-45)의 용어를 차용하였다.

통해 이전에는 구조화가 미흡한 복합체를 구체화하고 요약하고 확장하고 응축하며 재배열하고 정리한다. 무엇보다도 전개는 도입, 진행, 마무리 같은 기법들을 활용하여 아이디어 복합체 내에 상호연관성 interconnectedness을 생성시키는 것과 관련이 있다. 전개는 의사소통 당사자가 전달하고자 하는 일단의 아이디어에 명확한 윤곽이나 모양을 부여한다. 전개가 화용적 매개변수를 통해 진행되는 것은 분명하지만 연속된 아이디어는 텍스트 특유의 순서화sequencing를 반영하며, 이러한 순서화는 계획 단계에서 내린 선택들과 관련이 있다.

4. 연속된 아이디어에 구체적인 언어적 표현을 입힌다. 표현 단계 expression stage는 텍스트적 과정에 있어서 필요한 구체화 과정이지만 불가역적 단계이기도 하다. 아무리 계획이 거창하더라도, 그리고 아무리 아이디어가 깊고 풍부하며 전개가 다각적이라도 일단 표현 단계에 도달하게 되면 텍스트 생산 과정은 끝이 나게 된다. 텍스트 생산자는 전 단계에서 내린 선택의 제약을 받으며 계획, 개념화, 전개의 패턴에 가장 적절하게 들어맞는 것으로 생각되는 표현들을 선정한다.

5. 마지막으로 구체적인 언어적 표현에 최종적인 표층의 표상surface representations이 부여된다. 이러한 마지막 단계는 종종 구문분석 parsing이라고 지칭하며 "관습적인" 표층 텍스트가 달성되었는지를 나타낸다. 여전히 정신적인 구성체인 전 단계의 언어적 표현들은 이제 문법과 어휘체계의 제약에 순응한다.

계획, 개념화, 전개, 표현, 구문분석은 구분이 명확한 선형적인 단계들로 인식되지 않아야 한다. 이 단계들은 전체적인 진행 양상과 자연스러운 텍스트 생산 순서를 나타낼 뿐, 앞으로나 뒤로 이동하는 경우가 있을 수 있으며 단계 간 순환이 거듭되기도 한다. 그리고 결정이 끊임없이 수정된다. 예컨대 선택된 표현이 구문분석 결과 부적합하여 새로운 표현이 선택되어야 할 수도 있다. 표현 단계에서 특정 표현을 선택하는 것은 전개 단계에서 추가적인 확장을 촉발시킬 수 있다. 즉각적으로 말을 주고받는 면대면 의사소통은 대중 연설처럼 덜 역동적인 의사소통 형태보다 계획, 개념화, 전개의 진행 양상에 큰 영향을 미칠 것이다. 그럼에도 불구하고 텍스트가 생산되는 방식에 있어 유형상의 변형이 일어날 수밖에 없고 생산 단계 간 순환의 양적 측면에서 차이가 있겠지만 일반적인 텍스트 생산 과정이 선형적이 아니라는 점은 분명하다.

물론 텍스트 생산은 텍스트적 상호작용의 일부에 불과할 뿐이다. 텍스트는 해석되기 위해 생산된다. 대부분의 경우 텍스트의 유일한 목적은 이해되는 것이다. 텍스트를 수용하는 사람은 표층의 텍스트를 출발점으로 삼는다. 표층의 표현을 분석함으로써 수신자는 그러한 표현들의 기능적 부담functional load을 파악할 수 있다. 텍스트의 선형적 순서와 문법적 의존성은 표현이 전달하는 개념들을 확인하는 데 이용된다. 표현 이면의 개념 배열은 더 전역적인 배열을 가리킨다. 이를 통해 텍스트의 주된 아이디어를 포착할 수 있게 된다. 연속된 아이디어를 포착함으로써 수신자-해석자는 텍스트 생산자가 의도한 계획을 이해할 수 있다.

텍스트 이해는 텍스트 생산과 어떤 특징들을 공유하지만 텍스트 이해자가 텍스트 처리 과정을 거꾸로 되돌려 텍스트를 이해하는 것은 아니다. 이해는 별개의 과정이다. 텍스트 생산은 주로 메시지 구축 과정으로서 기본 계획에 의해 정리되고 전개된 의미들이 언어 기호에 부착되는 과정이다. 텍스트 이해에 있어서 수신자는 언어 기호가 어떤 의미를 갖는지에 대한 하나의 모델을 구축한다. 간단히 말해서 이러한 구분은 의미가 맨 앞(생산)이냐, 맨 뒤(이해)냐의 구분이다. 이것은 능동적 발신자와 수동적 수신자 간 구분이 아니다. 둘 다 텍스트적 과정의 능동적 참여자이기 때문이다. 현대 인지심리학의 가장 중요한 연구 성과 중 한 가지는 이해자가 텍스트에 담긴 의미 콘텐트를 능동적으로 추측하고 예상할 때에만 텍스트 이해가 일어난다는 점이다 (Miller 1983). 이해는 수용되는 텍스트의 의미에 대한 가설의 수립, 검증, 기각, 입증을 요구한다. 의미 콘텐트를 예측하도록 독자를 안내하시는 식으로 텍스트가 구성되었을 때 텍스트 이해에 있어 도움을 받을 수 있다. 그러한 도움은 번역자가 담당할 주된 책임이다.

　　이해 과정은 텍스트의 첫 문장이 수신될 때 시작된다. 주제subject는 저장된 지식을 접수되는 텍스트에서 추출된 의미 콘텐트와 연결시킨다. 관심 메시지는 수신자가 알고 싶어 하는 새로운 정보를 포함하고 있다. 그러한 새로운 정보는 공통된 언어와 기대되는 텍스트적 프로파일이라는 익숙한 매개체를 활용하여 이미 알고 있는 형식으로 전달된다. 만약 모든 것이 새롭다면 이해는 불가능할 것이다. 발신자와 수신자는 "발신" 텍스트에 내포된 정보가 "수신"텍스트에서 추출한 정보와 부합한다는 점을 확인하기 위해 절차적 목록을 공유해야 한다. 이해자와 생산자가 모두 미리 가정한 공통의 텍스트 체계가 있다. 이러한 체계는 발신자의 산출물인 텍스트와 수신자의 투입물인 동일한 그 텍스트 간 패턴의 부합 가능성을 보장하는 일단의 절차적 믿음으로 구성된다(Winograd 1975, 203-208; Bobrow and Winograd 1977).

　　번역자는 일단의 절차적 믿음과 또 다른 절차적 믿음 간 통로channel를 제공한다. 번역자는 L1 텍스트에 번역 절차를 적용하여 일단의 부호와 구조를 또 다른 부호와 구조의 집합으로 전환한다. 이러한 절차적 믿음은 다음을 위한 기제를 포함한다.

　　1. L1 텍스트 표층 구조의 탈부호화decoding
　　2. 표층 표현에서 L1 텍스트의 개념적 콘텐트ideational content 추출

3. 개념적 배열에서 L1 텍스트의 계획 및 전개 파악

4. 텍스트의 표현, 전개, 계획을 L2 기준에 따라 재구성

5. 수정된 표현, 전개, 계획을 L2 언어 구조로 부호화encoding

번역 과정은 텍스트 생산-텍스트 이해라는 순환적 활동의 특별한 사례로 볼 수 있다. 번역자는 이러한 순환에 개입하여 두 번째 텍스트 이해-텍스트 생산의 쌍을 첫 번째 쌍에 내포embedding시킨다. 이러한 내포는 문화 간 의사소통의 한 형태인 번역의 특징이다.

필자가 번역을 과정이라고 불렀는데, 그렇다면 이러한 과정은 어떤 세부적 특징을 갖는가? 필자는 번역 과정에 구성 요소(단계, 작용, 하위 과정, 절차)가 있고, 이러한 구성적 작용을 텍스트적 표상에 시간을 두고 적용하면 목표텍스트가 생산된다고 하였다. 전체적인 과정을 이루는 일부 구성적 작용은 일반적인 텍스트 처리 절차 목록에 속한다. 예컨대 번역자가 번역하기 전에 원천텍스트를 읽을 때 이러한 읽기 능력과 텍스트에 대한 이해 능력은 일반적인 텍스트 처리 능력에 토대를 둔다. 환언paraphrasing을 위한 읽기와 마찬가지로 번역을 위한 읽기는 일반적인 텍스트 처리 과정에 의존한다. 하지만 이러한 공통적 기질基質이 있다고 해서 구체적인 과업에 따라 일반적인 과정들이 영향을 받지 않는다는 의미는 아니다. 번역을 위한 읽기는 환언을 위한 읽기 및 이해를 위한 읽기와 유사할 수 있지만 특정 번역 과업과 관련되어 차이를 보인다(Shreve, Danks, Schäffner, and Griffin n.d.).

번역 과정 분석 프로그램은 다음과 같은 사항을 파악하는 데 중점을 두어야 한다.

1. 일반적인 텍스트 처리 활동(읽기, 이해, 쓰기)은 어떻게 번역 과업의

영향을 받거나 그 영향으로 어떤 변화가 발생하는가.

2. 개별 번역에 특수한 절차들translation-specific procedures로서 통상적인 텍스트 처리에서 발생하지 않는 (혹은 거의 발생하지 않는) 절차들이 있는가(예컨대 전위).
3. 텍스트 처리와, 다른 인지적 과정 및 절차를 구성하는 절차들(기억, 지각, 문제 해결)의 관계
4. 번역 절차에 대한 투입물input로서 요구되는 선언적 지식
5. 전체적인 번역 과정에서 작용operations과 절차의 일반적 배열 및 진행
6. 인지적 절차들, 목표텍스트, 번역 과정에 대한 번역자 자신의 이해, 그리고 번역 과정에 대한 발견적 표현heuristic expressions 사이의 경험적 관계

이러한 프로그램은 번역자가 일반적인 텍스트 처리 절차와 개별 번역에 특수한 절차들을 모두 활용한다는 전제를 토대로 한다. 또한 이러한 프로그램은 텍스트 처리가 다른 인지적 과정들과 함께 발생하며 이것들과 분리할 수 없다고 가정한다. 프로그램과 관련한 마지막 두 가지 항목이 아마도 가장 중요할 것이다. 우리는 절차에 대한 단순한 목록이 번역 과정을 설명하기에 충분하지 않다고 가정한다. 우리는 정신 작용mental operations이 적용될 때 이러한 작용 간에 어떤 영향을 주고받는지 이해해야 한다. 이러한 절차들이 단순한 순차적 과정의 일부가 아니라는 점은 분명하다. 이러한 절차들의 시간적, 순차적 관계는 더 복잡하다. 복잡하기 이를 데 없는 전체 과정은 사슬보다는 그물망과 유사하다. 아마도 몇 가지 인지적 영역에 속하는 절차들이 동시에 활성화될 것이다. 텍스트 이해 및 텍스트 생산의 절차들이 진행되는 양상은 아마도 문제 해결 절차의 유도에 따를 것이며, 이 과정에서 정보 불러오기recall, 저장, 통합 절차의 도움을 받고, 패턴 일치를 위한 절차 및 계획 절차

들의 모니터링을 받을 것이다. 어떠한 절차들이 활성화될지, 혹은 이러한 것들이 활성화되어 어떤 연속체의 일부를 구성할지 예측할 수 없다. 번역 과정의 인지적 측면들을 자세히 규명하는 것은 본서의 영역에 속하지 않는다. 그러한 판단은 번역을 심리언어학적으로 연구하는 학자들이 수행하는 경험적 연구의 결과여야 한다.

앞서 언급한 프로그램은 절차적 위계구조의 문제도 발생시킨다. 번역 과정에 대한 모든 분석은 다음과 같은 사항 간 관계를 설명해야 한다.

1. 번역 과정과 절차의 인지적 층위cognitive level
2. 번역 과정과 절차의 텍스트적 층위textual level
3. 번역 과정과 절차의 일차 기술 층위first-order descriptive level
4. 번역 과정과 절차의 이차 기술 층위second-order descriptive level

인지적 층위는 심리언어학적 모델의 "블랙박스"를 탐구하는 것과 관련이 있다. 이러한 층위의 절차들은 정신적 작용들로서 그 중 일부만이 의식적인 절차이다. 사고발화법과 같은 심리언어학적 방법들은 중요하기는 하나 의식적인 인지적 작용들에 대한 증거만 제공한다는 점을 이해하는 것이 중요하다.

텍스트 층위에는 인지적 절차들의 작용이 발현된 결과인 목표텍스트가 있다. 이러한 절차적 산출물은 이를 생산한 인지적 활동들과 상관관계가 있음이 분명하다. 텍스트적 결과와 인지적 절차 사이의 관계는 아마도 단순한 일대일 대응 관계가 아닐 것이다. 목표텍스트의 문장은 특정 순서로 적용된 몇몇 절차가 빚은 텍스트적 결과일 것이다.

일차 기술 층위에는 텍스트적 결과물에 대한 번역자와 번역 사용자의 성찰과 반응(혹은 사고발화법에서와 같이 번역 과정의 의식적 발현에 대한 번역자와 번역 사용자의 반응)이 있다. 절차에 대한 이러한 일차 기술은 자신이 수행한 것(혹은 수행하고 있는 것)에 대한 번역자 자신의 설명을 의미한다. 필연적으로 번역자 자신의 설명은 전형화typification요 일반화이다. 번역자는 자신이 수행하는 모든 정신적 작용을 상세하게 기술할 수 없다. 경험에 대한 능동적 성찰은 더 복잡한 기저의 과정 중 의식적으로 발현된 부분만 일관된 행동 방향으로 파악하게 한다. 이러한 행동 방향은 과거 경험의 규칙성에 토대를 둔, 일종의 예측이나 계획이다. 번역자는 심리언어학자가 듣고 있을 때 번역 과정에 대해 말로 표현해 가며 성찰하지 않아도 여전히 자신이 처리하는 복잡한 활동을 강화하고 표상하는 인지적 성찰을 수행한다. 그렇지 않다면 번역자가 여러 후속 번역에 적용하는 접근법에 있어서 패턴이 형성되지 않을 것이다. 번역자는 번역 과업과 관련하여 무작위로 행동하지 않고 단순하게 반응하지도 않는다. 번역자는 일반적인 수준에서 텍스트를 번역하기 위해 무엇이 필요한지 알고 있다. 번역자의 지식은 과거에 경험한 텍스트와 관련한 성공과 실패에 토대를 둔다. 번역자가 텍스트를 통해 진행해 나갈 때 특정한 텍스트적 배열이 인식recognition을 촉발시킨다. 이러한 인식은 기존의 내면화된 행동 방향을 불러낸다. 이러한 의식적 행위와 결정들은 무의식적인 정신적 작용이 뒷받침한다. 번역자는 특정 접근법을 채택하고 절차들의 특정 조합을 의식적으로 이용한다. 번역자는 해당 텍스트에 무엇을 해야 하는지 사전에 알고 있다. 번역자는 일차 층위에서 어떻게 번역할지 알고 있다. 번역 수행translation performance을 뒷받침하는 구성요소로서의 정신적 작용을 모두 알고 있지는 못할지라도 번역자는 특정 텍스트적 결과를 얻기 위해 어떻게 해야 하는지 알고 있다. 이렇게 학습되고 내면화된 정신적 작용들은 낮은 절차적 층위에서 일어나며 번역자가 텍스트 속에서 신중하게 이동함에 따라 촉발된다.

이차 기술 층위에는 번역 이론가들의 가설과 일반화가 있다. 이차 기술 층위는 번역자가 보이는 전형적인 행동 방향에 대한 일반화와 관련이 있다. 이러한 층위에서 수립된 이론적 구성체theoretical constructs도 전형화를 추구한 것들이다. 이러한 이론들은 번역 실무에서 반복적인 특징들에 대해 일반화한다. 일부 번역 이론가들은 번역 "절차들"과 번역 "전략들"을 언급했다. 사실 이러한 것들은 유용한 개념들이다. 하지만 필자의 네 개 층위 번역 모델의 어느 층위에 이러한 절차들이 포함되는가? 예컨대 Gerardo Vázquez-Ayora는 자신의 저서 *Introducción a la Traductología*[번역학 입문]에서 다음과 같이 전략을 인상적으로 항목화하여 제시하고 있다.

1. 전위transposition
2. 변조modulation
3. 등가equivalence
4. 번안/개작adaptation
5. 부연amplification
6. 명시화explicitation
7. 생략omission
8. 보상compensation

다른 번역학도들도 이와 유사한 항목들을 제시한바, 이러한 "전략들"의 지위가 명확하게 규명되어야 한다. 이러한 전략들은 이차 전형화이다. 이 전략들은 실무를 관찰한 결과를 압축한 것이고 규칙성에 대한 표현이다. 이러한 항목들은 비록 인지적 절차들의 결과를 반영하지만 인지적 절차 자체는 아니다. 다시 말해서 번역자 자신의 일차 행동 방향이 아니라 그러한 행동 방향의 결과에 대한 표현들이다.

우리는 과정과 절차라는 말을 사용할 때 위 층위들 중 어떤 층위를 지칭하는지 항상 구분하지는 않는다. "번역물"의 수가 많듯, 번역 과정의 수도 많다. 인지적 네트워크상의 복잡한 정신적 작용의 집합으로 간주되는 번역 과정이 있다. 번역 실무자가 실제 텍스트에 적용하는 전형적인 행동 방향으로 인식되는 번역 과정도 있다. 그런가 하면 번역 실무에서 관찰되는 규칙성을 기술하고 설명하는 이론적 구성체로 간주되는 번역 과정도 있다. 이러한 이차 구성체는 응당 그래야 하듯 번역 교육 현장에서 좋은 번역을 위한 발견적 교수법으로, 혹은 심지어 번역의 처방prescriptions으로 제시될 수 있다.

지식과 상호지식

절차는 지식의 한 형태다. 절차란 일상생활의 세계에서 결과를 달성하기 위해 행위자가 활용하는 전형적인 정신적 혹은 물리적 행동 방향으로 나타나는 경험을 압축한 것이다. 절차는 어떤 것을 행하는 것만 관련되는 것이 아니라 어떤 것을 알고 어떤 것을 어떻게 할지 아는 것이다. 번역 과정과 절차를 고려하는 모든 경우 텍스트를 생산하고 이해하기 위해 번역자와 여타 텍스트 처리자가 알아야하는 것들을 다루어야 한다. 번역물이 텍스트적 과정의 산출물이라면 투입물은 무엇인가? 이러한 의문에 대한 답은 언어 지식, 사회적 상호작용에 대한 지식, 세상 지식(과 세상의 각 영역에 대한 지식), 텍스트에 대한 지식, 번역에 대한 지식이다. 앞으로 나올 몇 쪽에서는 번역자의 텍스트 처리 능력과 관련 있는 지식의 구조knowledge organization 문제를 살펴본다.

텍스트 처리에 관한 최근의 많은 연구가 '상호지식'을 주로 다루었다. 이 개념은 텍스트 처리에 필요한 절차적 지식(어떤 것을 어떻게 하는지 아는 것)과 선언적 지식(어떤 것을 아는 것)을 포함한다(Smith 1982; Clark and Marshall 1981). 상호지식은 공유하는 지식이며 공유한다고 알고 있는 지식이다(Smith 1982, xii). 상호지식은 공통된 경험의 결과이다. Lewis(1969, 25-27)가 "상호 신뢰mutual confidence"로 처음 소개한 이 개념은 그 이후 대화 맥락 conversational context, 공통 배경common ground, 공통 추정 행위common act of presumption, 공유 집합shared sets, 맥락 영역contextual domain, 암묵적 가정tacit assumptions, 화용적 전제pragmatic presuppositions, 통상적 믿음normal beliefs, 상호 간 믿음mutual beliefs, 공유 지식shared knowledge으로 지칭되었다.

이 모든 표현에 공통되는 점은 참여자들이 경험을 공유하기 때문에 의사소통이 성공에 이를 수 있다는 전제이다. 이러한 경험의 일부는 의사소통 참여자들이 주고받는 텍스트에 의해 활성화된다. 상호지식은 공통된 문화적, 사회적 배경에서 발생한 과거 행위들의 이력履歷에 토대를 둔다. 상호지식은 텍스트 이해, 공동체 구성원 지위community membership에 대한 기본적인 요건을 파트너들이 충족시키기 때문에 가능한 것이다(Clark and Marshall 1981, 37).

상호지식은 분명 번역의 본질적 화두이다. 번역자는 한 문화 집단의 지식과 다른 문화 집단의 지식 간 가교 역할을 해야 한다. 번역자가 없다면 지식의 간극knowledge gap이 있게 된다. 이러한 지식의 간극은 생산 및 이해 절차에 대한 지식 이상이 관련된다. 여기에는 문화적 가치와 풍습에 대한 지식과 경제 구조와 사회 구조에 대한 지식, 그리고 어휘 체계 및 법률 체계에 대한 지식이 관련된다. 번역자는 텍스트가 번역될 때 언어 패키지 이상을 전환시킨다. 그리고 콘텐츠도 전환된다. 번역자는 유리된 두 공동체 구성원 간 '지식 브로커' 역할을 해야 한다. 번역자가 수행하는 근본적인 과업은 L2 텍스트 수용자가 알고 있는 것을 파악하는 것과 L2 텍스트 수용자가 알지 못하는 것에 대한 보상으로 번역이 제공해야 하는 것을 결정하는 일이다. 번역 과정의 중요한 요소 한 가지는 공동체 간 지식 격차를 해소하는 능력이어야 한다. 이것은 일부 번역 절차들이 보상 기제로 기능해야 함을 의미한다. 보상은 여러 가지 다른 방식으로 일어날 수 있다. 언어적 차이를 보상하기 위해(의사소통 파트너가 서로의 언어를 알지 못하는 상황) 번역자는 텍스트를 목표언어로 재생산하면서 두 언어에 대한 지식을 활용한다. 문화적 지식의 부족을 보상하기 위해(예컨대 원천텍스트의 문화적 인유allusion의 의미) 번역자는 목표텍스트에 설명적 정보를 부가하기로 결정할 수도 있다. 첫 번째의 경우 번역자는 해당 텍스트를 언어적으로, 그리고 텍스트적으로 재처리함으로써 상호지식의 부족을 보상한다. 두 번째의 경우 번역자는 목표target의 지시 범위 referential scope를 확대함으로서 주로 의미론적 조작을 수행한다. 상호지식의 부족을 보상하기 위해 번역자는 지식 격차의 범위를 알고 있어야 한다. 번역자는 목표공동체가 알고 있는 것과 알지 못하는 것을 알아야 한다.

'공동체community'는 다양한 층위에서 사회적 관계를 지칭할 수 있다. 하지만 이 용어가 문화를 공유하는 가장 폭넓은 층위를 의미하는 것은 아니다. 이것보다 덜 막연하지만 여전히 매우 폭넓게 모든 영어 화자나 모든 독일어 화자, 혹은 모든 러시아어 화자를 구분해 볼 수 있다. 어떤 언어 공동체의 구성원이라는 것이 중요한 요소지만 공동체를 언어 공동체와 동일시하는 것은 너무 막연하다. 여기에서 필요한 것은 한 사회에서 수용되는 소통적 상호작용의 범위와 텍스트 체계의 다양성을 반영하는 공동체에 참여하는 것을 정의하는 일이다. 한 언어 공동체 내에는 다양하고 이질적인 화자들과, 사회적으로 구분되는 정치적, 법적, 직업적, 문화적, 도덕적, 종교적 맥락과 관련된 폭넓은 텍스트 목록이 존재한다. 번역자는 목표공동체의 언어적 능력과 텍스트적 능력을 알아야 하며 번역에 관련되는 지식 원천을 파악해야 한다.

상호지식은 의사소통 파트너가 '상대방도 알고 있다는 것을 알 수 있다'는 것을 의미한다. 공동체의 상호지식이 성립하기 위해서는 의사소통 당사자가 텍스트적 관습과 언어적 관습을 공유한다는 점을 추정할 수 있어야 하고 이를 가능하게 하는 것은 해당 공동체 내 지식의 사회적 분포이다. Clark와 Marshall(1981, 37)은 '공동체 구성원 지위 공유community co-membership'의 추정을 언급했다. 이러한 추정은 예컨대 과학자가 동일 분야의 동료들을 대상으로 보고서를 작성했을 때나 의사가 자신의 환자들과 의사소통할 때, 혹은 부부가 상호 신뢰나 친밀감의 표현을 주고받을 때 적용된다. 번역자는 텍스트 원저자를 대신하는 것이므로 번역자도 구성원 지위 공유를 가정해야 한다. 번역자는 "마치" 자신이 목표공동체의 구성원인 것처럼 행동해야 한다.

상호지식과 공동체 구성원 지위는 사회에 뿌리를 두는 개념이다. 구체적인 의사소통의 조건들은 사회적으로 구분되는 맥락에서 의사소통이 발생할 때 생겨난다. 이러한 구체적인 조건들은 부모, 아이, 남편, 부인 같은 사회적 역할을 담당하는 파트너들이 정보를 주고받기 위해 만날 때 존재하게 된다. 의사소통 행위가 지속되는 동안 추정되는 의사소통 공동체communicative community는 해당 의사소통 행위가 일어나는 동안 활성화되고 필요에 따라 다른 의사소통 행위를 위해서는 소멸하는 역동적 개념이다. 구성원 지위 공유는 이런 점에서 볼 때 사회적 역할과 같다. 우리의 역할 중 어떤 것들은 장기적인 것이고 다른 어떤 것들은 일시적이다. 공동체 구성원 지위의 공유 추정과 상호지식은 의사소통 이벤트가 지속되는 동안에만 활성화되고 존재한다. 대다수 번역자는 특정 집단을 대상으로 하는 특정 종류의 텍스트를 전문으로 하지 않는다면 다양한 소통적 역할을 지속적으로 수행한다. 언어를 넘나드는 로맨스에 빠져 있는 의사소통 파트너를 위해 번역자가 러브레터 번역을 의뢰받은 상황을 가정해 보자. 번역자가 이러한 상호작용의 파트너들에 동화되지 않고 의뢰받은 일을 수행할 수 있을까?

　　의사소통이 일어나는 동안에는 역할 관계가 포함된 상호지식의 특정 영역이 요구된다는 암묵적 이해가 있게 된다. 더 폭넓은 목록에서 텍스트적 절차들이 선택되고 더 넓은 집합에서 지식 요소가 선택된다. 의사소통 당사자는 자신의 텍스트적 활동을 조절하고, 발생하는 처리행위processing를 제약한다. 각 파트너는 이제 막 발생하려는 텍스트적 활동에 대한 가정을 한다. 이러한 공통된 가정이 지식의 보편성universality이라고 지칭되었다. 그러나 이 경우는 매우 제한적인 보편성을 의미한다. 그 지식이라는 것이 특정 맥락에서 사회적 조건에 의해 결정된 소통적 역할을 수행하는 의사소통 파트너들이 공유하는 가정에 불과하기 때문이다. 공동 구성원co-members은 자신들의 상호지식 콘텐츠를 당연하게 여긴다. 그러한 콘텐츠는 존재하는 것으로 가정되지만 특정 가치가 부여되지는 않는다. 이러한 콘텐츠의 진리치truth value는 현재의 논의와 관련이 없다. 중요한 것은 지식이 공유된다는 점과 공유되는 것으로 가정된다는 점이다.

공존성

　　상호지식의 추정은 공존성copresence에 토대를 둔다. 공존성은 대상물, 사건, 사물, 사람, 장소에 대한 상호지식을 추정하는 논리적 근거로 생각해 볼 수 있다(Clark and Marshall 1981, 38-39; Sperber and Wilson 1982, 64-65). '인접 공존성immediate copresence'에 근거한 추정을 해 볼 수 있다. 예컨대 A와 B

는 서로 C에 대해 이야기한다. C는 물리적으로 근접한 곳에서 경험한 사람, 대상물, 또는 사건이다. 그러나 A와 B가 과거에 둘 다 C를 경험한(본, 들은, 냄새 맡은, 맛 본, 만진, 느낀) 것을 알고 있다면 두 사람은 인접 공존성이 아닌 '사전 물리적 공존성prior physical copresence'에 의존할 수 있다. 이러한 종류의 공존성은 회상 능력ability to recall에 근거하며 문어를 통한 의사소통과 번역에서 취급되는 대다수 주제에 적용된다. A가 B에게 편지를 쓰고 있는 경우와 같이 B가 A와 면대면 상호작용을 하고 있지 않지만 A가 전에 B를 만난 적이 있는 상황도 사전 물리적 공존성이다. 상호작용자interactant가 서로 접촉하고 있지 않고 전에 접촉한 적도 없는 상황들이 있다. 이들은 자신들이 참여하는 의사소통이 지칭하는 사물에 대한 공통된 물리적 경험이 없다. 대상물과 사건들이 경험에서 추정되어야 하는 경우가 있다. 이 경우에는 대상물과 사건들을 상상하게 된다. 이것이 '잠재 물리적 공존성potential physical copresence'이다. 대상물, 사건, 상태, 과정에 대한 우리의 실제적인 물리적 경험은 우리가 할 수도 있었을 물리적 접촉에 비하면 극미하다. 잠재 물리적 공존성은 대상물과 현상에 대한 합리적 예측을 가능하게 하고 상호지식을 추정하기 위한 토대를 제공한다.

언어적 공존성은 구체적 경험에 근거한 것이지만 결코 구체적인 것이 아닐 수도 있는 상호지식의 영역을 생성시킨다. 언어는 우리가 저자와 독자 혹은 화자와 청자가 공존할 수도 있는, 매우 다양한 종류의 세계들을 생성시킨다. 이러한 세계는 실제적 경험과 대비되는 가상적인 것들이다. 텍스트에서 지시되는 것들 다수와 우리의 상호지식 일부를 구성하는 것들 다수는 텍스트의 지시references로서만 존재한다. 이러한 대상물, 사건, 혹은 사람은 객관적 현실 속에서 마주친 것처럼 지시된다. 이러한 것들이 우리가 물리적으로 공존하는 것들과 동일하게 지시되는 것이다. 따라서 우리는 악마, 마녀, 유니콘,

요정을 마치 우리가 의자와 테이블과 버섯을 지시하는 것과 동일하게 지시하는 것이다.

물론 한계도 있다. 모든 형태의 공존성은 제약을 받는다. 의사소통의 파트너는 새로운 단어를 자유롭게 만들고 이를 기대에 완전히 어긋난 텍스트적 구성에 삽입하면 이 단어가 이해될 것이라고 기대하지 말아야 한다. 언어적 공존성의 전제조건은 '이해가능성understandability'의 공리公理이다. 이해가능성의 공리는 의사소통의 파트너가 자신들의 담화에서 언급되는 사건, 대상물, 항목, 개인들을 서로 각자의 (내면화된) 언어 체계 내 동일한 위치에 색인화시키는 것을 수반하는 복잡한 가정이다. 이렇게 함으로써 대상물들은 서로 공유되는 의미를 갖게 된다. 번역자는 이해가능성이 관심사이기 때문에 공존성에 관심을 가져야 한다. 상호지식 추정의 밑바탕이 되는 공존성의 형태는 번역자가 목표텍스트를 번역하는 방식에 직접적 영향을 미친다. 두 집단이 의사소통을 하고, 두 집단의 각 구성원이 개인적으로, 그리고 물리적으로 텍스트에서 지시된 대상물과 사건을 잘 알고 있다는 점을 번역자가 안다면 텍스트의 언어 사용은 꽤 단순할 수 있다. 과학 분야와 기술 분야 번역자는 번역의 사용자인 의사소통 파트너들의 상호지식 추정을 위한 사전 물리적 공존성의 명확한 근거가 있는 경우 종종 언어를 경제적으로 사용하고도 목적을 달성한다. 미국의 자동차 정비 매뉴얼을 읽는 독일의 자동차 기술자는 대체적으로 동일한 대상물을 보아왔고 동일한 공구를 사용했으며, 동일한 설치 및 조립 공정에 참여하고 동일한 정비를 수행했다. 이 경우 지식 격차가 크지 않고 정비 매뉴얼 번역은 보상해야 할 것이 거의 없다. 이런 상황에서 번역자는 자동차 정비공이 아니라 필자와 같이 토요일 아침에 간단한 자가 정비나 하는 수준의 독자를 대상으로 번역하는 경우보다 명시화해야 할 대상이 적을 것이다.

언어적 공존성에는 사전적인 형태와 잠재적인 형태가 있다. 사전 언어적 공존성의 경우 상대 의사소통 파트너가 동일한 텍스트에서, 혹은 과거의 언어적 경험을 통해서 들어보았거나 읽어본 항목이 의사소통 파트너에 의해 지시된다.[15] 사전 언어적 공존성의 토대는 항목들 및 이에 대한 지시를 회상하는 능력recallability이다. 잠재 언어적 공존성은 의사소통 과정에서 한 의사소통 파트너가 언어적 지시를 잠재적 등가물로 기능할 수 있는 다른 언어적 항목으로 대체하는 경우가 해당된다. 그 예로 대명사, 동의어, 하위어, 상위어, 은유, 환유어metonyms 등이 있다. 이러한 항목 모두 잠재 언어적 공존성을 성립시킨다. 이러한 것들은 의사소통 과정에서 공지시 항목coreferential items으로 파악될 수 있기 때문에 잠재 물리적 공존성과 유사하다(유사하다고 말할 수 있지 않을까). 이러한 형태의 공존성은 다음 장에서 다소 자세하게 다룰 결속성을 이루는 데 중요한 역할을 한다.

공존성은 직접적이거나 간접적일 수 있다. 예컨대 한 사람이 대화 상대방에게 자신이 구입한 그림을 보여주며 '가격이 10달러야'라고 이야기 한다면 상대방은 물리적으로 현존하는 그림에서 해당 액수가 간접적으로 공존하는 그림 가격이라는 점을 추론할 수 있다. 이를 근거로 하여 대화 상대방은 그림의 정체성identity에 대한 상호지식을 성립시킬 수 있다. 이러한 추론은 가격과 대상물에 대한, 사회적으로 분포된 지식에 토대를 둔다. 그림과 마찬가지로 대상물은 가격과 관련이 있다. '간접적indirect' 공존성을 성립시키는 것은 바로 이 연관성association에 대한 지식이다. 'I have done pools for several years but I've never won a penny[내가 축구도박을 몇 년간 했는데 한 푼도 못 따봤다]'

---

15) '언어적 항목linguistic items'이라는 표현은 다양한 복잡성의 층위에서 언어 기호linguistic signs에 대한 상위어로 사용된다. 여기에는 문법 및 어휘 기호에서 위로는 발화utterance의 층위까지 포괄한다.

는 문장에서 의사소통이 성공할 수 있는 이유는 의사소통 파트너들이 영국이라는 공동체의 구성원이라는 데 근거한 상호지식을 가지고 있기 때문이다. 이 파트너들은 축구도박에서는 돈을 딸 수 있다는 점을 이해하고 있다. '축구도박'이라는 항목과 '돈'이라는 항목은 이 텍스트에서 간접적으로만 연관되고, 공존성은 연상성associativity에 의해 성립한다.

간접적 언어 공존성은 의사소통에서 매우 중요하다. 연결된 담화에 대한 이해가능성은 상호지식의 폭에 의존하며 텍스트의 순차적 흐름에서 항목 간 연상 관계가 성립하면 끊임없이 증대된다. 텍스트는 정보의 전달매체다. 이는 텍스트가 구舊정보와 이전에 공유하던 정보로 구성되는 망 속에 내포된 신新정보를 포함하고 있음을 의미한다. 새로운 항목, 대상물, 사건, 상태, 과정에 대한 지시가 이해될 수 있는 것은 이러한 것들이 간접적인 언어 공존성을 통해 이미 이해된 다른 항목들과 논리적으로 연관되어 있을 수 있기 때문이다. 번역자는 이러한 관계들을 이해하고 있어야 한다. 왜냐하면 이러한 관계들이 목표텍스트를 위해 내린 어휘적, 문법적 선택이 결코 임의적인 것이 아니라는 것을 의미하기 때문이다. 언어적 선택에 의해 결부된 지시들은 이에 대응되는 원천텍스트 어휘와 어구들에 의해 결부된 연상 관계를 반영해야 한다. 어떤 선택이 내려졌다면 그것은 이러한 선택이 대체적으로 동일한 연상성을 성립시키기 때문이어야 한다. 목표의 연상 네트워크는 원천의 연상 네트워크와 동일할 수 없다. 두 언어 어휘 항목들의 개념적 지시가 항상 서로 부합하는 것이 아니기 때문에 동일성은 배제된다. 그럼에도 불구하고 번역자는 효과와 소통값의 등가를 이루기 위해 노력한다.

'I've done the pools for several years, but I can't remember having had to wait for half an hour[내가 축구도박을 몇 년간 했는데 30분씩 기다려야 했던 적이 없다]'라는 문장에서 '축구도박을 하는 것'과 '기다려야 했던 것'이 관련

지어질 가능성은 '축구도박을 하는 것'과 '돈을 따는 것'이 관련지어질 가능성
보다 낮다. 앞서 본 첫 번째 사례는 더 긴밀한 연결이고 두 번째 사례는 더
느슨한 연결이다. 만약 위와 같은 발화에 'I've gambled on horses[경마로 도박
을 해봤다]'라는 말이 연결된다면 연상 관계는 매우 느슨할 것이다. 축구도박
에 돈을 거는 행위와 말에 돈을 거는 행위 간에는 느슨한 연상성만이 있을 뿐
이다. 그럼에도 불구하고 이 모든 예는 간접적 언어 공존성의 사례이다(Clark
and Marshall 1981, 41). 독자는 모든 연상 가능한 텍스트적 요소들을 고려하
며 이러한 요소들이 형성하는 패턴에서 결론을 이끌어 낸다. 일상 언어생활
에서 상호지식을 성립시키기 위해 물리적 공존성이 가장 흔하게 활용된다.
문어를 통한 의사소통에서 간접적 언어 공존성은 상호지식을 성립시키기 위
한 가장 흔한 토대이다. 상호지식과 간접적 언어 공존성은 텍스트 처리와 번
역에서 중요한 요소이다. 간접적 언어 공존성은 결국 물리적 경험을 통해 확
립되지만 독립적 지위를 얻었고, 이러한 독립적 지위 때문에 간접적 언어 공
존성은 텍스트 이해를 보장하는 것으로서 특히 적합하게 되었다. 간접적 언
어 공존성 때문에 텍스트 생산자, 번역자, 텍스트 이해자는 마치 텍스트가 물
리적, 사회적 세계의 완전한 모델인 것처럼 서로 의사소통할 수 있다. 텍스트
는 객관적 실체에 대한 대체물로서 기능하는 '가능세계possible world'를 구성
한다. 발신자와 수신자가 서로의 상호지식을 활성화시킬 수 있는 것은 텍스
트적 과정의 예측력projective power 때문이다.

프레임

텍스트 이해는 간접적 언어 공존성을 통해 가장 흔히 성립하는 상호지

식에 의존한다. 텍스트가 언어적 공존성을 발신자와 수신자 간 정보 전달매체로 활용하는 것은 어떻게 가능한가? 어떻게 의사소통 이벤트의 한 파트너가 텍스트적으로 생산적일 수 있도록 언어를 구성하는가? 연결된 의미론적 정보와 화용적 정보의 조각과 덩어리가 어떻게 상호지식 항목에 대한 언어적 지시의 연상 네트워크라는 형태로 전달되는가? 어떻게 상대 파트너는 텍스트에 내포된 네트워크를 해석하여 이를 통해 그 네트워크가 구성하는 지식 세계에 접근할 수 있는가?

　　문제의 이 과정은 언어 체계에서 옵션들을 선택함으로써 텍스트의 언어를 실제화시키는 것actualizing이다. 원천텍스트의 저자는 이미 L1 체계에서 옵션들을 선택하였다. 번역자는 L1 텍스트에 내포된 연상 체계를 지침으로 삼아 L2 체계에서 새로운 옵션들을 선택해야 한다. L1에서 상호지식과 이해 가능성을 성립시킨 연쇄와 구조는 목표언어로 재구현되어야 한다. 번역자가 실제로 번역하는 것은 어휘들이 아니라 텍스트적으로 실현된 연상 구조들이다. L1 텍스트와 L2 독자가 짝지어질 경우 번역자는 제거된 상호지식의 토대를 새로운 것으로 대체해야 한다.

　　언어가 가상의 체계라면 텍스트는 '실제적인actual' 체계이다. 텍스트는 텍스트 생산자와 번역자가 지식 레퍼토리의 요소들을 활성화시키기 위해 언어적 레퍼토리에서 실제로 선택한 것들로 구성되므로 실제적이다. 텍스트 생산자와 이해자가 선택을 위해 의존하는 지식 레퍼토리는 언어 지식과 세상 지식의 무작위적 저장고가 아니다. 이러한 지식 레퍼토리는 고도로 구조화되어 있다. 상호지식과 연상 네트워크의 개념은 사회적으로 분포되어 있고 조직화되어 있는 기저의 언어적, 사회적, 텍스트적 지식을 가정한다. 공동체의 공동 구성원들은 자신들에게 공통되는 문화화의 결과로 언어 공존성을 통한 상호지식의 확립을 뒷받침할 수 있도록 자신들의 경험을 조직화한다. 이러한 경험의 조직은 '프레이밍framing'으로, 그리고 그러한 지식 구조들 자체는 '프레임frames'이라고 칭할 수 있다.

프레임은 텍스트가 형성될 때 기본 구조 역할을 한다. 프레임은 미리 구성된 잠재적 텍스트가 아니라 텍스트 구성을 위한 구성요소이다. Fillmore 는 "우리는 언어 사용자가 자신의 환경을 해석하고 자신의 메시지를 구성하고 타인의 메시지를 이해하고 자신의 세계에 대한 내적 모델을 수립하고 생성시킬 수 있게 하는 인지적, 상호작용적 '프레임'에 대한 기술을 문법과 어휘에 대한 기술에 부가해야 한다"(Fillmore 1976, 23)고 말함으로서 프레임 개념에 대한 설득력 있는 근거를 제시한다.

인지적 프레임은 의미장과 유사하다. 인지적 프레임은 더 큰 의미 영역에 속하는 의미양자를 분류한다. Fillmore 자신이 든 인지적 프레임의 예는 'buy,' 'sell,' 'pay,' 'cost,' 'spend,' 'charge' 같은 용어처럼 상행위 이벤트에 대한 어휘들을 담고 있는 프레임이다. 이러한 영어 단어 중 어떤 것이라도 프레임 전체에 접근하도록 하는 능력이 있다. 이 어휘들 중 어떤 것에 의해서도 접근은 가능해지지만 각 항목은 프레임의 작은 일부만 강조하거나 부각시킨다 (Fillmore 1976, 25). '상행위라는 이벤트 프레임commercial event frame'은 독일어도 영어와 마찬가지이다('kaufen,' 'verkaufen,' 'bezahlen,' 'kosten,' 'ausgeben,' 'verlangen'). 분명 두 언어 화자들은 자신들의 구매 경험과 판매 경험을 동일한 방식으로 구조화한다. 언어적 관점에서 볼 때 두 언어 화자들은 유사한 방식으로 이러한 인지적 프레임에 접근한다. 어휘 항목들은 일반적으로 동형同形인 지식 프레임들 간 일치하는 영역을 가리키고 있다. 그러나 번역자는 인지적 프레임이 반드시 동형은 아니라는 것을 알고 있어야 한다. 어휘 항목들이 항상 더 큰 프레임 내의 일치하는 영역을 가리키는 것은 아니다. 예컨대 비교적 동일한 형태의 독일과 미국의 상행위 이벤트 프레임 간에도 차이점이 있다. 가령 미국인이 'I bought a new car'나 'I bought a new house'라고 말하는 경우를 들 수 있다. 화자는 자신이 집이나 자동차 값을 모두 지불했다고 암시하지 않는다. 미국에서 '사는 행위'와 '자동차'와 '집'의 연상 구조에 의해 접근할 수 있는 영역은 'mortgage[모기지]'나 'installment plan[할부]' 같은 개념들과 추가적으로 연관되도록 확대될 수 있다. 이러한 추가적 연결성linkages은 독일 문화에서는 그만큼 잘 성립되지 않으며 'kaufen[사다]'이라는 어휘를 사용해도 이러한 주변적 지식 영역에 전혀 접근할 수 없을 수 있다. 영어에서 'buy'와 'house'라는 어휘들의 공존성은 연상 작용을 통해 복합 의미를 생성시키며, 이 복합의미는 이들 어휘의 등가물이 독일어 텍스트에서 공존함으로써 생성되는 복합의미와 동일하지 않다. 이와 같은 차이는 중동Middle East의 상행위 이벤트 프레임을 독일이나 미국의 프레임과 대조할 때 느끼게 되는 현격한 차이에 비하면 무시할 만한 수준이다(Hall 1959, 117-119). 동사 'to cost'와 명사 'price'는 반드시 판매자가 매기고 구매자가 지불하는 고정된 금액을 의미하지 않는다. 이러한 어휘 항목들이 가리키는 지식 구조는 독일이나 미국의 프레임 구조에는 속하지 않는 협상과 흥정의 개념들을 포함한다.

　　문화적 프레임을 연결 짓는 일은 극도로 중요하고도 어려운 번역 작업이다. 번역자의 목표는 프레임을 맵핑mapping하기 위해 텍스트와, 어휘 항목의 네트워크에 의해 텍스트 내에 형성된 연상 구조들을 이용하는 것이다. 'cost,' 'spend,' 'charge,' 'profit,' 'bargain,' 'overcharge,' 'underbid' 등의 영어 어휘들은 상업적 이벤트 프레임이 다르게 조직화되어 있고 구성 콘텐츠가 다른 아랍어에서는 정확한 등가물이 없을 수 있다. 번역자는 원천 프레임과 목표 프레임의 구조와 콘텐츠를 분석하고 아랍어 어휘들의 연관성을 가지고 영어 어휘들의 연관성에 가장 가깝게 근접시킬 수 있도록 맵핑해야 한다. 소위 등가물이 지시하는 지식 구조들이 사실상은 정확히 일치하는 것이 아니라는 점을 명확히 하기 위해 텍스트의 확장 전략을 펴는 것이 필요할 수 있다.

Fillmore는 상호작용적 프레임도 언급했다. 상호작용적 프레임은 "어떤 언어 화자가 참여하게 될 것이라 기대하는 상호작용의 구분 가능한 콘텐츠를 이러한 상호작용들과 관련 있는 적절한 언어적 선택들에 관한 정보와 함께 범주화 한 것"(Fillmore 1976, 25)이다.

Fillmore는 자신이 '인사말 프레임greeting frame'이라고 부르는 것을 전형적인 예로 들고 있는데, 이러한 프레임은 문화 간 편차가 크다. 인사하기의 구체적인 텍스트적 형태와 이에 대한 화답은 제한적인 주제topics 및 표현 목록에서 선택되며, 종종 매우 구체적인 맥락적 조건에 의해 결정되는 경우도 있다. 인지적 프레임과 상호작용적 프레임 간에 명확한 차이점은 없다. 많은 인사말들이 순전히 상호작용적이다. 'how do you do,' 'hi,' 'hello,' 'good morning,' 'yo!' 같은 표현은 사실 친교phatic communion를 위한 사회적 유대감을 표현하는 기능을 하는 신호일 뿐이다. 이름, 직함, 그리고 다른 형태의 호칭을 사용하여 인사말의 사회적 망을 더 깊이 연구하려 하면 사회적 역할과 사회 계층과 관련한 다양한 개념적 구분들을 다루어야 한다. 이 부분에서 프레임 의미론frame semantics은 프레임 화용론frame pragmatics으로 미묘하게 변화한다. 예컨대 우리는 시간의 경과가 'good morning,' 'good afternoon,' 'good evening,' 'good night'와 같은 인사말 프레임에 대한 접근을 결정하는지 고려해야 한다.

인지적 프레임은 언어 자료의 특징적 배분과 관련이 있는, 사회적으로 분포된 인지적 패턴만을 반영하지 않는다. 인지적 프레임은 언어적 항목이 사용되는 상호작용 시나리오를 위한 공공연한 암시도 포함할 수 있다. 그럼에도 불구하고 인지적 프레임과 상호작용적 프레임을 구분하는 것이 유용하다. 그리고 나면 텍스트 형태의 범주화 및 사회적 분포를 설명하기 위해 상호작용 프레임 개념을 활용하는 것이 가능하다. 인사말은 사용 설명서, 법률 계약, 혹은 산업 특허보다 텍스트적 특성이 없다. 이러한 것들은 모두 특정한 맥락적 조건 하에서 사용되는 '구분 가능한 콘텐츠distinguishable contents'가 있는 구조화된 상호작용 형태들이다. 따라서 프레임 개념은 인지적-개념적 특성과 소통적-상호작용적 특성을 모두 포함한다. 상호작용적 프레임은 텍스트를 생산하고 해독하기 위한 레시피를 제공한다. 이러한 텍스트들은 인지적 프레임에 대한 언어적 색인이 (저작자나 번역자에 의해) 투입되는 체계이면서 인지적 프레임에 대한 언어적 색인이 (독자와 번역 사용자에 의해) 추출되는 체계이다. 이러한 구분은 구조적으로 유용하지만 심리적으로 실제적으로 느껴지지 않을 수 있다. 그 콘텐츠를 불문하고 프레임은 언어를 사용하는 현실 속 사회에서 사회적으로 분포된 개념화 및 상호작용의 패턴이 통합된 것으로 생각될 수 있다.

텍스트의 어휘 항목들은 대개 여러 다른 프레임을 색인화하며, 그러한 텍스트는 그 텍스트가 지시하는 모든 프레임 영역으로 구성되는 복합 구조인 연상 구조를 만들어 낸다. 텍스트는 하나의 조직 기제 역할을 하면서 과거에는 잠재적이기만 했던 연관성을 가진 프레임 콘텐츠 간의 실제적 연결 고리를 생성시킨다. 가상적 연관성은 텍스트적 기제를 활용하여 실제적 연관성으로 전환된다. 간접적 언어 공존성은 프레임 내에서, 그리고 프레임 간에 가상적 요소를 짝지우기 위한 기제이다.

영어에서 식사에 붙는 명칭은 확실히 어떤 프레임이나 프레임들의 요소이다. 만약 'breakfast'가 하루 중 첫 번째 식사로, 그리고 'lunch'가 한낮에 하는 식사로 이해된다면 이 낱말들은 시간적 프레임 내에서 하루의 구분을 지시하는 수단으로 기능하는 것이다. 'breakfast'는 시간적으로 구조화된 식사 패턴의 한 요소로 파악된다. 이 프레임 내의 지배적 관계는 '시간 순서화time ordering'이며 'breakfast'라는 말은 프레임 내에서 하루의 그 날을 순서화하는 수단으로서 기능한다. 'We had cooked breakfast[우리는 아침을 준비했다]'라는 문장에서는 '그 날의 첫 번째 식사'라는 개념을 지시하는 데 필요하므로 시간 요소는 이해에 필수적이다. 바꿔 쓰면 'We had something cooked as first meal (of the day[우리는 (그 날의) 첫 번째 식사로 어떤 것을 요리했다]'로 쓸 수 있을 것이다.

동일한 낱말이 어떤 공동체의 구성원들에게 익숙하고 아침식사로 흔히 먹는 음식의 특정 조합과 관련지어질 수 있다. 영국식 아침식사, 미국식 아침식사, 그리고 유럽식continental 아침식사 간 차이점이 그 예다. 여기에서 연상 구조의 지배적인 관계는 시간적인 것이 아니다. 여기서 지배적 관계는 요소들에 대한 문화 구속적 연상, 즉 전통적 패턴이다. 이것이 가리키는 바는 '아침식사'라는 어휘 항목이 복수의 프레임을 지시할 수 있다는 점이다. 예컨대 어떤 카페의 간판에 'breakfast served at any time[아침식사 언제든 됩니다]'이라고 쓰여 있다면 시간적 프레임은 차단되거나 최소화된다. 우리가 아침식사를 음식의 특정 조합으로 이해하려 할 때 텍스트적 상황은 대체 프레임을 선택한다.16)

첫 번째 사례에서 'breakfast'라는 낱말은 시간표지temporal marker로서 작용하며, 두 번째 경우에는 다른 요소들을 관련짓는 특정 기제 역할을 한다. 다른 가능성도 있다. 만약 어떤 아이가 'ball'이라는 낱말을 사용하기 시작하

---

16) "제가 몇 시쯤 디너dinner가 제공되는지 물었을 때 한 아일랜드 대학의 식당 종업원이 어떻게 제 말을 정정해 주었는지 생각납니다. 그 종업원은 식당에서 사실 디너는 제공하지 않고 저녁식사 evening meal가 제공되고 그 시간은 저녁 6시 30분이라고 말해 주었습니다. 제가 디너라는 말을 사용해서 그 종업원은 제가 세 코스로 구성된 식사를 기대하는 것으로 생각한 모양이지만, 그 식당에서 하루의 세 번째이자 마지막 식사로 제공하는 것은 다양한 샐러드, 식은 고기 요리, 그리고 경우에 따라서는 조리된 어떤 음식으로 구성되었던 거지요. 수프soup는 아예 없었고요"(Albrecht Neubert, 회고).

면 아이는 그 낱말을 '특정 환경에서 특정 사람들과 함께 가지고 오는 특정한 일단의 물건들'을 의미하는 프레임 요소(개념)와 관련지을지 모른다(Fillmore 1976, 21). 그 낱말은 다른 사물들과 기능적으로 연관이 있다. 아이는 성장하면서 'ball'이라는 낱말을 '구 모양'이고 '되튀는' 물건으로 제한하도록 배운다. 이러한 프레임은 '기준적criterial' 관계에 토대를 둔다. 용어 체계는 일반적으로 기준적 프레임들을 지시한다. 아이는 모든 성인이나 이웃을 지칭하여 (부모에 대비되는 기능을 하는) '숙모aunt/Tante'와 '삼촌uncle/Onkel'이라는 말을 사용한다. 성인이 되어 기준적 토대에 입각한 친족 체계를 이해하고는 명확한 지시어로 이행하는 것을 볼 수 있다. 과학 및 기술 전문용어의 기준적 토대를 이해하는 것은 과학 및 기술 텍스트를 성공적으로 번역하는 데 중요한 요소이다. 대다수 전문용어는 고도로 구조화된 인위적인 인지적 프레임들이다.

개별 낱말은 그것이 지시하는 프레임의 영역 밖에서는 이해될 수 없으며 번역될 수 없다. 프레임 지시frame references는 항상 텍스트에 내포된다. 어떤 낱말의 의미 잠재성은 텍스트의 능동적 구성요소로서 해당 낱말이 수행하는 역할에 의해 결정된다. 물론 L1 생산자와 L2 이해자의 프레임 체계가 다르기 때문에 번역자는 어떻게든 보상을 해야 한다. 전통적으로 언어적 비非대응 non-correspondence으로 지칭된 것, 즉 L1의 언어적 항목들과 이에 대한 외국어의 "등가물"이 서로 부합하지 않는 경우는 사실 이 항목들의 프레임이 일치하지 않는다는 사실 때문에 초래된다. 비대응은 비단 언어적 현상만은 아니며 인지적이고 텍스트적인 문제이다. 번역자는 가능하면 목표텍스트가 원천텍스트에 의해 활성화된 L1 프레임 요소에 가장 근접하게 부합하는 L2 프레임 요소들을 활성화시키도록 함으로써 서로 다른 프레이밍framing 체계를 조화시키려고 하는 데서 발생하는 문제점을 극복하려고 노력해야 한다.

두 샘플 텍스트의 번역에서 어떤 일이 일어나는지 살펴보자(Fillmore 1976, 27). 샌프란시스코에서 아주 짧은 기간 동안 머문 두 사람이 집에 있는 가족들에게 'I spent two hours on land this afternoon[오늘 오후에 육지에서 두 시간을 보냈어요]'와 'I spent two hours on the ground this afternoon[오늘 오후에 지상에서 두 시간을 보냈어요]'라고 편지를 쓴다. 첫 번째 사례에서 독자는 항해sea voyage의 프레임을 떠올려야 한다. 첫 번째 예에는 무엇보다도 'on land[육지에서]'와 'at sea[항해 중인]'라는 어구에 의해 표현된 두 가지 별개의 상태 중 한 가지를 담고 있다. 이와 등가를 이루는 독일어의 항해 프레임은 'an Land'와 'auf See' 같은 어구가 지시할 것이다. 다른 한 가지 사례는 'on the ground[지상에]'와 'in the air[공중에]'라는 서로 양립할 수 없는 두 상태를 통해 비행air travel의 프레임을 활성화시킨다. 하지만 독일어에서 'auf dem boden[땅(바닥)에],' 'am boden[아래에],' 'auf der Erde[지상에],' 'auf dem Erdboden[지면 위에]' 같은 잠재적 "등가어구들"은 자동적으로 비행의 프레임을 지시하지 않기 때문에 항상 'in der Luft[허공에]'의 반의어구 역할을 하지는 않는다. 번역자는 동일한 프레임을 동일한 방식으로 떠올리게 하게끔 'unten'이나 기타 어휘적 지시를 활용해야 한다. 예컨대 비전문가는 흔히 이런 맥락에서 'unten[아래에]'과 'oben[위에]'으로 구분할 것이다. 종종 'Das Flugzeug war schon nicht mehr auf der Erde als...[여객기는 이미 더 이상 지상에 있지 않았다]'라고 하는 사람도 있을 것이다. 'on the ground'에 대응되는 표현으로 'nicht in der Luft[공중에 있지 않다]'도 드물지는 않다. 독일어의 비행 프레임은 그 두 상태를 그렇게까지 명백하게는 대립시키지 않는 내부 구조를 가지고 있다.[17] 따라서 두 번째 샘플 텍스트에 대한 더 적절한 번역은

---

17) 'on the ground'에 대한 번역으로 'am Boden'이 부적합하다고 볼 여러 가지 이유가 있다. 그 중 한 가지는 '우울한in very low spirits' 혹은 '맥 빠진down'이라는 의미를 내포하는 은유적 용

'Ich war heute nachmittag zwei Stunden unten[나는 오늘 오후 두시간 동안 지상에 있었다]'이나 'Ich war heute nachmittag zwei Stunden nicht in der Luft[나는 오늘 오후 두 시간 동안 공중에 있지 않았다]' 정도가 될 것이다.[18]

이와 같은 번역 형태들은 또 다른 차이점을 부각시킨다. 일인칭 행위자, 과거형spent, 시간 직시 표현this afternoon이 사용된 영어 원문은 글쓴이의 경험을 글을 쓴 시간과 시간적 관계에 놓이도록 한다. 이해자는 이 편지들이 항해 중에, 혹은 비행 중에 쓰인 것이라고 분명하게 추론할 수 있다.

번역물에는 이러한 종류의 암시적 정보가 포함되어야 한다. 종종 텍스트에 그러한 관계에 대한 명시적 표현이 없는 경우가 있다. 이 경우 그러한 관계는 독자가 추론해야 하며, 이 때 독자는 어휘 구조와 문법 구조에 대한 자신의 지식을 활용한다. 독일어 단순 과거형인 'war'는 일상 대화에서 쓰이는 과거형이라 할 수 있는 'bin gewesen'으로 대체될 수 있으며, 둘 다 영어 원문과 마찬가지로 글을 쓰고 있는 현재의 경험과 관련하여 볼 때 불연속적인 과거 상태를 분명하게 암시한다. 따라서 번역은 텍스트 층위에서 문법적 표현을 수정할 필요가 있을 수 있지만 원문과 완전히 동일한 정보를 제공한다.

이러한 간단한 예들은 텍스트적 번역 과정이 프레이밍 경험에 대한 L1 발신자와 L2 수신자의 기제를 조화시키는 능력을 요한다는 점을 보여준다. L1과 L2 모두에 대한 언어적 지식은 필요조건일 뿐 충분조건은 아니다. 번역자는 프레이밍에 있어서 차이점을 인지하고 있어야 하며 언어적 과정과 텍스트적 과정이 어떻게 프레임 기반 지식에 연관되는지 이해하고 있어야 한다.

레이다.

18) Cf. ground-ground[지상-지상]: Boden-Boden, ground staff[지상직원]: Bodenpersonal, ground-to-air[지대공]: Boden-Bord-, ground observer[지상관찰원]: Bodenbeobachter, ground fog[땅안개]: Bodennebel, ground forces[육상병력]: Landstreitkräfte과 대비하여 Bodentruppen, air-transmitter[항공송신기]: Bordsender, air-ground[공중-지상]: Bord-Boden-, air-to-air[공대공]: Bord-zu-Bord.

이상적인 관점에서 번역은 L1 발신자가 다른 이가 아닌 L2 독자를 대상으로 하여 생산함직한 텍스트일 것이다.

시나리오, 스키마, 플랜, 스크립트

프레임은 번역 이론가에게 어떻게 언어가 문화적 경험이라는 영역을 나타낼 수 있는지를 논하기 위한 기제를 제공한다. 텍스트의 언어적 요소들이 어떤 주어진 프레임에 담긴 모든 종류의 암시적 지식에 접근할 수 있도록 하기 때문에 프레임이라는 개념은 강력하다. 이는 구체적인 언어적 색인 linguistic index에 의해 표시된 프레임이 일부만 텍스트에서 지정된 경우라도 마찬가지일 수 있다. 프레임은 텍스트적 지시에 의해 '활성화'된다. 프레임이 활성화되면 프레임의 내용을 파악할 수 있게 되며 다른 프레임들에 대한 접근이 가능해진다.

이제까지 우리가 활용한 프레임 개념은 정적인 것이다. 프레임은 추상적 개념으로서 인간의 인지가 내적으로 어떤 구조를 하고 있는지 마음속에 그려보기 위한 하나의 방편이다. 프레임에는 동적인 측면도 있다. 프레임은 연속체, 패턴, 혹은 망networks으로 조직화될 수 있다. 텍스트 상에서의 독자가 진행할 때 이와 동시에 프레임 구조화된 지식 망 속을 항행하는 것이 병행된다. 텍스트는 프레임 간, 그리고 프레임의 요소 간 연상적 연결고리 associative links를 생성시킨다. 컴퓨터 하이퍼텍스트hypertext의 교점nodes과 링크links를 통한 '항행navigation'이 이와 매우 유사하다. 프레임의 동적 측면은 스키마schema, 플랜plan, 스크립트script, 시나리오scenario라는 개념을 통해 표현되어 왔다. 시나리오는 '프로그램된 프레임 구조programmed frame structures'

요, 프레임이 활성화될 때 프레임 간 진행 및 연결을 성립시키는 조직적 구조로 이해할 수 있다.

가령 'he gave a generous tip[그는 팁을 후하게 주었다]'라는 문장에서 'tip'이라는 낱말은 식당 프레임에서 한 사람이 다른 사람에게 돈을 주는 경험을 활성화시킨다. 'tip'이라는 낱말이 포함된 텍스트를 듣는 이는 어떤 사람이 먹을 것을 주문했고 그것을 먹었으며 그 음식 값을 지불했고 종업원에게 추가로 돈을 주었다는 점을 추론할 수 있다. 팁의 액수조차도 추론할 수 있다. 대개 팁의 액수는 실제 음식 값보다 적고, 일부 국가의 경우 음식 값의 몇 퍼센트로 계산할 수도 있다. 팁을 제공하는 방법은 국가마다 다를 수 있다. 미국에서는 팁을 테이블에 놓지만 독일에서는 종업원에게 합계액(식대와 팁)을 주고 'es stimmt[잔돈은 됐습니다]'나 'stimmt so[됐습니다]'라고 말한다. 이것은 잔돈은 주지 않아도 된다는 것을 의미한다.[19]

'tip'이라는 낱말을 통해 접근하게 되는 '식당' 프레임은 연속된 낱말 및 구문constructions과 함께 텍스트에 질서를 부여하는 데 활용될 수 있는 이벤트, 행위, 상태, 과정의 관습적 연속체에 대한 지식을 포함한다. 'tip'이라는 프레임 항목은 의사소통 참여자가 관련 담화를 처리할 수 있도록 하는 전역적 구조에 연결되어 있다. 이러한 전역적 구조 혹은 시나리오는 경험에서 추출된 것이다. 시나리오는 발신자와 수신자에 의해 공동체의 공동 구성원 지위를 조건으로 하는 활동으로 동시에 내재화되고 명명된 것이다. 이 개념은 Schutz(1970)가 주창한 '전형적인 행동 방향typical course-of-action' 개념과 관련이 있다. 텍스트가 생산되고 이해될 때 프레임과 프레임을 조직화하는 시나리오가 활용된다. 텍스트는 시나리오에 의해 조직화된 인지적 요소가 언어적 구조들에 의해 표상되는 복합적 구조이다.

---

19) 운전자가 주유소에서 'keep the change[잔돈은 가지세요]'라고 하는 경우는 예외일 수 있다.

시나리오 개념은 번역과 연관성을 갖는다. 예컨대 'alimony[이혼수당]' 라는 용어를 민법民法 프레임에서 고려해보자. 이혼수당은 흔히 남성이 별거나 이혼의 결과로 전처에게 지급하도록 법률적으로 강제된 일정액으로 정의된다. 독일어의 'Unterhalt(sbeitrag)[양육비]'라는 용어는 모든 텍스트적 시나리오에서 이러한 법적 의무를 적절하게 나타낼 것이다. 하지만 1976년 2월 19일자 *American Daily News*에 실린 다음과 같은 뉴스 항목에 대한 번역은 어떠한가(Barnhart et al. 1980, 342)?

> The Lee Marvin palimony case... shows that ─married or not─people who live together cannot avoid a shared responsibility.
> [리 마빈 별거수당 소송사건은 혼인을 했든 안 했든 함께 사는 사람이 공동 책임을 면할 수 없다는 것을 보여준다.]

'palimony(별거수당)'는 원래 미국에서 1970년대에 속어로 만들어진 신조어이다. 그것을 영국의 기자들이 가져다 썼고 이제는 영국 신문에서 꽤 흔하게 사용된다. 번역자에게 문제점은 'Unterhaltungszahlung[양육비 지불]'이 독일에서 민법 프레임을 성립시키지만 독일어 시나리오는 이와 다르다는 점이다. 이혼수당 시나리오가 환기시키는 프레임 요소 간에 존재하는 기존의 연관성은 독일어에서 달리 나타난다. 법률 제도에 있어서의 차이점 때문에 어떤 사람의 동거자였을 수 있는 미혼의 어떤 사람에게 돈이 지급되어야 한다는 언급이 암시적이지 않다. 상기 텍스트에 대하여 다음과 같은 번역이 가능하다.

> Aus dem Prozeß über die Unterhaltszahlung, in den (der amerikanische Filmschauspieler) Lee Marvin verwickelt ist... geht hervor, daß Verheiratete

oder Unverheiratete gleichermaßen, wenn sie zusammenleben, sich ihrer gegenseitigen Verantwortung nicht entziehen können.

[(미국 영화배우) 리 마빈이 연루되었던 양육비 관련 소송에서는 ... 만약 동거 중이라면 기혼자든 미혼자든 동일하게 상호간의 책임에서 벗어날 수 없다는 것이 유추된다.]

상기 번역은 'alimony'와 'palimony'를 일반화하고 있으며, 이것은 법적인 상황을 옳게 나타내고 있다. 이 시나리오 상의 두 가지 역할 관계인 전남편과 전처, 그리고 남성과 정부情婦는 하나로 압축되었다. 이 특정 텍스트는 분명 이러한 중립화에 찬동한다. 하지만 언어적 맥락(혼인을 했든 안 했든)이 생략된다면 어떠한가? 그렇다면 번역자는 이것을 환언이나 다른 프레임 확장 frame extension을 통해 제공해야 할 것이다.

프레임과 시나리오는 방법론적으로 구분되며 이것이 본서의 논의에서는 다소 모호했을 수 있다. 프레임은 적어도 부분적으로 텍스트에서 학습된다. 프레임은 텍스트 생산의 일부로서 활성화되지만 텍스트 외부 세계에서 정신적으로 존재하는 것일 수 있다. 시나리오는 텍스트에서 프레임들을 가동시킨다. 시나리오는 단순히 더 크거나 더 복잡한 프레임이 아니라 프레임의 내용을 활성화시키는 기제이다. 시나리오가 텍스트적 연속체의 기저 의미 구조 역할을 할 때 시나리오는 추상적 텍스트abstract texts로 해석될 수 있다. 추상적 텍스트는 어떤 특정 텍스트를 나타내는 것이 아니라 반복적인 현상의 패턴을 지칭하는 것이다. 추상적 텍스트는 텍스트적으로 표현될 수 있는 이벤트나 상황의 원형原型이다.

시나리오는 다시 '스키마'로 구분할 수 있다. 문헌마다 다양하게 정의되는 스키마는 시간, 장소, 혹은 인과관계에 의해 연결된 사물, 이벤트, 상태, 과정으로서 다소간 차별화되는 패턴을 갖는 것으로 분리해 생각할 수 있는 시나리오의 일부분을 지칭한다. 몇 개의 스키마가 모여 하나의 시나리오를 구성할 수 있다. 아직 해결되지 않은 텍스트 처리의 문제는 스키마의 진행과 텍스트의 의미적, 통사적 표층 구조 간 관계이다. 언어를 사용한 사회적 상호 작용은 접촉의 초반, 중반, 종반에 반복적인 패턴을 보인다. 예컨대 대화에서, 강의에서, 설교에서 이러한 별개의 패턴들은 구체적인 스키마들에 의해 뒷받침된다. 스키마는 시나리오와 마찬가지로 언어 사용자가 텍스트를 생산하고 이해할 수 있도록 하는 내재화된 지식 구조이다. 어떤 이론가들은 플랜과 스크립트를 언급했다.[20] 이러한 술어들은 텍스트 처리의 기초가 되는 지식 구조들을 추가로 유형화한다. 그럼에도 불구하고 명확성을 기하기 위해 필자는 이 술어들을 상세하게 논하지 않으려고 한다. 플랜은 기본적으로 목표 지향적goal-oriented 시나리오이며, 스크립트는 본질적으로 고도로 관습적인 시나리오를 말한다.

번역자는 시나리오와 스키마가 제공하는 지식 구조를 감안해야 한다. 그렇지 않을 경우 텍스트 상에서 독자는 진행 중에 길을 잃고 말 것이다. 목표target의 언어적 패턴은 프레임에 있어서 지식 요소 간 연상성에 대해서만 신호로 알려주는 것이 아니라 이러한 것들을 통해 어떻게 진행할지를 알려준다. 번역자는 진행을 명시적으로 통제해야 한다.

또한 번역 이론가들은 시나리오를 플랜의 형태로 고려해야 한다. 지식망 내의 목표 지향적 진행이라는 개념은 번역자가 번역 과정을 가동시키는 방법과 부합한다. 번역 시 경험과 훈련에 의해 학습된 번역자의 행동 방향은

---

20) 스키마는 시나리오의 단일 "장면scene"과 같고, 플랜은 목표 지향적 시나리오이다. 플랜은 행동 방향을 정하는 데 활용되는 전형적인 논증과정reasoning process이다. 플랜은 사람들이 목표를 달성하려고 할 때 해야 하는 일단의 선택들을 기술한다. "플랜은 목표를 실현하기 위해 예측된 일련의 행위이다"(Schank and Abelson 1977, 70-71). 스크립트는 플랜에서 나온다. 스크립트는 "참여자의 역할과 이들의 예상 행위들을 구체화할 때 매우 흔히 환기되는 안정화된 플랜이다"(Beaugrande and Dressler 1981, 91).

목표 지향적으로 프레임을 횡단하는 것이다. 프레임은 언어 지식, 텍스트 지식, 일차 층위의 번역 절차 지식, 세상 지식을 포함한다. 번역이라는 행위를 함에 있어서 번역자는 번역 플랜을 활용하여 번역 능력을 가동한다. 경험적 번역학의 중요한 과업 한 가지는 번역 실무자를 관찰하고 이 번역사들이 실행에 옮기는 번역 플랜의 차이점과 유사점을 고찰하는 것일 것이다.

**텍 스 트
로 서 의
번 역**

제3장
텍스트성

텍스트성과 "텍스트다움"

　번역자는 이중언어 의사소통 과정의 조정자이다. 번역은 사람들이 언어와 문화의 차이를 극복하고 서로를 이해할 기회를 창출한다. 번역 과정은 하나의 언어 체계를 다른 언어 체계와 연결하는 텍스트적 과정이다. 번역자는 목표텍스트에 언어적 색인을 삽입함으로써 그러한 연결을 가능하게 한다. 이러한 색인은 L2 독자로 하여금 저자가 의도한 原메시지의 기저 지식 구조에 접근하도록 한다. 번역자는 L2 언어 체계를 이용하여 L1 프레임과 시나리오를 이에 대응되는 L2 프레임과 시나리오에 연결시켜야 한다. 이러한 연결 과정의 결과물은 L2 텍스트여야 한다. 번역은 자연스러운 L2 텍스트의 예로서 목표텍스트 세계에서 경쟁해야 하며 L2 텍스트를 토착 텍스트로 인식하게끔 하는 모든 특징을 보여야 한다.

조정調停은 지난한 작업이다. 번역자는 번역 과정에서 번역자를 안내할 방향성 있는 원칙을 필요로 한다. 그 원칙은 추상적 지식 구조의 표상으로서 텍스트가 갖는 중요성을 강조하는 것이어야 한다. 또한 그러한 원칙은 번역의 최종 결과물이 하나의 정적인 객체가 아니라 지식을 전송하고 활성화하는 동적 기제라는 점을 환기시키는 것이어야 한다. 이와 같은 조직화 원칙 organizing principle은 텍스트로의 지식 전이knowledge transfer와 텍스트로부터의 지식 복구knowledge retrieval를 가능하게 하는 것이어야 한다. 이것은 또 기저의 인지 체계에 대한 경험적 접근을 허용할 만큼 충분히 "언어적"이어야 하지만 두 언어의 형식적 장치들을 등록시켜 놓는 것에 국한되어서는 안 된다.

현대 텍스트언어학은 처음부터 방향성 있는 원칙을 모색해 왔다. 텍스트성textuality의 원칙은 이제까지 나온 것 중 가장 유력한 후보이다. 텍스트성은 번역 절차와 세상 지식을 생산물로서의 텍스트와 통합한다. 텍스트성은 텍스트가 텍스트로 간주되기 위해 지녀야할 일단의 복합적 특성들을 지칭한다. 텍스트성은 복잡한 언어적 객체가 특정한 사회적, 소통적 제약을 반영할 때 이러한 객체가 갖는 하나의 속성이다. 이러한 제약들의 작용은 텍스트 표층에서 인식 가능한 언어적 패턴으로 나타나게 된다. 텍스트성은 번역자가 목표텍스트에서 이끌어 내려고 애쓰는 "텍스트다움textness"의 상태로도 간주될 수 있다. 번역이 복합적 문제 해결 활동이라고 한다면 텍스트성은 번역 과정이 지향하는 목표 상태goal-state이다. 번역학의 맥락에서 텍스트성의 원칙은 L1 텍스트와 이것의 L2 대응물이 텍스트적으로 등가적이라고 할 수 있는 조건을 규명하는 데 활용될 수 있다.

이러한 조건들은 무엇인가? 텍스트성이 텍스트와 비非텍스트를 구분하는 복잡한 속성이라고 하는 것만으로는 충분하지 않다. 어떤 구체적인 특성들이 조합되어 텍스트성을 이루는가? 효과적인 번역자라면 목표텍스트 독자를 위해 텍스트성을 구성하는 요소들을 처리하기 위해 그러한 요소들을 이해하고 있어야 한다. 텍스트의 언어적 분석만으로 텍스트성을 완전하게 밝힐 수 없다. 텍스트의 언어적 표층은 지식 프레임에 대한 연속된 지시를 활성화시키고 이러한 복합적 활성화는 독자에게 "텍스트다움"에 대한 인식을 유발한다. 텍스트성은 언어적 표층에 의해 유발되지만 그것에 국한되지 않는다. 텍스트의 언어적 표층은 그 텍스트의 텍스트성을 가리키는 신호일 뿐이다.[21] 본 장에서는 텍스트성이라고 하는 복합적인 속성을 구성하는 텍스트의 일곱 가지 포괄적 특징들을 살펴본다. 이 일곱 가지 특성은 의도성, 용인성, 상황성, 정보성, 응집성, 결속성, 상호텍스트성이다.

의도성

아래는 영국 <교통법규Highway Code>에서 발췌한 것이다. 필자는 이를 텍스트성의 첫 번째 특성인 의도성이 내재된 텍스트의 예로 제시한다. 영국 정부간행물출판국Her Majesty's Stationery Office이 발간한 이 법규는 영국의 운전자들에게 권고하는 규칙의 공식적 목록이다. 이 법규는 예컨대 구 독일 민주공화국German Democratic Republic의 'Straßenverkehrsordnung[도로교통법]' 같은 법률이 아니다. 이 문서는 엄밀한 의미의 '교통법규Highway Code,' '표지와 신호Signs and Signals'라는 제목이 달린 부록, 그리고 영국 법률에 의거한

---

21) 텍스트성을 분석하는 일은 방법론적 문제를 수반한다. 모든 텍스트가 텍스트성의 최종 생산물이다. 텍스트에 지식을 투입하기 위한 기제는 의사소통 환경에서 활성화된 텍스트를 이용한 연구만 가능하다. 텍스트가 의사소통 상황에 인위적으로 투영되게 하면 이러한 연구 상의 문제점은 경감될 수 있다. 적어도 이러한 방법은 텍스트가 실제적인 의사소통 이벤트의 외부 영역에서 연구되고 있다는 점을 우리에게 환기시킨다. "죽은dead 텍스트"를 활용한다는 문제점이 엄연하기 때문에 번역 교육에 있어서 인위적인 텍스트적 환경을 제공하는 것이 좋다.

다양한 법과 규정의 주요 취지를 설명하는 부분인 '법적 요건The Law Demands', 이렇게 세 부분으로 구성된 소책자이다.22) 이 법규의 서두와 파트 2의 첫 번째 두 규칙은 아래와 같다.

THE ROAD USER ON WHEELS
[차량에 타고 있는 도로 이용자]
TO ALL DRIVERS AND RIDERS and in general to those in charge of horses
[모든 운전자와 모든 라이더 그리고 대체적으로 말을 부리는 사람들이 해당됨]

16. Before you move off, make sure that you can do so safely and without inconvenience to other road users. Watch particularly the road behind. Make the proper signal before moving out, and give way to passing and overtaking vehicles.
    [움직이기 전에 안전하게 그리고 다른 도로 이용자에게 불편을 끼치지 않고 움직일 수 있는지 확인한다. 특히 후방의 도로에 유의한다. 움직이기 전에 적절한 신호를 하고 지나가는 차와 추월하는 차에게 양보한다.]

17. KEEP WELL TO THE LEFT, except when you intend to overtake or turn right. Do not hug the middle of the road.
    [추월하거나 우회전하는 경우가 아니면 완전히 왼쪽에 붙어 통행한다. 도로의 중간을 따라 운행하지 않는다.]

---

22) 영국 정부간행물출판국, 1954. 이후에 나온 개정 법규들은 교통 패턴의 변화를 반영하여 몇 군데가 변경되었다. 개정 법규에도 번역과 관련한 사항들이 나타난다.

영국의 운전자들은 위의 텍스트를 명확하게 이해할 수 있다. 교통부部의 글쓴이들은 주제와 독자를 파악하고 있다. 또한 글쓴이들에게는 이러한 소통적 행동communicative behavior의 목적이 있다. 즉 이들은 도로를 더 안전하게 만들려고 하고 있다. 이들의 언어적 행동은 마구잡이식이 아니라 방향성이 있다. 이 전역적인 '상호작용 목표'는 텍스트 구조에 반영되어 있다. 복수의 섹션, 그 섹션의 표제들, 대문자 사용, 규칙에 따른 섹션 구분은 목적과 플래닝planning을 반영한다. 복수의 섹션은 운전자의 행동에 영향을 주려는 플랜에서 하위 목표들이 텍스트적으로 실현된 것들이다. 텍스트의 프로파일은 일단의 '의도intentions'를 반영한다. 텍스트가 어떤 결과를 달성하도록 의도된 것이 아니었다면 그 텍스트가 작성되거나 발간되지 않았을 것이다. '무엇인가를 하려는 의도'는 의사소통 이벤트에 속한다. 이러한 의도는 '교통법규'라고 불리는 담화의 텍스트성에 있어서 근본적인 요소이다.

텍스트성을 특징짓는 특성 한 가지는 '의도성'이라고 불린다. 인정하건대 그 교통법규에서 발췌한 이 섹션은 텍스트의 표층이 명확하게 심층의 목표를 반영하고 있기 때문에 예외적인 의도성의 예에 해당한다. 의도성은 그렇게까지 근본적인 텍스트적 속성이기 때문에 이것을 결할 경우 텍스트의 텍스트성은 파괴되는가? 우리가 정말 의사소통이 일어나게 하기 위해 발신자의 의도들이 항상 완전하게 이해되어야 한다고 말할 수 있는가? 그러한 진술은 현실성이 없을 것이다. 우리는 저자의 '생산 의도productive intentions'와 텍스트 표층에서 패턴이 있는 언어 부호의 연속체로 실현된 의도성의 조짐들을 구분해야 한다. 글쓴이의 의도는 순간적이지만 이러한 의도는 텍스트에 표지나 흔적을 남긴다. 글쓴이의 의도가 적극적일 때 이 의도가 텍스트의 구성에 일조했다. 의도는 전체적인 계획과 개념의 연속체ideational sequence가 형성된 텍스트 생산 과정의 초기 단계에서 중요한 요인이었다. 글을 쓸 때 발신자는 무엇인가를 하고자, 즉 예측된 어떤 결과를 달성하고자 했다. 어떠한 '효과'에 대한 욕구, 텍스트로 무엇을 달성하고자 하는 욕구가 텍스트의 프로파일을 구성한다. 주장하고 질문하고 명령하고 모욕하고 설득하고 보고하고 확신시키고 지시하는 언어적 연속체는 무언가를 하도록 구성된 것이다. 일부 학자들은 텍스트의 표층에서 추론될 수 있는 것만 번역자가 번역할 수 있다는 극단적 견해를 피력한다. 마찬가지로 극단적인 어떤 이들은 저자가 '정말로' 의미한 바를 번역해야 한다고 주장한다. 이러한 견해 차이가 있다고 해서 우리는 중간 어딘가에서 진리를 찾는 노력을 멈출 수는 없다. 의도성은 의도와 텍스트 간 상관관계에 대해 우리가 좀 더 민감해지도록 하려는 것이다.

고도로 관습화되어 그 구성 방식과 의미sense가 기저의 목적을 명확하게 나타내는 텍스트가 많이 있다. 정형화된 인사말, 사회적으로 인정되는 표시와 공지문, 의례적인 전언傳言들 같은 텍스트들이 그 예이다. 사용 설명서, 특허증, 법률상의 계약도 마찬가지로 기저의 의도성을 명확하게 나타낸다. 스펙트럼의 다른 쪽 끝에는 난해한 시詩적인 텍스트가 있고 이러한 텍스트의 의도는 더 모호하다.

텍스트적으로 실현된 의도성이라는 개념은 소통적 상호작용의 기저에 내재된 특정한 일단의 복잡한 의도 전체를 포함할 수 없다. 사실 때때로 텍스트에서 인지되는 의도성은 저자의 의도성과 반드시 동일하지도 않다. 생산 의도와 수용 의도가 차이가 나는 텍스트는 당황스러운 일이다. 텍스트 이해자는 투입된 것이라고 인식하는 것만 텍스트에서 거두어들일 수 있다. 그뿐만 아니라 독자가 목적을 가지고 해당 텍스트를 지향한다는 점은 수용 의도가 반영되어 있는 것이다. 독자의 관점에서 볼 때 의도성은 독자가 해당 정보에 부여하는 중요성의 척도인 '연관성relevance'과 관련이 있다. 전문가를 대상으로 하는 전문 학회지에 실린 텍스트는 매우 구체적인 의도성을 갖는다. L1

텍스트와 L2 번역의 독자들은 이러한 텍스트를 자신의 상호작용과 관련한 관점에서 판단한다. 독자들은 상호작용을 할 때 자신들의 소통 목적과 관련이 있는 요소들에만 주의를 기울인다(그리고 신경을 쓴다). 실용 텍스트에서 저자의 의도와 수신자의 의도는 대개 긴밀하게 맞아 떨어진다. 이러한 두 가지 유형의 의도는 텍스트의 '이행execution'에 문제가 있을 경우 차이가 난다. 이럴 경우 텍스트(혹은 텍스트의 일부)는 그 텍스트가 행하기로 되어 있는 것을 이행하지 않는다. 의도성과 연관성은 발신자와 수신자(번역자와 수신자)의 짝을 짓는 개념이다. 번역을 시작하기 전에 번역자는 해당 텍스트가 무엇 때문에 독자와 연관성을 갖는지 알아야 한다. 번역자는 이러한 연관성이 L1 텍스트에서 드러나는 의도성에 어떻게 관련되는지 알 필요가 있다. 의도성은 저자나 번역자의 결정이 텍스트에 미치는 영향과 이에 후속하여 독자의 수용 의도에 미치는 영향과 관련이 있다.

용인성

의도성은 용인성과 관련이 있다. 독자가 텍스트가 이행하기로 되어 있는 것을 파악할 수 없을 경우 저자가 텍스트를 작성할 때 원래 의도한 목표는 달성될 수 없다. 텍스트는 목적성 있는 언어적 의사소통으로 수용되기 위해서 텍스트로서 인정되어야 하고 용인되어야 한다. 용인성이 수신자가 반드시 텍스트의 구체적 내용을 믿는다는 점을 암시하는 것은 아니다. 용인성은 수신자가 그러한 내용을 파악하고 추출할 것을 요구한다. 청자와 독자가 텍스트 형식의 큰 편차에 익숙해졌지만 한계가 있다. 수신자는 발신자가 어떤 종류의 텍스트를 발신하고자 했는지, 그리고 그것을 발신함으로써 어떤 것을 달성하려 했는지 판단할 수 있어야 한다.

용인성에 대한 단 하나의 규범은 존재하지 않는다. 모든 텍스트는 제약 constraints을 받는다. 그렇지 않으면 텍스트로 인식되지 않을 것이다. 편차는 크다. 일부 텍스트 범주는 꽤 제약을 많이 받고 또 어떤 텍스트 범주는 그렇지 않다. 앞서 본 교통법규처럼 공식적인 텍스트는 용인될 수 있도록 하기 위해 표준적인 문법 패턴과 어휘 패턴을 포함하여 특정 텍스트적 특성들을 지녀야 한다. 그 교통법규의 작성자는 (법규와 동일한 주제에 대해 논하고 있는 경우라도) 길가에서 비공식적인 대화에 참여하고 있는 사람들보다 자유가 없다. 아래는 <1972년 도로교통법Road Traffic Act> 섹션 37에서 발췌한 구절이다.

A failure on the part of any person to observe a provision of the highway code shall not of itself render that person liable to criminal proceedings of any kind, but any such failure may in any proceedings (whether civil or criminal, and including proceedings for an offense under this Act, the Road Traffic regulation Act 1967 or the Public Passenger Vehicles Act 1981) be relied upon by any party to the proceedings as tending to establish or to negate any liability which is in question in those proceedings.
[누구든 교통법규를 준수하지 않을 경우 그 이유만으로 해당 법규 위반자에게 모든 종류의 형사 소송에서 법적 책임이 발생하는 것은 아니나, 모든 그러한 위반 행위는 (민사 혹은 형사를 불문하고, 본 법률, <1967년 도로교통규제법>, 또는 <1981년 대중여객운송차량법> 위반에 대한 소송을 포함하여) 어떤 소송에서든 해당 소송에서 쟁점이 되는 모든 법적 책임을 입증하려 하거나 부인하는 모든 소송 당사자가 주장의 근거로 삼을 수 있다.]

번역자가 이러한 원천텍스트에서 용인될 수 있는 목표텍스트를 생산하려면 먼저 이러한 특정 텍스트 범주에 대한 L2 공동체의 용인성 기준을 이해하고 있어야 한다. 만약 해당 텍스트 유형에 대하여 L1 사용자와 L2 사용자의 용인성 기준이 동일하다면 이것이 어려운 일은 아니다. 대부분의 경우 텍스트의 용인성 기준은 차이가 있다. 대응되는 의도성을 갖기 때문에 'Road Traffic Act'의 등가물 역할을 하는 독일어 'Straßenverkehrsordnung'은 다른 용인성 조건들의 지배를 받는다. 번역자는 원천텍스트의 전형적인 문법적, 어휘적 용례를 무비판적으로 목표언어로 번역할 수 없다. 예컨대 번역자는 영어 텍스트의 이인칭 지시어를 삭제하고 그 대신 독일어의 'Farhzeugführer[운전자]'를 써야 할까? 이뿐만 아니라 비유적인 표현으로서 영어 텍스트에서 용인되는 'hug the middle of the road[도로의 중간을 따라 운행하다]'는 공식적인 독일어 텍스트에는 어울리지 않는다. 이것을 삭제하거나 바꾸어 표현해야 할까? 운전자drivers와 라이더riders의 구분을 생각해 보자. 'Straßenverkehrsordnung'의 대응 단락에 이러한 구분은 없다.[23] 분명 1954년 잉글랜드England에서 말馬의 필 수가 많았던 것을 반영하는 'those in charge of horse[말을 부리는 사람들]'은 독일어의 'Gespannführer[마부]'나 'Straßenverkehrsordnung'에서 'Führen und Treiben von Tieren[동물을 이끌고 모는]'의 책임을 맡은 일반화된 'Personen[사람]'과 대조를 이룬다. 독일의 도로 이용자들은 공식적인 독일어 텍스트에서 다른 일련의 텍스트적 관습을 용인하고 기대한다. 독일인 독자의 기대는 고유의 텍스트적 경험에 의해 형성된 것이다. 독일어의 텍스트적 기대는 해당 사회 내 텍스트의 역사적 발전이 가져온 산물이다. 텍스트적 용인성은 사회적 관계들을 조직하고 안정화하는 요소로서 기능한다. 이러한 안정

---

23) 상기 텍스트에 인용된 버전(1978, 1983년에 개정되어 재발간)이 나온 지 24년 만에 발간된 'The Highway Code' 최근 개정판에서는 도처에 사용된 이러한 구분이 삭제되었다.

성이 있기 때문에 텍스트를 통한 교류의 전제조건인 상호지식을 가정할 때 용인성 기준이 활용될 수 있다.

인류학자와 사회언어학자는 민족연구ethnic studies의 일환으로 텍스트적 관습을 연구했다. 이들은 엄격한 용인성 기준이 적용되는 언어적 의례 행위를 분리하여 기술했다. 그러나 모든 텍스트에는 용인성 기준이 드러난다. 이러한 기준들은 산업 사회와 전통 사회 모두에서 텍스트성의 일부를 이룬다. 여러 세대의 번역자들이 자신들의 번역물, 즉 L2 텍스트가 L1 텍스트를 지배하는 관습들을 알지 못하는 독자에게 용인되도록 만들어야 할 필요성을 가지고 씨름해야 했다. 용인성은 텍스트의 일차적인 특성이다. 일부 번역 접근법에서 용인성은 주된 고려사항이다. '수용자 지향적 번역recipient-oriented translation'은 항상 목표독자의 이익을 고려하여 텍스트의 속성을 수정한다 (Holz-Mänttäri 1984; Vermeer 1986).

• 협력의 원칙

용인성과 의도성은 텍스트성의 구성 요소이며 번역에 방향성을 주는 원칙이다. 물론 두 요소만으로 텍스트성이 성립되지는 않는다. 텍스트가 의도된 대로(혹은 적어도 의도적인 것으로) 용인되기 위해서는 절충negotiation이 있어야 한다. 이러한 절충은 의사소통에서 협력하겠다는 합의를 의미한다. 예컨대 간접적인 대화 참여자는 자신의 의사를 전달하는 데 있어 협력하기 위한 의식적인 노력을 기울인다. 마찬가지로 L1 화자와 L2 화자 간 중개를 담당하는 전문 통역자는 두 화자의 협력에 의존해야 한다. Grice는 대화에 있어서 절충을 기술하기 위해 소위 '협력의 원칙co-operative principles'을 처음 주창하였다(Grice 1975, 45-46). 그러나 언어적 의사소통이 항상 상호작용적이기 때문에 이러한 원칙은 모든 종류의 구어적 담화와 문어적 담화로 확장될 수 있으며, 설령 협력이 간접적인 경우도 마찬가지이다. 화자와 저자는 발화된 낱말들이나 몇 줄의 글을 의사소통 개시의 권유로 받아들일 실제 혹은 잠재적 담화 상대자가 존재한다는(혹은 존재할 것이라는) 가정 하에 행동한다. 텍스트는 의사소통에로의 초대이며 청자와 독자가 협력하고 이해할 수 있도록 보장하는 방식으로 이들에게 제시되어야 한다. 용인성은 협력의 전제조건이며, 협력을 가정한다는 것은 용인성 기준을 고수하는 데 대한 근거이다.

많은 텍스트가 탈시공간적이다. 이러한 텍스트들은 면대면 의사소통의 직접성이 없다. 분명히 컴퓨터 사용 설명서의 작성자와 그 독자 간에 협력이 실제로 일어나지는 않는다. 그러한 텍스트를 읽는다는 것은 협력적인 정신 자세를 필요로 한다. 시간과 장소의 단절에도 불구하고 독자가 그 텍스트를 용인하도록 유도하고 이끄는 협력 성향이 존재한다. 텍스트는 텍스트 나름대로 독자가 의사소통을 개시하고 의사소통에 계속 참여하게끔 유도하는 특징을 보여야 한다. 협력의 원칙은 L2 텍스트 사용자가 해당 텍스트의 의미를 절충하고 그것을 하나의 텍스트로서 용인하고자 하는 의사를 설명하는 것이다. 텍스트의 원原발신자가 알려지지 않았고 그 발신자가 해당 L2 독자를 독자로 상정하지 않았을 수도 있는 상황일지라도 그러한 절충은 일어날 수 있다. 협력은 번역가능성의 전제조건이고 번역자가 해야 하는 가정이다. 협력이 부족하면 이것이 실패의 원인이 될 수 있다. 부적절한 번역은 텍스트적 상호작용에 참여하도록 독자를 설득하지 못하는 것과 같다. 설득의 실패는 협력의 원칙을 위반하는 것이다. 협력은 철학적 문제에 그치지 않는다. 그러한 원칙의 위배는 번역자에게 실제적인 결과를 가져온다.

1. 양의 격률

Grice는 협력의 원칙에서 몇 가지 유익한 격률格率을 이끌어 냈다(Grice 1975; Neubert 1983, 109). 그 중 첫 번째 격률은 아래와 같은 양의 격률maxim of quantity이다(Grice 1975, 45).

필요한 만큼의 정보만 제시하라. 요구되는 것보다 많은 정보를 제시하지 말라.

대개 L1 텍스트 생산자는 텍스트를 생산할 때 L1 독자들을 염두에 둔다. 번역자도 이러한 텍스트들을 L2 텍스트 독자를 대상으로 재생산하면서 양의 격률을 지켜야 한다. 예컨대 번역자가 대응되는 L1 텍스트의 구조에 비할 때 L2 텍스트의 자구字句를 확장하거나 압축해야 하는 경우가 있다. 이러한 경우는 언어 체계의 차이와 프레임 구조의 차이에서 연유한다. L1에서 암시된 의미가 잠재적인 L2 번역에서는 암시되지 않는 경우가 있을 수 있다. 양의 격률은 번역자가 자체적인 텍스트로서의 L2의 정보 요건을 평가하고 보상을 위한 조정을 가하도록 권고한다. 양의 격률은 번역에서 문법 구조에도 적용될 수 있다. Schmidt는 러시아어의 복잡한 문법적 구성을 (대개) 더 단순한 독일어의 구성으로 응축하는 문제를 포괄적으로 다루었다(Schmidt 1982). 러시아어를 독일어로 번역할 때 일대일, 혹은 구조 대 구조 번역을 활용할 가능성은 항상 있다. 종종 이러한 번역 결과물은 L2 독자들에게 장황한 느낌을 주곤 한다. 극단적인 경우 이러한 번역이 이해를 방해한다. 번역자는 '압축compression'이나 '생략omission' 같은 번역 절차에 의존해야 할 수도 있다. 번역자는 L2 독자의 이익을 고려하여 텍스트적 절충의 과정으로 이러한 결정을 내린다. 그리고 독자는 특정 문법 구조를 기대하고 다른 어떤 구조들은 기대하지 않는다. 압축은 정보의 흐름을 지원한다. 압축은 독자의 협력을 확보하고 텍스트 수용의 토대를 제공한다. 러시아어의 문법적 구성체에 포함된 정보 일부는 주어진 번역 상황에서 필요하지 않을 수 있다. 사용자가 그러한 정보를 필요로 하지 않을 수 있다. 양의 격률은 번역자가 독자들에게 가장 도움이 되는 목표텍스트를 생산하기 위한 번역 절차를 활용하도록 권고한다.

양의 격률은 번역에서 어휘 선택에도 적용된다. L1 텍스트가 L1 공동체 특유의 사회문화적 경험에 대한 응축된 표현을 포함하고 있는 경우가 있다. 단체명(Grand Old Party[미국공화당]), 사람들을 지칭하는 표현(Old Blue Eyes[프랭크 시나트라의 별명]), 역사적 사건(Watergate[워터게이트 사건])이 전형적인 예이다. 번역자는 해당 항목을 직접 차용하는 대신 환언이나 명시화를 선택할지 모른다. 이러한 방법은 '문화 특유의 사물realia'이 원천텍스트에 나타날 때 권장할 만하다. 훌륭한 번역자라면 L2 텍스트에서 거의 한결같이 추가 정보를 제공할 것이다. L2 공동체는 사회적, 문화적, 지리적 현상을 적절하게 지시하는 데 필요한 상호지식을 공유하지 않는다.[24]

양의 격률에는 중요한 의미가 한 가지 담겨 있다. 각 언어 체계는 정보를 부호화하는 데 필요한 문법 및 어휘 자원의 풀pool을 제공한다. 이러한 자원의 활용은 각 언어 내에서 텍스트에 특유한 문제이다. 그 결과 번역물은 이에 대응되는 원천텍스트보다 길거나 짧을 수 있다. 영어에서 독일어로 번역된 텍스트는 거의 항상 영어 원문보다 길다. 양의 격률은 텍스트적 동등성 textual parity 유지라는 환상에서 번역자를 자유롭게 한다. 이런 측면에서는 번역자가 해방되지만 양의 격률은 불필요한 낱말과 어구 추가를 지양하도록 요

---

24) 문화 특유의 사물 번역 시 나타나는 문제는 양적 요소에 국한되지 않는다. 차용어loans나 환언보다는 그 의미가 L2로 재표현recasting될 가능성이 더 높다. 가장 적절한 번역 절차에 대한 면밀한 분석과 분류는 Kurts(1977) 참고

구하기도 한다. 특히 번역자가 적절한 L2 등가물을 알지 못할 경우가 그렇다. 양의 격률은 번역 목적에도 부합하면서 명확하고 기능적인 번역 표현이 존재하는데도 주제에서 벗어나고 바꿔 쓰도록 허락하는 것이 아니다. 이러한 종류의 그릇된 확장은 초심자들이 수행한 기술 문서나 과학 문서 번역에서 흔하게 나타난다. L1 전문 용어와 L2 전문 용어 간 일대일 대응 관계가 성립한다면(예: 자동차 공학 기술의 'Tellerfeder'와 'diaphragm spring[다이어프램 스프링])' 그러한 직접적인 등가물이 사용되어야 한다. 번역물을 일반 대중이 더 읽기 좋게 만들기 위해 내용을 추가하는 번역 초심자의 버릇은 사실 잘못된 것이다.[25] 번역자의 독자가 일단의 자동차 전문가라면 일반적인 설명들이 특별히 유용할 일은 없을 것이다. 물론 이런 상황에서는 번역자가 해당 자료를 대중이 접근하기 쉽게 만들어달라고 요구 받지 않았다고 가정해야 한다. 그러한 요구를 받은 경우라면 번역 상황이 명확하게 정보의 부가를 요구할 수 있다. 텍스트의 목적은 텍스트의 기능성functionality을 파악하는 데 중요한 역할을 한다. 일부 번역 이론가들은 "목적이 모든 번역에서 결정적 요소이다" (Reiß and Vermeer 1984)라고 주장하였다. 양의 격률을 이용하는 것과, 본서에 제시된 모든 격률과 권고를 활용하는 것은 적용되어야 할 번역 절차는 번역 상황에 따라 결정된다는 근본적인 원칙을 출발점으로 한다. 특정 L2 어휘 항목을 선택하는 것은 L2 어휘 내에서 그 항목이 이용 가능한지의 문제만은 아니다. 이것은 텍스트 특유의 프레임 선정의 문제이기도 하다. L2 어휘의 선택이 L1 프레임과 내용에 있어 유사한 프레임을 환기시킨다면 확장과 압축은 흔하지 않을 것이다. 낮은 수준의 대응이 이루어진다면 확장이나 압축은 피할 수 없다. 양의 격률은 주어진 번역 상황에서 특정 텍스트의 요건들에 대한

---

25) 어떤 것이 필요한 정보이고 어떤 것이 아닌지의 문제는 텍스트적 특징의 하나인 '정보성'이라는 제하에서 다룬다.

대응으로 언제나 따라야 한다.

2. 질의 격률

　　Grice는 용인성과 협력의 원칙을 뒷받침하는 두 번째 격률을 주창했다 (Grice 1975, 46). '진실된 말을 하라'는 질의 격률maxim of quality이다. 이것은 어려운 요구이다. 질의 격률이 직접 적용되었다면 텍스트가 사실에 입각한 정보만 전달하는 것은 당연한 것이다. 질의 격률은 우리가 무엇이 진실인지 판단할 수 있다고 가정한다. 질의 격률은 과학 분야의 의사소통에는 확실히 부합한다. 이 격률은 번역자가 원문의 오류를 L2에서 되풀이하지 않고 이를 시정해야 한다는 (간혹 문제시되는) 규칙을 따를 것을 지시한다. 하지만 번역자가 항상 판단할 수 있는 입장에 있는 것은 아니지 않을까? 번역자가 오류를 인식할 수 있을까? 사실들이 모두 알려져 있는가? 진실에서 벗어난 텍스트는 의도적인 것인가? 사실과 의견의 구분, 그리고 의견과 명백한 거짓말의 구분은 미묘하다. 사설과 신문기사 같은 다른 종류의 텍스트를 생각해 보면 이러한 "사실, 그리고 오직 사실" 식의 접근을 적용하는 것은 문제가 있다. 물론 그렇다고 해서 그러한 텍스트에 거짓이 담겨 있다는 뜻은 아니다. 텍스트에서 진실이라는 것은 특별한 의미를 갖는다.

> 상황을 기술하는 진술은 언어가 가진 기능 중 한 가지에 불과하다. 언어는 우리의 다른 관습 및 행동 패턴과 마찬가지로 사회적 관계를 형성하고 유지하는 역할을 하며 우리의 태도와 개성을 표현하게 한다. (Lyons 1977, 50)

　　텍스트는 의미를 지니며 기저의 명제적 구조propositional structure를 갖는다. 이러한 명제적 체제는 앞선 장에서 언급한 개념적 구조이다. 명제적 체제는 서로 연결된 일단의 지시들로서 텍스트의 정보 컨텐트를 결속적인 패턴으로 조직화한다. Cresswell은 명제를 가능세계possible world와 진리치truth value를 연결하는 함수로 언급한다(Cresswell 1973, 94). Cresswell은 이 개념에 대해 "명제가 해야 할 일을 잠시 생각해 보면 실세계에서뿐만 아니라 각각의 가능세계에서 참이거나 거짓일 수 있는 어떤 것이어야 함을 알 수 있다"(Cressswell 1973, 23)라고 부연한다.

필자는 이미 언어적 공존성을 논하면서 가능세계 개념을 소개한 바 있다. 텍스트가 가능세계를 표상하고, 이러한 세계들이 현실에 대한 대체물 역할을 할 수 있다고 가정하자. 이것은 텍스트에서 제기된 주장들의 진실성이 그러한 세계로 인해 존재하는 사물, 상태, 사건, 혹은 과정에 비추어 판단하게 될 수 있다는 점을 의미한다. 따라서 정치적 연설문의 의견과 믿음, 그리고 심지어 거짓말까지도 표상된 가능세계의 맥락에서는 참일 수 있다. Jaako Hintikka는 가능세계를 단순히 "가능상황possible state of affairs"(Hintikka 1962)으로 지칭했다. 텍스트는 상황을 표상하기 위해 생산된다. 질의 격률은 번역자가 해당 텍스트의 내적인 참의 일관성truth-consistency을 보존할 것을 요구한다. 사물, 사건, 장소, 그리고 사람에 대한 지시는 내적 일관성이 있어야 한다. 명백한 사실관계의 오류와 오자誤字는 무시하고 원천 테스트가 참이라는 것은 번역자에 의해 주어진 것으로 받아들여진다. 번역자는 내적 일관성이 없다고 느끼지 않는 한 어떤 것도 하지 않아야 한다. 그렇지 않으면 텍스트에 창조된 가상세계를 침범하는 것이다. 이런 입장은 본질적으로 가치 판단을 하지 않는 것이다. 번역자 중에는 원천텍스트를 평가하고 그 도덕적, 이데올로기적 가치를 따져볼 필요가 있다고 주장하는 사람들이 있으며 일리가 있는 경우도 있다. 이들은 해당 텍스트가 "번역할 가치"가 있는지 판단하고 싶어

한다. 그러한 주장은 부차적인 것으로 치고, 대부분의 실용 텍스트 번역은 '참
-보존 변형truth-preserving tranformation'이다.[26] 목표텍스트의 목적이 원천텍스
트의 목표와 눈에 띄는 차이를 보이는 경우 질의 격률은 목표텍스트에서 내
적 일관성을 갖도록 요구한다. 이러한 경우 번역은 '참-생성 변형truth-creating
transformation'이다.

3. 관계의 격률

Grice의 세 번째 격률은 텍스트적 요소 사이에 존재하는 의미적 관계와
언어적 관계들에 관여한다. 이러한 요소 및 관계 중 어떤 것들은 다른 것들보
다 중요하다. 텍스트의 주요 아이디어에 더 직접 관련되고 저자가 전달하려
고 의도한 핵심적인 컨텐트를 반영하기 때문이다. 이와 같은 세 번째 격률에
서 Grice는 연관성을 가지라고 충고한다. 이 격률은 독자가 연관성 없는 세부
사항을 무시하고 주요 개념 구조에 속하는 요소를 인식할 수 있도록 목표텍
스트를 생산하라고 충고한다. 대다수 내실 있는 텍스트는 의미 관계를 많이
내포한다. 독자가 특정 관계에 집중하고 그 외의 관계를 무시할 수 있도록 텍
스트적 프로파일을 조작하면 이해가 용이해질 것이다.

연관성을 추구한다는 것이 어떤 텍스트의 특정한 일부분만 중요하고
덜 중요한 다른 일부는 버릴 수 있다는 것을 의미하지는 않는다. 연관성을 갖
는다는 것은 발신자, 그리고 더 나아가 번역자가 해당 텍스트의 주요 컨텐츠
가 무엇인지 명확히 해야 함을 의미한다. 주제를 전개시킬 때 제시되는 주장
과 진술 다수는 담화의 주요 지점에서 제시되는 주제화 진술topicalizing
statements에 비할 때 그 중요성이 떨어진다. 이차적 요소나 삼차적 요소는 요

---

26) 텍스트의 전역적 의미와 명제적 구조의 구성요소는 텍스트적 의미를 논하면서 더 자세히 다룬다.

점을 뒷받침하는 맥락적, 태도적, 표현적, 혹은 사회적 정보를 제공할 수 있다. 이러한 요소들은 논지를 소개, 구체화, 혹은 일반화하는 역할을 할 수 있다. 모든 이러한 보조적 요소는 텍스트적으로 연관성이 있다. 단지 서로 다른 연관성의 층위에 있을 뿐이다. 이차적인 아이디어를 제시하는 문장이나 문장 집단이 삭제된다고 해도 텍스트는 여전히 이해 가능할 수 있다. 반면, 삭제된 것이 일차적인 요지와 관련이 있다면 텍스트는 내적 일관성을 잃을 수 있다. 번역자는 각 텍스트 분절text segment의 상대적 중요성을 나타내기 위해 언어적, 텍스트적 자원을 활용할 수 있다. 연관성의 여러 층위가 존재한다는 개념은 연관성이 없는(혹은 거의 없는) 텍스트 일부분이 있을 수 있다는 점을 의미한다. 그렇다면 어떤 항목이 언제 연관성이 없는지 어떻게 판단할까? 어떠한 요소가 텍스트의 전개에 기여하지 않을 때 그 요소가 연관성이 없다는 것이 하나의 기준이 될 수 있다. 또 다른 기준에 따라 어떤 요소가 전체적인 상호작용 목표 달성에 도움이 되지 않으면 그 요소가 연관성이 없다고 할 수도 있다. 연관성을 제대로 파악한다는 것은 텍스트의 의도성을 평가하는 것을 의미한다. L1 텍스트의 연관성 구조에 대응하는 의미 관계의 망을 L2 텍스트에 생성시키는 것은 번역자의 책임이다. 번역 독자는 L1 텍스트의 독자와 동일한 결정을 내리거나 동일한 결론에 이르도록 유도되어야 한다. 번역 목적이 변화했다면 번역자는 목표독자의 수용 의도성(니즈)을 반영하는 새로운 연관성 구조를 생성시켜야 한다. 동일한 요지가 텍스트에 나타나야 하며 이를 뒷받침하는 텍스트적 요소에 의해 적절하게 수정, 소개, 혹은 전개되어야 한다.

간단한 예로 신문기사와 그 표제를 들 수 있다. 신문기사의 표제는 대개 텍스트적으로 중요한 정보를 제공하며, 텍스트 본문의 요지를 가리키는 신호pointer 역할을 한다. 표제가 텍스트의 요지를 반영하지 않을 경우 독자는 호도될 수 있다. 종종 편집자는 해당 기사 내용을 추출하여 표제를 구성하는 대신 독자의 주의를 끌기위한 어구를 사용하거나 조어造語하기도 한다. 번역자는 텍스트의 요지를 직접 반영하는 표제에 대해서는 문제가 없을 것이다. 'Rail unions plan war on cuts[철도 노조, 임금 삭감 놓고 전쟁 태세]'나 'Profits leap while economy slumps[경기 둔화에도 이익 급증],' 혹은 'Dog's lucky day [운 좋은 개]' 같은 표제들은 독자가 무엇을 기대할 수 있을지 명확하게 나타낸다(1983년 9월 21일자 *Morning Star*). 'New row over QE2[퀸엘리자베스2호를 둘러싼 새로운 분란]'이라는 표제는 'Erneuter Streit um Neuausstattung der Queen Elisabeth II[퀸엘리자베스2호를 둘러싼 새로운 분란]'이라는 확장된 독일어 번역으로 깔끔하게 표현된다. 이러한 표제들은 관계의 격률을 따르고 있고 각각의 텍스트 본문에 의미적으로 연결되어 있다.

그러나 'United States: Showing the Flag(1983년 8월 22일자 *Time*)'와 'Sense at all costs(1983년 8월 12일자 *The Times Literary Supplement*)'는 이러한 표제가 붙은 기사의 관련 주제에 대한 완곡한 관련성만 보이고 있다. 이러한 표제들의 의미는 전적으로 뒤따르는 구절에 어떤 것이 포함되어 있는가에 달려 있다. 표제의 의미는 독자가 기사를 읽은 이후에만 나타난다. 첫 번째 예에서 'showing the flag'는 관용적이며 은유적이다. 여기에는 '다른 사람과의 유대를 보여주기 위해 어떤 모임이나 장소에 참석'한다는 의미가 담겨있다. 여기에 '특히 반대 의견에 맞서 어떤 의견을 지지하기 위해 자신의 의견을 명확히 하다'라는 정치적 함축의미가 가미될 수 있다. 언어 지식과 미국 정치 상황에 대한 지식을 갖추고 표제를 읽는 L1 독자는 신문기사의 요지를 예측할 수 있다. 역시 은유적인 'Not since Vietnam has the U.S. flexed so much muscle abroad[베트남전 이후 미국은 해외에서 그다지 힘을 과시하지 않았다]'는 부제는 군사적 차원을 가미함으로써 부가적인 요지를 나타내고 있다. 관계의 격률에 의해 첫 번째 단락의 문장들은 L1 독자가 표제를 읽으면서 행한 추론들을 상세하게 풀어내야 한다.

For a country at peace, the U.S. is throwing its military weight around a
lot these days. To be sure, no American soldiers are on the attack anywhere
in the world. But the U.S. has a remarkable portion of its troops, ships, and
planes around the planet, including contingents from every branch of the
service deployed on three continents, well within shooting distance of hot
combat zones — Lebanon, Chad, Central America.
[평화를 구가하면서도 미국이 최근 이곳저곳에서 군사적 영향력을 두드
러지게 과시하고 있다. 확실히 미국 병사가 전 세계 어디에서도 공격을
감행하고 있지 않다. 그러나 미국은 레바논, 차드, 중앙아메리카 같은
분쟁 지대를 능히 타격할 수 있도록 삼 개 대륙에 배치된 모든 부대의
파견대를 포함하여 세계 여러 곳에 상당히 많은 병력, 함정, 항공기를
배치해 놓고 있다.]

'Showing the Flag'의 연관성 구조는 텍스트에 의해 뒷받침된다. 이 표제
의 방향 제시 기능은 번역에서도 동일해야 한다. 그러나 이 관용어구를 이에
상응하는 독일어 표현인 'die Flagge zeigen[깃발을 보여주다]'로 번역하면 의
도하지 않은 '항해nautical'의 함축 의미가 두드러지게 된다. 외부에서 끼어든
이러한 의미는 의미론적 문제를 야기한다. 영어 표제는 번역자에게 문법적
문제도 초래한다. 독일어 표제 문법(용인성과 관련된 텍스트 관습)에 따르면
명사는 행위의 주체subject를 표현해야 한다. 'USA zeigen die Flagge[미국이 깃
발을 보여 주다]'가 가능한 번역 중 하나일 것이다. 그렇지 않으면 'Das Zeigen
der Flagge[깃발을 보여줌]'에서처럼 구를 명사화할 수 있다. 두 번째의 번역은
독자들에게 이해 가능하거나 연관성 있게 보이지 않을 것이다. 의미적 불일
치가 문법적 문제보다 더 심각하다. L2 독자는 주요 개념 구조의 일부인 '참

석하다'와 '과시적으로 드러내다'라는 의미를 추출할 수 있어야 한다. 번역자는 부제 'flexed so much muscle'의 군사적 함축 의미도 표현할 수 있어야 한다. 군사적 함축의미는 기사 이곳저곳에 퍼져있다. 번역자는 이러한 연관성 있는 정보를 표제에 삽입하려 해야 한다. 번역자는 L1 텍스트에 존재하는 표제-기사내용 관계가 (L2의 용인성 기준이 적용되는 상황에서도) L2 텍스트에서 보존되도록 해야 한다. 'Weltweite militärische Präsenz der USA[미국의 전 세계 군대 주둔]'가 해결책이 될 수도 있다. 형용사 'weltweit[전 세계의]'는 표제를 더 명시적으로 만들며 뒤따를 내용에 대한 표제의 연관성을 강조한다. 번역자는 관계의 격률을 따르면서 L2 사용자의 언어적 지식과 세상 지식을 이용하여 L1 텍스트의 의미 관계를 재구성한다.

해법이 항상 손쉽지는 않다. 'Sense at all costs'라는 표제는 그 출처인 *The Times Literary Supplement*[타임즈 지 문학증보판]에서 흔히 나타나는 개인 특유의 어구idiolectic phrase이다. 이 표제는 어떤 책에 대한 서평가書評家의 의견을 표현한 것이며, 해당 책의 제목은 표제 밑에 있다(Donald Spece 著, *Narrative Truth and Historical Truth*). 이 주간지에 등장하는 대다수 표제와 마찬가지로 이 표제의 문체는 간결하고 단순하며 날카롭다.[27] 'at all costs'와 같이 그저 평범한 표현이나 어구는 다른 어휘 항목인 'sense'와 비전형적인 조합을 이룸으로써 예상외의 의미가 부여된다. 이러한 조합은 두 항목이 대개 함께 나타나지 않기 때문에 이례적이다. 이러한 이례적인 언어는 결국 서평의 텍스트에서 설명된다. 서평가는 심리분석 방법을 활용하면서 심리분석 이론을 부정하는 저자의 시도를 비판한다. 의미(역사적 진실) 탐색의 무익함을 나타

---

27) 이러한 습관을 보이는 다른 표제의 예로는 'Royalty in the red.' 'Tangling by gaslight,' 'Right speaking, wrong reading,' 'An end to innocence,' 'The emperor's new clothes,' 'Rules of the House,' 'Treating like with like,' 'Black notes only,' 'Waving the flag of Helenism.' 'Where the bora blows,' 'So damned sarcastic,' 'Finishing thought'가 있다(1983년 8월 12일자 *Times Literary Supplement*).

내기 위해 서평의 서두에서 사용된 낱말 'sense'는 라는 낱말은 정신분석 대상 환자가 한 서술의 진실(서술적 진실)이 무시되어서는 안 된다는 저자의 줄기 찬 주장과 연관 지어진다.

  분별력 있는 독자가 서평가의 주장을 잘 따라갔다면 그 독자는 표제를 이해할 수 있을 것이다. 번역자는 L1 독자 역할을 하면서 제목과 L1 텍스트 간의 모든 의미론적 관계를 밝혀야 한다. 번역자는 다른 언어 자원을 활용하여 L2 텍스트에서 그러한 의미론적 관계들을 재창조해야 한다. 'Wahr oder falsch, wenn es nur Sinn gibt[맞거나 틀리거나 말만 된다면]'나 'Sinnsuche ohne Rücksicht auf Wahrheit[진실 여부는 무시한 의미 형성],' 혹은 'Sinn um jeden Preis[모든 것을 다 걸고 의미를 찾다]'까지 몇 가지 독일어 번역이 가능하다. 마지막 버전은 가장 축어적이기 때문이 아니라 연관성 관계를 적절하게 반영하고 있기 때문에 용인될 수 있다. 물론 다른 요소들도 표제의 용인성에 영향을 미친다. 연관성이 요구되기는 하지만 연관성 있는 표제들 중에 한 가지를 선택하는 문제는 종종 다른 근거에 의하기도 한다. 독일어 표제는 일반적으로 이에 대응되는 영어 표제보다 더 명시적이다. 이 표제의 출처인 *The Times Literary Supplement*는 독일어 간행물 중에는 문체적 등가물이 없다. 여러 가지 측면에서 꽤 적절하다고 할 마지막 표제는 L2 편집자들이 문체적 문제를 들어 거부할지도 모른다.

4. 방법의 격률

  연관성 개념은 Grice의 네 번째이자 마지막 격률로 이어진다. 간단히 말해서 네 번째 명령은 '명료하게 말하라'이다. Grice에 따르면 이 격률은 명확성, 모호성의 제거, 간결성, 그리고 정연함을 권고한다. Grice는 '명료하다

perspicuous'는 말을 특별하게 사용한다. 명확성, 간결성, 그리고 정연함은 연관성과 마찬가지로 의도성에 연결된다. 저자는 자신의 소통 의도를 고려하여 필요성에 따라 명료함을 견지해야 한다(Grice가 R. Beaugrande에게 한 개인 간 대화; Beaugrande and Dressler 1981, 120). 저자에게는 종종 의사소통할 때 복수의 목표가 있다. 이 중 일부는 분명한 목표이다. 사용 설명서는 지시하기 위한 것이다. 조립 설명서는 자전거, 컴퓨터, 조립식 비행기를 어떻게 조립하는지 독자에게 보여준다. 정치 연설문은 확신을 심어주고 동기를 부여하거나 단념시키려는 의도를 띤다. 농담과 패러디는 즐거움과 웃음을 준다. 방법의 격률은 우리가 활용하는 텍스트의 조직이 우리가 하는 상호작용의 목표 달성에 도움이 되어야 한다는 것을 의미한다. 방법의 격률은 예컨대 어떤 한 종류의 텍스트는 과정을 진술하고 구체적으로 기술할 것을 요구하는 반면, 또 다른 어떤 텍스트는 은근한 협박, 모호한 약속, 완곡한 논리를 이용할 것을 요구할 수 있다.

실제 텍스트들이 이상적인 텍스트인 경우는 흔하지 않다. 텍스트적 구성은 텍스트 유형에 따라 다를 수 있지만 일부 경험적 텍스트는 언제나 해당 유형의 규범에서 이탈하게 마련이다. 심지어 어떤 한 유형의 통계적(경험적) 규범은 전혀 이상적이지 않을 수도 있다. 1970년대의 초창기 컴퓨터 소프트웨어 매뉴얼은 거의 한결같이 읽기가 어렵고 특별히 지시적instructive이지 않다. Grice의 방법의 격률은 텍스트가 가능한 한 주어진 목적에 따라 효과적이고 효율적으로 구성되고 구조화되도록 하라는 권고이다. 불행히도 대다수 텍스트는 Grice의 이상을 충족하지 못한다.

방법의 격률이 어떻게 번역에 영향을 미치는가? 이 격률은 몇 가지 어려운 문제를 발생시킨다. 첫째, 원천텍스트가 불명확하고 모호하며 장황하고 구성이 부실하면 번역자가 이러한 결점들을 시정해야 할까? 이 질문에 대한 대답은 텍스트의 텍스트 유형과 의도성, 이 두 요소에 달렸다. 매뉴얼 번역에서와 같이 어떤 경우에는 텍스트 유형과 지시적 의도가 번역자에게 Grice의 격률을 따르고 L2 텍스트의 질을 향상시킬 수 있는 재량을 부여한다는 점은 확실해 보인다. 어떤 것이든 변화나 개선은 명백한 개선이어야 하고 원문의 본질적 연관성을 위반하지 않는 것이어야 한다. 이뿐만 아니라 L2의 텍스트적 기대 때문에 구성 측면의 변화가 일부 요구될 수도 있을 것이다. 과학 분야의 독일어 텍스트는 대개 동일 분야 영어 텍스트에 비할 때 논지에서 벗어나는 경향이 있다. 각 텍스트는 그 자체의 맥락에서 용인될 수 있다. 각자의 자연스러운 환경 속에서 이들 텍스트는 '필요한 만큼 명료하다.' 그러나 독일어 텍스트를 영어로 번역할 때는 번역자가 논지에서 벗어난 부분을 간결하게 만들어야 할 수 있다. 이 경우 번역자는 해당 텍스트와 관련하여 더 직접적인 연관성 구조를 생성시킬 필요가 있을 것이다. 간결성, 명확성, 그리고 구성에 관한 독자의 기준은 문화에 특유한 것이다. 다수의 텍스트에 대해서 '최적의' 텍스트를 정의하는 것이 가능할 것이다. 최적의 텍스트는 하나의 규범적 텍스트normative text일 수 있다. 이러한 텍스트는 통계적 수단을 이용하여 실제 텍스트의 코퍼스corpus를 통해 구축된 발견적 모델이다. 그러나 그러한 코퍼스에서 최적의 텍스트가 나오지 않을 수도 있다. 일천 개의 사용 설명서로 구성된 무작위 샘플이라고 해도 여기에서 반드시 가장 효과적이고 이해가 용이하며 잘 구성된 설명서가 나온다는 보장은 없다. 최적의 텍스트는 해당 텍스트 범주에 전형적인 모든 특징과 해당 텍스트의 기능을 강화하는 역할을 하는 모든 특징을 가진 코퍼스에서 텍스트를 선택함으로써 생성시킬 수 있다. 이러한 특징들의 선정은 심리적, 인지적, 혹은 교육적 기준에 의해 유도될 수 있을 것이다.

번역자에게 최적의 텍스트가 길잡이가 되고 본질적 의미나 연관성의 소실 없이 텍스트의 기능이 개선될 것임이 확실한 상황이라면 방법의 격률을 따라야 한다. 그러한 발견적 텍스트를 이용할 수 없다면, 그리고 번역자가 텍스트에 변형을 가함으로써 텍스트의 의도성과 기능에서 이탈한다면 번역자는 방법의 격률을 단념해야 한다. 예컨대 정치적 연설문에서는 모호한 말에 중요성이 부여될 수 있고 완곡한 논리에 목적이 있을 수 있다.

L2 텍스트에 대한 기대로 인해 원천텍스트의 텍스트적 배치를 변경할 필요가 있는 상황들이 있다. 원천텍스트가 이상적인 것으로 생각될 때에도 이러한 경우가 있을 수 있다. 영어 광고는 독일어로 번역될 때 대폭적인 변화가 있게 된다. 다른 언어로 효과적인 광고 카피를 만들고 싶은 번역자는 번역 이상의 어떤 것을 해야 한다. 즉 번역자는 카피를 '공동 작성co-write'한다. 해당 텍스트는 L2 텍스트의 요건과 문화적 요건에 맞도록 완전히 개작된다. 단순히 재창조되는 것이 아니다. 심지어 유사한 메시지를 전달하는 새로운 텍스트일 수도 있다(Harris 1983, 129). 제시 방법은 완전히 변화하지만 의도성은 보존된다.

"트윈베드twin bed" 마케팅 기법으로 인해 광고 번역은 극단적인 예일 수 있다(Bouchard 1960). 번역을 통한 재구성과 변경은 대부분 이보다는 절제되어 있고 상당히 선택적이다. 번역자에게 방법의 격률이 갖는 중요성은 이것이 L2 텍스트 구성요소에 대한 끊임없는 평가를 요구한다는 점이다. 번역자는 이러한 구성요소들이 L1 발신자의 메시지를 효과적으로 전달하는지 판단해야 한다. 그러나 아직 답이 제시되지 않은 의문점이 몇 가지 있다. 번역자는 어떻게 잠재적 L2 텍스트 요소를 합당하게 평가할 수 있을까? 원천텍스트의 구조가 항상 신뢰할 만한 길잡이가 아니라면 어떻게 가장 효과적인 텍스트를 구성할 수 있을까?

상황성

Grice의 네 가지 격률은 번역자에게 유용한 지침이다. 하지만 협력의 원칙은 용인 가능한 번역을 생산하는 데 충분하지 않다. 용인성, 수용 의도성, 협력은 번역자나 텍스트 생산자가 잠재적 텍스트의 사회적 맥락과 화용적 맥락을 상정했다는 것을 가정한다. 텍스트는 항상 서로 구분되는 소통적, 사회적 환경에 위치해 있다. 텍스트의 '상황성'은 텍스트성의 주요 구성요소이다. 상황성은 실제 시공간에서의 개별 사회문화적 맥락 내 텍스트의 위치이다. 상황성을 인식하고 이를 적절히 처리하는 것이 번역자의 주된 책임 중 한 가지이다.

번역자는 자신이 번역하는 메시지의 수용 맥락을 이해해야 한다. 번역자는 의사소통 상대방과 이들의 태도를 알고 있어야 한다. 번역자는 텍스트 내 정보에 대한 의사소통 상대방의 필요성과 이들이 그 정보를 어떻게 활용하려고 의도하고 있는지 파악하고 있어야 한다. 번역자는 수용하는 언어 공동체의 사회적, 정치적, 경제적 상황에 대해서도 무언가 알아야 할 수 있다. 텍스트 생산자는 대개 자신의 텍스트가 활성화되는 상황을 이해하고 있다. 면대면 대화에서 상황을 평가하기 위한 열쇠는 물리적으로 존재한다. 문어를 사용한 의사소통에서 텍스트 생산자는 전형적인 수용 상황을 예측하며 그러한 예측을 염두에 두고 텍스트를 구성한다. 번역에서는 그러한 텍스트에 변형이 가해진다. 번역 텍스트는 L1 저자가 전혀 의도하지 않은 상황에서 활성화될 것이다.[28] 번역자는 L1 수신자이자 L2 발신자 역할을 동시에 수행하는 조정자이다.

번역은 L1 상황을 위해 생산된 지식을 L2 상황에 맞게 조정한 L2 텍스

---

28) 그 예외는 통역이다. 통역의 경우 발신자가 대개 사회적 상황의 고유성을 의식하고 있다.

트로 전이되도록 한다. 상황성은 텍스트성에 있어서 중요한 문제이다. 번역이 성공적이려면 번역을 필요로 하는 상황이 있어야 하고 '번역 필요성'이 있어야 한다. 소위 '번역 불가능성untranslatability'의 학문적 예 다수는 사실 수용 상황이 존재하지 않는 텍스트의 예들이다. 이러한 예들을 근거로 한 논쟁은 별 의미 없는 학문적 활동이다. 상대성 이론에 대한 책이 왜 호주 원주민의 언어로 번역되어야 하나? 아주 구체적인 지역 뉴스가 왜 국제 뉴스 보도를 위해 번역되어야 하는가? L1 텍스트 다수는 소수를 대상으로 하며 지역 상황 의존적인 지식을 언급한다. 왜 이러한 지식이 그러한 지식을 필요로 하지 않고 그에 대한 욕구나 흥미가 없는 L2 사용자에게 전달되어야 하는가? 상황을 머릿속에 그릴 수 있게 되면(그리고 L2 사용자가 L1 텍스트를 "필요로 하는" 무수히 많은 이유가 있을 수 있다) 바로 번역의 문제 해결 과정이 개시될 수 있다. 번역의 필요성, 동기, 혹은 목적은 번역의 상황성을 규정한다. 목적은 번역이 수행되는 방법에 영향을 미친다. 번역의 상황성은 원천텍스트의 상황성과 결코 동일하지 않다. 상황성이란 텍스트의 수신자 지향성과 관련한 속성이다. 번역자는 잠재적 텍스트의 상황성을 예측할 책임이 있다.

앞서 필자는 번역이 문제 해결 활동이라고 말한 바 있다. 번역은 해결을 기다리는 문제이다. 문제 해결은 그러한 과정이 달성해야 할 목표 상태가 있다는 것을 가정한다. 텍스트는 특정한 수용 파트너를 대상으로 하며 번역도 대상이 있어야 한다. 목표 상태가 정의되고 나면 번역자는 그러한 목표 상태를 달성하는 데 이용될 수 있는 전략들을 선택할 수 있다. 번역의 동기는 결정적으로 번역 과정을 형성시킨다. Beaugrande와 Dressler가 단일 언어 담화를 언급하면서 사용하는 술어 '상황 관리situation management'는 텍스트가 수신자의 목표를 향하게끔 하는 번역자의 조정 노력에도 적용될 수 있다 (Beaugrande and Dressler 1981, 168). 상황 관리는 번역에 대한 역동적 모니터

링으로서 번역이 수신자와 수신자의 니즈에 맞게끔 이끄는 역할을 한다. 상황 관리는 문제 해결의 구체적인 형태이다. 텍스트의 상황성은 텍스트 생산자나 번역자가 수용 상황에 대한 예측을 활용하여 고려하는 일단의 화용적 매개변수로 생각될 수 있다. 상황을 관리한다는 것은 예측된 화용적 매개변수들을 텍스트 생산 과정에서 고려하는 것이다.

번역을 시작할 때 전문 번역자는 유사한 텍스트와 유사한 수용 상황에 대한 과거 경험에 의존한다. 의사소통 공동체에는 텍스트적 상황들의 경험적 집합체가 널리 퍼져있다. 이러한 각각의 집합체는 고유한 특징들을 갖는다. 이러한 텍스트적 상황들의 일부는 많은 사람들이 이해하고 있고 심지어 명문화되어 있기도 하다. 이런 것들은 별개의 '상황 유형situation type'들이다. 예컨대 특허증 번역은 매우 구체적인 기술이다. 특허권을 취득하는 사물은 무한정 다양하겠지만 경험 많은 번역자는 특허가 관계되는 상황이 꽤 제한적이고 매우 규범적이라는 것을 이해한다. 특허와 관련한 사회적 역할(변리사와 디자인 엔지니어)의 수가 제한적이고 해당 텍스트가 사용되는 사회적 상황의 수도 제한적이다. 이렇게 극단적으로 규범적인 상황은 기본적인 국제 특허증서의 구조에 규정되어 있다(Lawson 1983). 번역자는 그러한 특허증서의 구조를 길잡이로 삼아 영어, 불어, 독일어 특허증으로 번역할 수 있다. 특허증 번역은 상황 유형의 개념을 보여준다.[29] 상황 유형은 관례화된 상황들이다. 특허증 번역은 그 규범적인 성격으로 인해 국제 특허 협약 상 법적 효력이 있는 문서로 취급된다. 전문가들은 자주 특허 번역물을 참고한다. 특허증의 원본을 참고할 필요가 없기 때문이다. 표준화로 인해 번역자가 느끼는 문제 해결의 복잡성이 감소하였다. 이 경우는 텍스트의 목적, 각 텍스트 사용자의 니즈와 배경, 전달될 정보의 종류가 완전하게 이해되는 경우이기 때문에 표준화가 가

---

29) 상황 유형과 텍스트 유형 간 관계는 텍스트 유형과 원형에 대한 논의에서 다시 다룬다.

능하다. 표준적 텍스트 유형은 해당 텍스트의 상황성이 표준화의 주체에 의해 완전하게 이해될 때에만 정의하는 것이 가능하다. 표준화는 번역자가 전적으로 타당한 L2 텍스트를 생산할 수 있게 한다. 이러한 텍스트들의 용인성과 연관성은 보장된다(Beaugrande and Dressler 1981, 179).[30] 이렇게 쉽게 타당성을 인정받는 경우는 대다수 번역물에서 일반적이지 않은 일이다.

텍스트 다수는 공통된 상황성을 갖는다. 이러한 점은 문화와 언어를 달리해도 마찬가지일 수 있다. 텍스트 일부는 국제적 표준화로 인해 상황성을 공유한다. 다른 어떤 텍스트들은 사실상 합의에 근거한 표준화를 이루었다. 과학 및 기술 분야 문헌이 이 영역에 속한다. 정치적 글과 신문의 사설 같은 다른 텍스트들은 문화 간 공유하는 특성들이 적다. 이들 텍스트의 경우 이데올로기, 가치 체계, 계급 구조, 성 정체성 등의 차이점 때문에 번역자가 번역할 때 상황을 관리하기 매우 어려워질 수 있다. 번역은 L1 텍스트의 상황이 L2 텍스트의 상황과 유사할 때 항상 더 쉽다. 이런 경우 해당 상황은 L2 문화에 이미 존재한다고 말할 수도 있다. 그리고 번역자의 일반적인 전략은 그 텍스트를 새로운 상황에 맞게 조정하는 것이다. 조정調整, adjustments은 명시화, 압축, 재표현, 텍스트적 재배치textual rearrangement를 포함하여 다양한 번역 절차와 관련될 수 있다. 이러한 리스트에 모든 절차가 망라된 것이 아니다. 이러한 변경은 텍스트를 쓸 데 없이 손보는 것이 아니라 새로운 상황에서 텍스트의 의도성과 기능성을 보존할 필요성이 동기가 된 것이다. 이러한 동기는 기술적 텍스트는 물론 문학적 텍스트에도 적용될 수 있다.

---

30) 그러한 L1 텍스트와 그 번역의 피통제성과 연관성을 보여 주려는 초기의 시도에서 이러한 상황 유형은 "화용 유형pragmatic types"(Neubert 1968)이라는 제목 하에 분류되었다. 이와 같은 중요한 번역 현상을 재분류하는 것은 중요하지만 이질적인 다양한 현상에 대한 포괄어로 사용된 화용론 pragmatics 개념의 유감스러운 모호성 때문이다. 상황성 개념이 더 응축된 분류의 토대를 제공한다.

Candace Séguinot은 *Le Monde* 지의 저널리즘 텍스트에 대한 영어 버전에서 요구되는 상황적 변경situational modifications을 연구하였다. *Guardian Weekly*에 게재된 이 텍스트들에 대한 고찰에서 저자는 자신이 "주어진 생각을 특정한 언어 형태로 표현하는 한 언어의 성향 때문에 발생하는 차이점들"(Séguinot 1982, 152)에는 전혀 흥미가 없다고 명시적으로 말했다.

Séguinot의 목표는 "의사소통 상황의 변화에서 발생하는 것이 분명한"(Séguinot 1982, 153) 차이점들을 연구하는 것이었다. *Le Monde*는 프랑스 지성인들의 입맛에 맞게 글을 쓴다. *Le Monde*는 국내의 관심사를 다루는 국내 신문이다. *Guardian Weekly*는 *Le Monde*와, 영국의 *Guardian* 지, 미국의 *Washington Post* 지를 포함하여 여러 곳에 실린 기사를 게재한다. *Guardian Weekly*는 영어를 사용하는 외교관, 기업가, 그리고 영어를 아는 여행자 등 주로 다국적 독자층을 대상으로 한다. Séguinot은 1981년 10월과 11월에 *Guardian Weekly*에 게재된 열 개의 *Le Monde* 기사를 고찰하면서 원천텍스트의 목표 버전 간의 차이점을 175가지로 기술하였다(Séguinot 1982, 159). 모든 경우 변경은 L2 독자의 텍스트적 정보에 대한 접근성을 제고하기 위한 목적을 띤 L2 텍스트의 상황별 개작situational adaptations이었다. 아래는 그러한 변경의 기능적 범주이다.

1. 가독성 또는 명시성 제고를 위한 변화: 50 퍼센트
2. 목표독자에 맞춘 개작: 21 퍼센트
3. 감정적 언어와 비유적 언어 감소: 21 퍼센트
4. 객관성 제고를 위한 수정: 4 퍼센트
5. 언론계 문체 감소: 4 퍼센트

목표텍스트의 상황별 개작은 번역자에게는 복잡한 문제이다. 번역자는 명백히 텍스트를 목표 상황에 맞도록 개작할 필요가 있지만 목표 상황에 대

한 번역자의 지식은 종종 한정적이다. 정보에 바탕을 둔 의사결정 대신 식자識者의 현명한 추측만 있는 경우도 있다. 하지만 어떤 변경이 필요하고 어떤 변경이 필요 없는지에 대한 객관적 이해가 요원하더라도 상황성 개념은 번역자에게 여전히 핵심적 사항이다. 상황성은 번역자가 알아야 하는 모든 것을 원천텍스트가 제공한다고 번역자가 가정하지 않도록 한다. 상황성은 번역자가 L2 독자를 당연시하지 않도록 한다.[31]

번역학자는 상황성을 연구하는 일에 철저해야 한다. 본서에 기술된 바와 같은 경험적 연구는 구체적인 L1 및 L2 상황들이 쌍을 이룰 때 필요한 변경들의 범위와 일반적인 성격을 규명하는 데 도움이 될 수 있다. 이러한 연구를 통해 번역과 개작적 편집adaptive editing 간 경계가 모호하다는 것이 밝혀질 가능성이 높다. 특히 법률 텍스트와 상업 텍스트, 기술 텍스트에 속하는 다수의 텍스트 종류에 있어서 (동형同形이라는 의미에서의) '상황적 등가situational equivalence' 규칙이 마련될 수 있다. 이러한 규칙들은 언어 쌍들의 체계 차이에 의해 요구되는 전위를 위해 우리가 수용하는 규칙들과 유사할 것이다.

정보성

상황성, 의도성, 용인성은 텍스트성의 세 가지 결정적 특징이다. 더 나아가 이 특징들은 번역의 세 가지 결정적 변수이다. 텍스트의 네 번째 특징은 '정보성informativity'이다. 의사소통 상황이란 정보의 전이가 발생하는 맥락을 말한다. 우리는 텍스트가 전에 존재하지 않던 지식이나 깨달음을 제공하면

---

31) 번역 과정에서 상황성이 하는 역할은 백여 년 전에 Jacob Grimm이 고찰한 바 있다. "번역한다는 것은 배로 건네주는 것put over, 즉 'traducere navem'를 의미한다. 누구든 항해를 하려는 사람, 돛을 모두 달고 배로 미지의 해안가로 가려는 사람은 또 다른 바람이 불고 있는 또 다른 땅에 도달하게 되는 것에 놀라지 않아야 한다"(Albrecht Neubert의 번역에 기초를 둠).

그 텍스트가 정보적이라고 말한다. 즉 텍스트가 우리에게 새로운 것을 아무 것도 알려 주지 않으면 그 텍스트의 정보 컨텐트가 부족한 것이다. 번역 과정에 있어서 정보성은 번역물이 L1 이벤트, 상태, 과정, 사물, 개인, 장소, 기관에 대해 L2 독자에게 제공하는 정보의 척도이다. 본래의 정보 원천은 L1 독자를 대상으로 의도된 L1 텍스트였다. 번역은 보통의 상황이라면 자신의 상태에 대해 서로에게 정보를 줄 수 없는 발신자와 수신자 간 정보 채널을 개방한다. 상황성과 정보성 간에는 밀접한 관계가 있다. 유사한 상황성을 제시하는 L1 텍스트와 L2 텍스트는 종종 유사하게 정보적인 경우가 있다. 두 텍스트는 각각의 독자들에게 동일한 종류의 지식을 전달할 것이다. 상황성은 정보에 대한 필요성을 결정한다. 상황은 전이되어야 하는 컨텐트를 결정한다. 색스니Saxony 지방에서 자전거를 조립하는 한 여성과 오하이오Ohio 주에서 자전거를 조립하는 한 남성은 상황을 공유한다. 이러한 상황은 이 두 사람의 정보에 대한 필요성을 좌우하고 정보 전달 방식에 영향을 준다. 문화의 차이가 상황의 한 국면을 이루므로 그렇다고 해서 두 경우에 전달 방식이 동일할 것이라는 말은 아니다.

상황성 및 정보성 측면에서 해당 번역물과 유사한 텍스트가 L2 문화에 존재한다. L1 텍스트와 L2 텍스트의 정보성이 동일하다면 번역은 필요하지 않다. 기존의 L2 텍스트가 번역물이 충족하게 될 목적과 동일한 목적을 충족한다. 공통된 상황성과 '유사한' 정보성은 소위 '병렬텍스트parallel texts'의 정의이다. 병렬텍스트는 다소 동일한 의사소통 상황에서 사용되며 유사한 정보성을 가진 L2 텍스트와 L1 텍스트이다.32) 진정한 병렬텍스트는 과거에 행한 번역의 결과물이 아니라 병렬 진화parallel evolution 과정의 결과물이다. 병렬텍

---

32) 병렬텍스트는 결과로서의 번역을 살펴보면서, 그리고 '상호텍스트성'이라는 제하에서 다시 다룬다.

스트는 비교 가능 상황comparable situations에서 관심이 합치되고 이를 충족할 유사한 문화적 필요성에서 생겨난다. 미국에는 법적 계약서, 특허증, 업무 서신, 극장 프로그램, 컴퓨터 사용설명서가 있다. 그리고 독일, 프랑스, 중국에는 동일한 종류의 상황에서 동일 종류의 텍스트가 존재한다.

병렬텍스트는 번역자의 가장 중요한 툴tool 중 한 가지이다. 병렬텍스트는 목표텍스트의 구성에 있어 직접적인 길잡이가 될 수 있다. 병렬텍스트는 번역물이 보유해야 할 특징을 대부분 내보인다. 이러한 텍스트는 원래 목표 문화 텍스트 세계의 구성원인 '토착 텍스트native texts'이며, 해당 번역물이 지향해야 할 이상을 표상한다. 좋은 번역물은 일종의 병렬텍스트가 될 수 있다. 모방이 완전하다면, 그리고 텍스트가 토착 텍스트와 구분이 불가능하게 생산된다면 그 번역은 컴퓨터 공학에 빗대자면 튜링시험(Turing Test: 1950년 앨런 튜링Alan Turing이 고안해낸 것으로 컴퓨터의 사고 능력을 판정하는 시험 [역주])을 통과한 것이다.

번역자는 병렬텍스트의 선정에 있어서 비판적이어야 한다. 병렬텍스트 수집은 번역 실무의 중요한 일부이다. 텍스트를 무비판적으로 수집하면 번역자가 부적절한 사례를 활용하게 될 수 있다. 어떤 텍스트가 번역자가 의도한 번역과 유사하다는parallel 사실이 모든 병렬텍스트가 동등하게 생성되었다는 것을 의미하지는 않는다. 번역자의 작업을 위한 수집 대상으로서 용인되는 텍스트는 최적의 사례여야 한다. 번역자는 텍스트를 선정하는 데 있어 어떤 것을 길잡이로 삼을 수 있을까? 다양한 텍스트 종류에 대해 양식 지침서와 글쓰기 교본이 나와 있다. 이러한 책들은 문체, 통사, 구성, 상황을 다룬다. 번역자는 자신이 수집한 병렬텍스트를 평가하는 데 이러한 지침서에서 제시되는 조언을 활용해야 한다. 이러한 양식 자원stylistic resources은 그 자체로 '특별한 발견적 텍스트heuristic texts'이다(Shreve 1992).

텍스트의 정보성은 언어적 표층에 의해 표현되는 의미론적 관계들의 패턴과 연계되어 있다. 정보성은 텍스트에 의해 전달되는 '어떤 것'의 함수이며 텍스트의 실질적인 지식 컨텐트의 함수이다. 번역자의 임무는 L2 사용자가 L1 원문에 있던 것과 동일한 지식 컨텐트를 텍스트에서 추출할 수 있도록 언어적 표층을 생성시키는 것이다.[33] 이것은 복잡한 문제이다. 언어적 표현들을 통해 정보 구조를 텍스트적으로 처리하는 문제는 번역 연구에서 가장 어렵고 파악이 힘든 분야 중 하나이다.[34] 번역자는 번역된 텍스트에 부호화되어 있는 지식을 L2 사용자가 추출할 수 있도록 하는 조건들을 생성시키려 한다. 이러한 조건들은 해당 텍스트의 상사물相似物이 L2 공동체에 없으면 달성하기 힘들 수 있다. 등가적인 텍스트적 상황이 존재하지 않으면 병렬텍스트도 존재하지 않는다. 번역자가 L1 의사소통 공동체의 사회적, 문화적, 이데올로기적 배경에 정통하다고 해도 번역자가 텍스트에 담긴 지식을 전달하는 것이 어려울 것이다. 이 경우 L2 공동체가 번역되고 있는 종류의 텍스트에 대한 경험이 없다는 사실을 보상하기 힘들다.

번역은 텍스트의 정보성의 순서를 변형시키거나 재배분한다(Beaugrande and Dressler 1981, 141-146). 이것은 언어적 차이 때문에 표층적 요소들을 재배열하는 문제만을 의미하지 않는다. 재배분은 다양한 프레이밍 체계가 추출 과정에 미치는 영향 때문에 필요하다. 번역자는 L2 독자가 자신이 들은 것 또는 읽은 것에서 이끌어 낼 결론들을 항상 확신할 수는 없다. 원

---

33) 텍스트적 "컨텐트" 개념을 분석하려면 제4장에서 텍스트적 의미를 더 자세하게 다룬 부분을 읽어 볼 것.

34) 담화 이해에 관한 문헌들은 너무 이질적이어서 이를 개관하는 것은 거의 불가능하다. Clark & Clark(1977)의 책은 일반적인 수준의 개론서를 표방하지만 이미 구시대적이다. 더 최근에 논문을 엮어 나온 책으로 Joshi, Webber, and Sag(1981)가 있다. Just & Carpenter(1977)의 편저도 있다. 텍스트 이해는 언어에 대한 학제적 접근을 전문으로 다루는 학술지의 중심 화제가 되었다. *Journal of Pragmatics, Text, Discourse Processes* 참조.

문에서 정보성 순위가 매우 낮은 텍스트 분절이 L2 버전에서는 정보성 순위가 매우 높을 수 있다. 한 텍스트에서 연관성이 있는 것이 다른 텍스트에서는 하찮은 것으로 생각될 수도 있다. '정보성 순위order of informativity'는 텍스트 내 정보 단위의 '의의significance'를 재는 척도이다. 이러한 척도는 텍스트 내 다른 정보 항목에 상대적이다. 정보성은 해당 독자에게 해당 정보가 갖는 중요성importance의 척도인 연관성과 구분되어야 한다. 정보의 중요성이 제대로 인식되지 않는다면 번역자는 정보를 목표텍스트에 전이시키기 위해 많은 노력을 낭비한 셈이 될 수 있다. 번역자는 (상호지식의 차이가 그리 크지 않으면) L2 상황에서 연관성을 가짐에 틀림이 없는 L1 텍스트의 아이디어들에 L2 사용자의 주의를 환기시키는 텍스트적 장치들을 활용함으로써 종종 이 문제를 해결할 수 있다. 하지만 이러한 전략을 통해 이 문제를 완전하게 해결할 수는 없다. 때때로 L2 독자는 자신이 읽고 있거나 듣고 있는 것의 중요성을 인식하는 데 필요한 배경 지식을 보유하지 않는 경우가 있다. 독자는 전문적인 텍스트를 읽는 보통의 독자이거나 비전문가로서의 독자일 수 있다.[35] L1 텍스트에 내포되어 L2 텍스트로 전이되는 연상 네트워크는 재조합이 불가능하다. L2 사용자가 그 네트워크의 요소와 그 요소 간 관계를 인식하지 못하기 때문에 재구성의 길이 막혀 있다. 번역자가 각주를 삽입하거나 역주를 제공함으로써, 혹은 설명적 환언을 하여 개입해야 할 수도 있다. 번역자는 추가 정보를 제공함으로써 L2 독자가 '정보의 문턱'을 넘게 한다. 정보성은 이미 텍스트에 있는 정보를 전이시키는 기능만을 의미하지 않는다. 이상적으로는 번역자의 개입 사실은 독자들에게 알려지지 않는다. 번역자는 난해하여 알 수

---

35) "보통의average" L1 사용자라는 개념은 일반화에 해당한다. 해당 공동체에는 일반 지식과 전문 지식의 단계가 있게 마련이다. 여기에서는 인물, 사물, 이벤트, 상태, 과정에 대한 핵심 지식을 공동체의 모든 구성원이 공유할 가능성 때문에 이 술어가 사용되었다.

없는 L1 텍스트 일부를 삭제했을 수도 있다. 매끄럽게 텍스트에 짜 넣은 환언은 구분되지 않는다.

때때로 번역에서 정보 전이는 언어적 표층에서 차단된다. 어휘 항목들의 친숙한 등가물이 L2에 없기 때문일 수 있다. 등가물이 존재할 수도 있지만 그 등가물은 사뭇 다른 지식 프레임에 결부되어 있다. 영국의 한 일간지에서 발췌한 아래 기사와 독일의 신문 독자들을 위한 번역에서 발생한 번역상의 문제를 살펴보자(1983년 9월 20일자 *Morning Star*).

Row mars Gavaskar Test hundred
[언쟁이 망쳐 버린 Gavaskar의 테스트매치 헌드레드]

Indian opener Sunil Gavaskar moved within one century of Sir Donald Bradman's world Test record of 29 hundreds as the first Test against Pakistan finished on a sour note yesterday.
[국제 크리켓 매치의 첫 번째 경기인 대 파키스탄전이 어제 논란 속에 끝난 가운데 인도의 오프너 Sunil Gavaskar가 Donald Bradman 경의 세계 기록인 29 헌드레드와의 격차를 한 센추리 이내로 좁혔다.]

Gavaskar hit an unbeaten 103 in an unbroken first wicket stand of 176 with Anshuman Geakwad before the game ended in a predictable draw.
[Anshuman Geakwad와 함께 첫 번째 위킷이 넘어지기 전까지 기록한 176점 중 Gavaskar가 기록적인 103점을 때려낸 후 경기는 예측된 바와 같이 무승부로 끝났다.]

It was the prospect of Gavaskar scoring his 28th Test century which led to controversy. At the end of the 14th over of the mandatory 20 in the final hour, Gavaskar was 87 not out and Pakistan captain Zaheer Abbas led his team off the field...

[논란을 빚은 것은 Gavaskar가 28번째 테스트매치 센추리를 기록할 수 있는지였다. 마지막에 의무 20 오버 중 14번째 오버가 끝날 무렵 Gavaskar가 낫아웃 87점을 기록한 상태에서 파키스탄 주장 Zaheer Abbas 는 팀을 이끌고 경기장을 떠났다.]

Eventually, the Pakistan team trooped out to play the remaining six overs and it was from the first ball of the final over that Gavaskar reached his hundred...

[결국 파키스탄 팀은 나머지 여섯 오버를 진행하기 위해 나왔고 Gavaskar가 ... 헌드레드를 기록한 것은 마지막 오버의 첫 번째 투구에서 였다.]

It was only after 10 overs of the final 20 overs had been bowled that Gavaskar made any serious efforts to get his century before time ran out. He was 64 not out at this point...

[Gavaskar가 경기 시간 종료 전에 센추리를 기록하려고 전력을 다한 것은 마지막 20 오버의 10오버가 진행된 이후였다. Gavaskar는 이 시점에서 낫아웃 64점을 기록 중이었다.]

번역자는 영어 용어 대부분에 대해 독일어 등가물을 제시할 수 있다.

1. Test hundred: *hundert Läufe in einem internationalen (Kricket) Vergleichskampf*

2. opener: *erster Schlagmann*

3. century: *hundert (oder mehr) Läufe*

4. hit an unbeaten 103: *ungefochten 103 Läufe, d.h. Punkte machen*

5. an broken first wicket stand: *Nichtausscheiden des zweiten Schlagmanns am Dreistab, d.h. am Kricketmal*

6. over: *Satz von 6 Bällen*

7. mandatory 20: *20 Pflichtsätze*

8. 87 not out: *87 Läufe/Punkte ohne ausgeschieden zu sein*

일반인들에게는 난해하기 짝이 없는 크리켓 용어들을 더 일상적인 독일어 구성과 연결시키면 이해가 상당히 쉬운 독일어 텍스트가 생산된다. 보통의 L2 독자도 세계 기록에 근접한 인도 출신의 크리켓 선수라는 요지를 대충 파악할 수 있다. 하지만 이들은 관련성 있는 여러 가지 세부 사항은 알 수 없을 것이다. 마지막 문단의 번역이 이런 점을 보여준다.

Erst nachdem 10 der letzten 20 Sätze gespielt waren, unternahm Gavaskar ernsthafte Anstrengungen, vor Ablauf der Zeit seine Hundert zu erreichen. Zu diesem Zeitpunkt hatte er es auf 64 gebracht.

[마지막 남은 20세트 중 10세트가 진행되고 나서야 Gavaskar는 경기시간이 끝나기 전에 헌드레드에 도달하기 위해 진지하게 전력을 다했다. 그 시점에 그는 64점까지 끌어올렸었다.]

일반적인 독일의 독자라면 이 상황이 어떻게 일어날 수 있는지 궁금할 것이고 마지막 문단의 내용 대부분이 이해 불가라고 단정해 버릴 수도 있다. 이것이 번역상의 문제라기보다 상호지식의 문제라고 주장하는 사람도 있을 수 있다. 물론 상호지식을 평가하는 것은 번역자의 주된 책무 중 하나이다. 번역자는 자신의 독자가 알고 있는 바를 가정해야 한다. 크리켓의 규칙을 공부했고 오프너(opener: 경기를 시작하는 타자[역주])와 테스트매치(Test match: 국가 대항 크리켓 경기[역주])에 대한 전문가인 독일어 독자가 어딘가 있을 수도 있다. 그러나 해당 텍스트가 신문 기사라는 사실을 생각할 때 L2 텍스트의 독자 대부분이 크리켓과 크리켓의 문화적 배경에 대해 잘 알지 못할 것이다. L2 독자의 지식 부족은 번역상의 문제이다. 번역자는 공간이 허락하는 한 추가적인 정보를 제공할 수 있다. 번역자는 도널드 브래드먼 경이 언제 어디서 29 헌드레드(hundreds: 한 이닝inning에 기록한 센추리century, 즉 100 run를 의미하는 구어적 표현[역주])를 획득했는지 L2 독자들에게 설명해 줄 수 있고, 이러한 위업이 의미심장하다는 점을 전체적인 크리켓 경기들의 맥락에서 귀띔해 줄 수 있다. 그럼에도 불구하고 L2 텍스트의 정보성은 종종 L1 텍스트 정보성의 근사치에 불과하다. L1 텍스트에 의해 전달되는 정보가 L2 사용자의 처리 자원processing resources이 감당할 수 있는 수준을 초과하면 번역자는 예상치 못한 항목을 맥락화하거나 이를 더 친숙한 요소로 대체해야 한다. 그러한 절차는 '테스트매치'에 대해 'Internationaler Kricket-Vergleichskampf zwischen Ländern des Britischen Commonwealth[영연방 국가 간 세계 크리켓 비교매치]'를 사용한 것과 같이 어려운 낱말과 어구를 찾는 일에 국한되지 않는다. 이러한 절차에는 텍스트 내 정보성의 관계들을 더 명시적으로 만드는 것과도 관련된다. 마지막 문장을 'Am Ende Fehlte dem Inder Gavaskar noch ein Hunderter von den historischen 29 Hunderten, die der Australier Sir Donald Bradman 1930 erzielt hatte 마지막에 Gavaskar[Gavaskar에게는 호주 출신의 도널드 브래드맨 경이 1930년에 기록했던 29 헌드레드를 따라잡기에 하나가 부족했다]'로 번역한 것이 서두의 문단에 대한 지시를 활성화시키고 있다. 이 번역은 L2 독자를 위해 기사의 주제를 강조하고 번역에 의미론적 연속성을 부여하고 있다.

응집성

텍스트의 의미 구조에 대한 변경들은 텍스트성의 다섯 번째 결정 요인인 응집성과 관련이 있다. 텍스트의 정보 컨텐츠는 임의로 발신되는 의미양자가 아니다. Grice의 방법의 격률과 관계의 격률은 정보 컨텐트에 부여되는 순위order가 있다고 말하고 있다. 이러한 질서는 텍스트 내 정보 단위 간 의미적 연결들을 규정하는 논리 구조이다(Beaugrande and Dressler 1981, 84). 응집성은 텍스트의 정보 컨텐츠가 그러한 논리 구조를 가지고 있을 때 그 텍스트가 띠는 속성이다. 응집성은 언어적 공존성에 의해 생성되는 연상 구조의 속성으로도 볼 수 있다. 텍스트 기반 번역은 원천텍스트와 기능적으로 병렬적인 응집성을 목표텍스트에서 재구현하려 시도한다. 대개 축어적인 문장 대 문장 번역을 활용하면 번역자는 응집성을 재구현하지 못한다. L2 응집성은 L2 텍스트의 표층에서 발생하는 변경을 판단하기 위해 번역자가 원문의 응집 구조에 대하여 이해한 바를 활용함으로써 재생성되어야 한다.

'Row mars Gavaskar Test hundred'라는 텍스트에서 응집 구조는 크리켓에 대한 심도 있는 지식이 없는 독자들에게도 상당히 투명하다. 독자들이 점수를 내는 능력에 의해 승리가 좌우되는 일반화된 구기 종목 프레임을 떠올리도록 유도된다고 가정하면 점수의 변동을 추적함으로써 응집성 연쇄coherence chain가 구성될 수 있다. 이 텍스트의 논리 구조는 시간적 관계들(크리켓 경기의 진행)과 그 진행 과정에서 특정 시점의 점수에 대한 지시의 조합에 의해 도출될 수 있다. 예컨대 첫 문단의 선언 'Gavaskar moved within one century... of 29 hundreds(Gavaskar kam fast an das 29. Hundert heran)은 그 경기의 최종 결과에 대한 지시이다. 이 진술은 텍스트의 주제를 표현하고 있다. 두 번째 문단에는 이러한 선언의 구체화로서 경기 마지막의 최종 점수를 자세히 설명하는 'Gavaskar hit an unbeaten 103...'이 있다. 세 번째 문단은 경기 종료 시점(경기 결과가 이제 독자에게 알려져 있다)에서 경기가 진행되고 있던 시점인 'the prospect of Gavaskar scoring his 28th Test century(Gavaskar war drauf und dran, sein 28. Hundert vollzumachen)'으로 이행한다. 경기 진행은 또 다른 구체화인 'the end of the 14th over of the mandatory 20... in the final hour(am Ende des 14. Satzes der regularen 20 Sätze... der letzten Stunde)'에 나타나 있다. 이 시점에서 'Gavaskar was 87 not out(Gavaskar hatte bereits 87 Punkte gesammelt)'와 같이 점수의 변동이 지시된다. 그러고 나서 저자는 표제에서 언급된 주제 중 한 가지인 'Gavaskar Test hundred'를 '망친mar' '분란row'을 소개한다. (상기 예에서는 생략된) 네 개의 문단 이후 'Eventually the Pakistan team trooped out to play the remaining six overs(die ausstehenden sechs Sätze)'에서 다시 응집성 연쇄구조가 연결된다. 'remaining six overs'라는 어구는 이전 시간대의 장면인, 경기가 중단된 '14th over of the mandatory 20'를 다시 언급하고 있다. 그 다음에 나오는 절 'and it was from the first ball of the final over that Gavaskar reached his hundred(mit dem ersten Ball im letzten Satz erzielte er seine hundert Läufe)'는 경기(in the final or 20th over)의 진행을 나타내며 첫 번째 문단에서 테마 지시표현을 가져왔다. 'reached his hundred'라는 어구는 'Gavaskar moved within one century... of 29 hundreds'에서와 같이 첫 번째 문단에서 연관성 있는 주제로 소개된 28번째 헌드레드에 대한 지시이다.

응집성 있는 텍스트에는 텍스트에서 독자를 안내하는 역할을 하는 기저 논리 구조가 있다. 독자는 이러한 구조를 통해 구체적인 사항에 대한 자신의 무지를 극복하는 데 도움을 얻는다. 이 상황을 낯선 항구에 들어서는 배의 조타수에 비유할 수 있다. 조타수는 여울, 모래톱, 혹은 수면 아래의 암초를 알지 못할 수 있지만 배가 항구에 접안할 수 있도록 돕는 항법장치, 부표, 등화가 있다. 중요한 텍스트 요소들 간 연관성은 L2 독자의 주의를 환기하고 이를 유도할 수 있도록 충분히 뚜렷해야 한다. 응집성 패턴은 일관된 정보 구조의 줄기를 추적한다. 응집성 패턴은 텍스트의 정보성과 의도성을 뒷받침한다. 텍스트 생산자와 번역자는 독자가 인식하고 추출하기를 원하는 정보 구조에 주의를 환기하기 위해 일련의 텍스트 장치와 언어적 장치를 활용한다. 텍스트 생산자와 번역자는 이렇게 함으로써 L2 독자가 해당 텍스트에 대한 정신적 모델을 구성하는 것을 지원한다. Johnson-Laird는 "피험자가 관련 이벤트나 실체가 표상되는 정신적 모델을 구성하여 문장들을 해석하는"(Johnson-Laird 1981, 124) 단일 언어 의사소통에 관해 언급한 바 있다. 번역자는 L2 독자가 정신적 모델을 구성할 수 있는 잠재성을 L2 텍스트에서 재구현하기 위해 목표공동체의 언어 자원과 텍스트 자원을 활용해야 한다. 이러한 모델은 텍스트의 상황성이 동일하다면 텍스트의 L1 독자에 의해 구성된 정신적 모델과 (동일하지는 않더라도) 유사할 수 있다.

개념들을 연결하는 기제인 응집성은 낱말과 구성체가 고립된 상태에서 담고 있는 것보다 더 많은 의미를 갖게 한다. 동시에 응집성은 그러한 요소들에 부여될 수 있는 또 다른 의미들의 수를 감소시킨다. 절차의미론자들 procedural semanticists은 이제까지 의미가 정태적이지 않다고 주장했다. 의미는 구축되는 것이며 텍스트를 읽거나 들을 때 적용되는 과정들의 결과로 나타나는 것이다. Woods에 따르면 "인간의 의사소통은 결정적으로 단지 낱말들과 그러한 낱말들이 포함된 통사적 구조에 의해 전달되는 발화의 의도된 의미보다 훨씬 더 정밀한 이해를 도출하는 수신자의 능력에 의존한다"(Woods 1981, 305). 표상과 과정 사이에, 그리고 어휘적 구성체에 의해 환기되는 정신적 심상과 이것이 텍스트적 환경 내에서 변화한 것 사이에 균형이 이루어진다. 정신적 표상에 대한 연구를 그러한 표상들을 처리하는 과정에서 분리하는 것은 불가능하다(Johnson-Laird 1981, 118).

● 응집성의 결정인자

위에서 응집성에 대하여 살펴본바, 응집성을 생산하는 기제를 고찰하는 일이 남아있다. 개념들을 연결하고 번역자로 하여금 텍스트의 논리적 체제를 갖추도록 하는 텍스트적, 언어적 동인은 무엇인가(Beaugrande 1980, 19)? 텍스트 생산자가 자신의 지식 요소들을 텍스트에 내포시킬 때 응집성의 원료가 공급된다. 텍스트 사용자가 텍스트의 해석을 위해 자신의 지식을 적용할 때는 원료가 더 많이 공급된다. 그러나 응집성은 정보 단위가 아니라 더 크고 더 전역적인 의미 구조들을 생성시키기 위한 개별 정보 요소의 연결이다. 지식 요소들의 구체적 배열과 진행은 텍스트 내에서 실현된다. 텍스트를 읽는 이는 이벤트, 행위, 사물, 상황 같은 별개의 요소들이 더 큰 패턴의 일부로 제시될 때 이와 같은 것들에 대한 지식을 적용할 수 있을 뿐이다. 이와 같이 더 큰 패턴은 지식 영역의 그러한 요소들(행위, 사물, 사건)을 서로 논리적 관계에 놓이게 하는 하나의 명제적 구조로 볼 수 있다. 발화의 기저에는 명제가 있고 텍스트의 기저에는 명제들의 배열이 있다. 번역자가 목표텍스트에서 재생해 내는 것은 바로 이러한 기저의 전역적 배열이다. 응집성은 텍스트가 기저의 (일관된) 명제적 구조를 가질 때 텍스트가 띠게 되는 속성이다.

앞서 살펴 본 크리켓 텍스트에서 시간적 관계들과 부분 관계partitive relationships는 전역적인 명제의 배열을 구축하는 데 중요한 역할을 한다. 각각의 개별 발화가 갖는 의미는 언어적 장치들을 활용하는 다른 발화들과 관련이 있다. 어휘 항목과 언어적 구성체는 기저의 체제가 정한 요건에 합당하기 때문에 선택된다. 'At the end of the 14th over of the mandatory 20, the Pakistan team trooped out to play the remaining six overs'와 'it was only after 10 overs of the final 20 overs'와 같은 절들이 나타내는 부분적 개념 연결 partitive conceptual connections을 생각해 보자. 이러한 진술들의 기저에는 명제적 구조가 있다. '오버over'는 크리켓 경기의 일부이고 한 경기는 20 오버로 구성된다. 이 명제는 명시적 진술은 아니나 언어적 표상이다. 마찬가지로 'Gavaskar moved within one century,' 'Gavaskar hit an unbeaten 103,' 'Gavaskar was 87 not out,' 'He was 64 not out at this point'는 부분 관계를 성립시킨다. 이러한 구조들의 기저에는 센추리century가 100점으로 구성되고 득점은 점수 points의 형태를 취하며, 센추리들은 테스트매치의 단위들이라는 명제가 자리 잡고 있다. 시간적 관계들은 'At the end of the 14th, the remaining six overs, after 10 overs.'에서와 같이 오버의 진행에 연결되어 있다. 여기에 사용된 언어 자원은 텍스트의 기저 개념 구조를 전달하기 위해 선택된 것들이다. 또한 이 러한 언어 자원은 독자의 마음속에 그 구조를 생성시키는 역할을 한다. 이것은 개념 구조가 먼저 구상되고 그 다음 이를 표현하기 위한 언어 자원이 선택된다는 것을 의미한다. 번역에 있어서의 결론은 개념 구조를 번역자가 이해하고 나서 이를 재생하기 위한 목표언어 자원이 선택될 수 있다는 점이다.

영어 신문기사는 일반적으로 리드 문단lead paragraph에 정보를 집적하여 응집성의 토대를 놓는다. 주요 주제 요소들은 리드 문단에서 구체화되며, 행위자(Sunil Gavaskar, 파키스탄 팀), 주된 행위(Bradman의 기록에 한 센추리 이내로 접근), 주된 사물(테스트매치 기록)이 서로 연관되도록 배치된다. 시간과 상황이 구체화된다. 텍스트에서 뒤따르는 모든 것은 이러한 기본 정보를 다시 언급한다. 번역 오류인 'Gavaskar setzte alles auf eine Karte, um seine hundert zu erreichen, aber die Zeit war um[Gavaskar는 헌드레드 하나를 더 획득하는 데에 모든 것을 걸었으나 경기가 끝나버렸다'는 Gavaskar가 센추리를 얻으려고 했으나 시간이 다 됐다는 것을 암시한다. 이러한 오류는 리드 문단에서 생성된 응집 구조에 위배되고 전체적으로 응집성이 결여되게 만들 것이다. 번역에서 실수가 미치는 영향이 그러한 실수가 발생한 항목이나 문장에 국한되는 경우는 거의 없다. 응집 관계들이 문제 있는 항목을 다른 항목들과 연결시키기 때문에 실수는 텍스트 내에서 영향을 미치게 된다. 오역이 응집성과 관련하여 하는 역할이 아주 미약하다면 해당 실수의 전역적 영향은 아주 적을 것이다. 그러나 리드 문단의 번역 실수는 참담한 결과를 가져올 수 있다. 리드 문단은 텍스트의 명제적 초석이다.

Beaugrande는 오역이 어떻게 문학 텍스트의 응집성을 파괴할 수 있는지를 흥미로운 예를 통해 보여 준다. 그가 활용한 예는 Rilke의 'Der Panther (표범)' 중 두 행을 Leishman이 번역한 것이다(Beaugrande 1980b).

His glance, so tired from traversing his cage's
repeated railing, can hold nothing more
[우리의 반복된 창살을 가로지르느라 피곤한
그의 시선은 아무것도 담을 수 없다]

Sein Blick ist vom Vorübergehn der Stäbe
so müd geworden, daß er nichts mehr hält.
[창살을 피해 달리는 그의 눈은 이미 지쳐서 앞을 볼 수가 없다]

여기에서 문제는 독일어 원문에서 표범의 시선을 지치게 하는 것은 '창살(bars)'의 움직임이라는 점이다. 표범의 시선이 "더 이상 어떤 것도 담지 못하는(to hold nothing more)" 것은 지친 상태 때문이다. 시의 첫머리는 뒤따르는 행과 스탠자stanza 전체에 연결된다. 이와 같은 오역은 시가 전개되면서 영향을 미친다.

> Ihm ist, als ob es tausend Stäbe gäbe
> und hinter tausend Stäben keine Welt.
> [그의 앞으로 천 개의 창살이 더 있을 것만 같고 그 뒤로는 세상이 존재
> 하지 않아 보인다]

Leishman의 번역은 원문의 응집성을 유지하고 있지 못하다. 주된 심상이 나타나는 첫머리의 행들에서 창살의 움직임은 상상력의 부재가 낳은 표범 시선의 무의미한 움직임으로 대체되었다. 그 결과 뒤따르는 두 행은 뜬금없다.

> He feels as though there were a thousand cages,
> and no more world thereafter than before.
> [그는 마치 천 개의 우리가 있고 창살 뒤의 세상은 그 앞의 세상과 다를
> 바 없다고 느낀다]

Beaugrande 자신의 번역은 개념의 연결고리들을 보존시킴으로써 원문의 응집성을 유지한다(Beaugrande 1980b, 33).

> The passing of the bars has made his gaze
> so weary it no longer can contain.
> [창살이 지나가면서 그의 시선을 피로하게 해서 그의 시선은 이제 아무
> 것도 담을 수 없다]

It seems to him a thousand bars remain;

beyond the bars the world no longer stays.[36]

[그에게는 천 개의 창살이 남아있는 것 같다. 그리고 그 뒤로 세상은 더 이상 존재하지 않는다]

L1 텍스트의 응집성을 결정하는 요인을 이해하는 것은 번역에서 중요한 요인임에 틀림없다. 해당 텍스트에 대한 번역자 자신의 정신적 모델은 번역자가 L2 텍스트 생산을 위해 언어 자원을 선택할 때 번역자를 안내하는 역할을 한다. 응집성 개념은 번역 비평 프로그램을 개발하는 것도 가능하게 한다. 응집성의 유지는 충분한adequate 번역의 기준으로 확립될 수 있다.

● 응집성 표지의 유형

응집성을 파악하는 데 활용되는 기제를 일반화하여 유용한 번역 툴을 생성시키는 것이 가능할까? 이러한 모험적 시도의 성공 여부는 정보성과 응집성 간 차이점과 관련이 있다. 정보성은 텍스트의 구체적인 정보 컨텐트이고 응집성은 그러한 컨텐트 요소들을 연결하는 추상적인 논리 구조를 텍스트적으로 표현한 것이다. 여기서 난점은 텍스트의 컨텐트와 그 논리적 조직 사이에 명확한 경계선이 없다는 점이다. 컨텐트의 구체적 사항들을 빼놓고 분석을 한다면 어떤 분석이든 추상적인 논리연산만이 나올 뿐이며 이를 활용하는 데 필요한 적용 규칙도 없게 마련이다. 반면에 구체적인 컨텐트에 너무 집중하면 응집성이 어떻게 구현되는지에 대한 유용한 일반화가 불가능하다(혹은 이를 교수법에 활용할 수 없다).

---

36) Beaugrande의 접근법에 대한 더 상세한 논의는 Neubert(1982, 26-33) 참고.

개념 의존conceptual dependency 이론(Schank 1975; Schank and Abelson 1977)은 초창기에 추상적 논리연산과 컨텐트별 표현 간의 타협점을 찾으려 한 유용한 시도였다. 개념 의존 이론의 목표는 컨텐트, 즉 여러 문장과 텍스트의 구체적 의미들을 비교적 소수의 개념소primitives로 환원하는 것이었다.[37] 이러한 (주로 행위 기반의) 개념소들은 행위자actor, 객체object, 방향direction, 도구instruments, 상태states, 가치values를 나타내는 말과 함께 사용되어 문장의 개념적 체제를 나타낸다. 이러한 체제는 능동active과 수동passive의 두 종류이다. 능동적 체제는 'Actor Action Object Direction(Instrument)'로 표현되며 수동적 체제는 'Object (is in) State (with value)'로 표현된다. 예컨대 ATTEND가 감각을 자극에 집중시키거나 자극을 향하게 하는 행위를 나타내는 개념소라고 한다면 'John Listens'의 기저 체제는 'John ATTEND ear'가 될 수 있을 것이다. 마찬가지로 'John ATTEND eye to Jane'은 'John sees Jane'을 나타낼 수 있다. Schank가 실제로 구성한 체제는 더 복잡하다. 개념소 MTRANS(대상 간 정신적 정보의 이전을 일컬음)가 삽입되고, ATTEND는 MTRANS의 도구instrument로 취급된다. 이뿐만 아니라 정신적 행위는 의식적인 처리자processor, Cp(어떤 것을 떠올리는 장소), 그리고 장기 기억인 LTM(어떤 것들이 저장되는 곳)을 필요로 하므로 그 체제는 'John MTRANS (picture) to Cp (John) from Jane;

---

37) Schank와 Abelson(1977, 12-14)은 열한 개의 개념소만 활용한다. 이러한 개념소는 보유, 소유, 혹은 통제권 같은 추상적 관계의 이전(예컨대 give, take, buy)을 나타내는 TRANS, 사물의 물리적 위치의 이전(예컨대 go)을 나타내는 PTRANS, 사물에 대한 물리적 힘의 적용(예컨대 push, pull, throw, kick)인 PROPEL, 동물이 자기 신체 일부분을 움직임을 나타내는 MOVE, 행위자가 사물을 움켜쥠(예컨대 hold, grab, let go)을 나타내는 GRASP, 동물의 내부로 동물이나 식물을 받아들임(예컨대 eat, drink, smoke)을 나타내는 INGEST, 동물 몸에서 물리적 세계로 사물을 방출함(예컨대 sweat, spit, cry)을 나타내는 EXPEL, 동물 간 혹은 동물 내 정신적 정보의 이전(예컨대 sell, forget)을 나타내는 MTRANS, 동물이 구정보에서 신정보를 구축함(예컨대 decide, conclude, imagine, consider)을 나타내는 MBUILD, 소리를 내는 행위(say, play, music, purr)를 나타내는 SPEAK, 감각 기관을 자극을 향해 돌리거나 이에 집중시키는 행위(예컨대 listen, see)를 의미하는 ATTEND이다.

inst (John ATTEND eyes to Jane)'으로 더 정교하게 표현할 수 있다. 개념 의존 이론은 대다수 문장의 논리 구조를 기술하는 데 필요한 표상들의 범위를 줄이는 역할을 하지만 난점은 있다.

실세계에서 존재하거나 존재하지 않는 행위, 속성, 자질은 그 수가 많지 않다. 예컨대 'John killed Mary'라는 문장에서 'Mary'의 (사망한) 상태를 'HEALTH'라고 하는 더 일반적인 어떤 상태로 환원한다고 해보자. 이렇게 하려면 예컨대 '죽은,' '병에 걸린,' '상태가 좋지 않은,' '상태가 좋은' '건강한' 등 HEALTH 영역에 속하는 여러 상태를 구분해 표현할 수 있는 방법이 필요하다. '죽은' 상태는 모종의 HEALTH 척도 상 '-10'의 수치로, 그리고 아주 건강한 상태를 '+10'으로 표현할 수 있을 것이다. 그 척도에는 문화적으로 축적된 지식 체계 내에서 자연스럽게 생겨나는 건강 개념의 수만큼 많은 단계가 있을 것이다.

개념 의존 이론은 응집성 기제의 유형을 규명하려는 시도와 관련될 수 있는 문제들의 종류를 보여준다. 이러한 시도에는 환원 기제가 있어야 한다. 이 기제는 텍스트의 다양한 코퍼스에 존재하는 응집성 패턴을 일반화할 수 있도록 할 것이다. 또한 표현 기제가 있어야 한다. 그래야 코퍼스의 응집성 구조가 갖는 공통된 특성들을 표현할 수 있을 것이다. 개념 의존 이론은 기껏해야 제한적인 유형만을 산출할 것이다. 개념 의존 이론은 물리적 세계의 일상적인 일들에 관한 매우 단순한 텍스트의 의미 관계를 특징지을 수 있을 것이다. Schank가 "개념 의존에서 우리가 얻은 것은 물리적 세계를 기술하기 위한 체계이다. 스크립트, 플랜, 그리고 목표를 통해 우리는 이러한 물리적 사건들 이면의 의도와 지식을 볼 수 있었다"(Schank and Garbonell 1979, 328)라고 자인하는 것을 보면 Schanck 자신도 그러한 한계를 파악하고 있다.

Beaugrande의 개념 및 관계 유형론도 텍스트 층위에서 수행한 유사한 시도이다(Beaugrande 1980a, 78-86). 이 유형은 환원 분석력이 있고 텍스트에서 발생하는 다양한 응집성 기제를 표현할 수 있다. 이 유형론 체계는 모든 텍스트가 하나 이상의 '기본 개념primary concepts'을 표현하는 데 집중한다고 가정한다. 기본 개념은 사건events, 행위actions, 객체objects, 상황situations이다.38) 이러한 기본 개념들은 '부차적 개념secondary concepts'이라는 더 정교한 일단의 한정 개념modifying concepts에 연결된다. 부차적 개념들은 기본 개념에 대한 정보를 제공하며 속성, 존재 상태, 위치, 지향성orientations, 시간적 관계들을 구체화한다. 하나의 단일한 기본 개념이 텍스트의 기저를 구성할 수는 없다. 그 개념에 관하여 무언가 언급되어야 한다.39) 어떤 응집성 표지나 응집

---

38) Beaugrande(1980a, 79)는 이러한 네 가지 기본 개념을 아래와 같이 구체화한다.
   (1) 객체는 안정된 구조나 정체성을 갖는 개념적 실체이다.
   (2) 상황은 존재하는 객체로 이루어진 구성 및 그 구성의 상태이다.
   (3) 사건은 상황을 변화시키는 일의 발생이거나 상황 내의 상태이다.
   (4) 행위는 행위자(agents)에 의해 의도적으로 야기된 사건이다.

39) Beaugrande(1980a: 81-82)가 제시한 유형론은 사건, 행위, 객체, 상황이라는 "기본 개념"을 정의하는 부차적 개념의 다섯 가지 개념 범주로 구성된다. 각 범주는 텍스트적 과정에서 정의하거나 (defining) 구체화하는 등의, 서로 다른 역할을 담당한다.

   A. 사건, 행위, 객체, 상황의 정의: 상태state, 행위자agent, 피영향자affected entity, 관계 relation, 속성attribute, 위치location, 시간time, 동작motion, 도구instrument, 형태form, 부분part, 성분substance, 포함containment, 원인cause, 유발enablement, 수량quantity
   B. 인간 경험의 정의: 이유reason, 목적purpose, 통각apperception, 인지cognition, 감정 emotion, 의지volition, 의사소통communication, 소유possession, 양태modality
   C. 부류class 내 포함의 정의: 사례instance, 구체성specification, 상위부류superclass, 메타 부류metaclass
   D. 관계의 정의: 개시initiation, 종료termination, 진입entry, 진출exit, 근접proximity, 예상 projection
   E. 상징적 의사소통symbolic communication 발생 상황의 정의: 의미significance, 가치 value, 등가equivalence, 대립opposition, 공지시co-referentiality, 재현recurrence

이러한 구분은 언어의 표현성expressiveness을 나타내기 위한 초창기 전통과 맞닿아 있다. 가장 널리 알려진 것이 *Roget's Thesaurus*이다. Beaugrande(1980a, 78)는 Roget에게서 영감을 얻은 것을 인정하지만 이러한 유형론과 Nida(1975, 178-189)와 Wilks(1977)가 최근 보인 유사한 노력은 언어적

성 표현 체계든 실무에서 유용할지는 확실하지 않다. 번역 실무자가 어떤 정교한 응집성 체계를 활용할 수 없거나 활용하기 위한 시간이 없다면 번역 이론가들은 이를 제안하는 데 있어 신중을 기해야 한다. 더 유용한 접근법은 Beaugrande 등의 체계를 기반으로 하여 교수법 자료를 개발하는 것이다. 이러한 자료는 일반적인 응집성 패턴을 예시할 수 있다. 학습자에게 응집성과 응집성의 형성에 대해 교육함으로써 학습자가 실제 텍스트에서 응집성을 확보하도록 할 수 있다. 학습자는 이를 바탕으로 일생 동안의 작업을 해나갈 수 있다.

● 전역적 응집성

번역자는 L1 문법 체계와 어휘 체계의 사례들을 길잡이로 활용한다. 텍스트의 표층적 특성들은 기본 개념과 부차적 개념들을 표시하고 개념 간 연관성 있는 관계를 나타낸다. 언어적 표지들은 이러한 표지가 응집성을 형성시키는 데 수행하는 역할이 보존되도록 번역되어야 한다. 하지만 L2 텍스트의 문법적, 어휘적 선택은 그 새로운 텍스트에서 독립적으로 기능해야 한다. 응집성은 전체 텍스트와 관련된다. 언어적 선택들은 전역적 응집성 패턴을 반영한다. 번역은 L1 의미 관계를 취하여 이를 L2 구성과 연결 짓는 단순한 문제가 아니다. 응집성은 L1 텍스트에서 불러오는 것이 아니라 L1 의미 관계를 하나의 견본으로 활용하여 L2 텍스트에서 새로이 구성된다.[40] L2 어휘

수단에 의해 표현되거나 표상되는 기저 의미 영역을 특징짓는 것을 목표로 한다.

40) 응집성을 재구성하는 것은 번역이 창조적 텍스트 행위라는 방증이다. 번역은 단순한 연결의 문제만은 아니다. 텍스트는 새롭게 창조된다. 계속적인 창조적 과정으로서 번역을 논하는 예는 Pergnier(1978, 401-451) 참고.

가 가능성 있는 등가어로 선택되면 이 어휘에는 종종 원치 않는 부가 의미나 함의가 딸려 온다. 이러한 부작용이 최소화되거나 회피되어야 할 것이다. 아래의 예는 은유를 바탕으로 하는 응집성 구조를 갖는다.

"Refocusing up-stream" has become a catch-phrase with people involved in health politics, and the reason for its popularity is as follows: A complacent view of health care may see the health services as pulling drowning people out of a river. It may raise questions about who does the saving, or how they do it and who among those to be saved should take priority. Looking "up-stream" however raises the question of how people fell into the water in the first place. Did they fall or were they pushed? The orthodox view... is that we fall into the water of our own accord. (1979 9월 1일자 *Comment*) ["상류에 대한 재집중refocusing up-stream은 보건 정책에 관여하는 사람들에게 캐치프레이즈가 되었는바, 이 말이 주목을 받게 된 이유는 이렇다. 의료 서비스에 만족스러워 하는 쪽에서는 의료 서비스가 물에 빠진 사람을 강에서 건져내는 것으로 생각할 수 있다. 이런 관점은 누가 구조를 하는지, 혹은 어떻게 구조를 하며 구조될 사람 중에 누가 우선순위를 갖는지에 대한 문제를 제기할 수 있다. 하지만 "상류"를 바라보는 관점은 애초에 사람들이 어떻게 물에 빠지게 되었는지에 대한 의문을 갖는다. 이 사람들이 넘어져서인가, 아니면 떠밀려서인가? 정설은 ... 우리가 자진해서 물에 빠진다는 것이다.]

훌륭한 번역이라면 전역적 응집성 기제로서 사용된 확장된 은유를 설명하는 것이어야 한다. 여기에는 예방적 의료 서비스와 익사와 구조의 이미지라는 두 가지 기본 개념이 있다. 의료 서비스 개념은 은유에 의해 구조화되어 있다. L1 독자는 모든 것을 은유의 필터를 통해 해석하도록 유도된다. 응집성 기능의 신호는 '물에 빠진 사람을 강에서 건져내는 것으로 생각할 수 있다'라는 문구에 나타나 '구조,' '물에 빠짐,' 그리고 '물로 떠밀림'에 대한 지시를 통해 계속된다.

번역자가 활용할 수 있는 전략이 몇 가지 있다. 번역자는 L2의 두 번째 단락에서 원문의 응집성 체제를 이용하여 동일한 이미지를 적용하기로 판단할 수 있다.

> Für alle diejenigen leistet der Gesundheitsschutz genug, die in den Einrichtungen des Gesundheitsschutzes nicht mehr als eine Rettungsanstalt für Ertrinkende aus einem Fluß sehen. Sie fragen danach, wer die Rettung ausführt, wie sie erfolgen und wer zuerst gerettet werden soll. Wer dagegen die Blicke flußaufwärts richtet, der stellt die Frage, warum die Menschen überhaupt erst hineinfallen konnten. Fielen sie oder wurden sie hineingestoßen? Immer hat man geglaubt, ... wir würden von selbst ins Wasser fallen.
> [보건 정책 시설은 그것을 강에 빠진 사람들을 구조하기 위한 시설 이상으로 보지 않는 모든 이들에게는 충분한것을 제공한다. 그들은 누가 그러한 구조를 이끌고, 그들이 어떻게 구조에 성공하며, 누가 제일 먼저 구조 돼야 하는지에 대해 묻는다. 그에 반해 눈길을 강 상류로 돌리는 사람은 이런 질문을 하는데, 왜 사람들이 애초에 빠졌는가이다. 빠진것일까 떠밀려 들어간 것일까? 항상 사람들이 믿던 바는 ... 우리는 우리 스스로 물에 빠질것이라는 것이다]

이 번역은 적절하다. 하지만 첫 번째 단락의 캐치프레이즈는 어떠한가? 번역자는 '상류에 대한 재집중'이라는 캐치프레이즈를 어떻게 할 것인가? 만약 번역자가 첫 번째 단락에서 'Den Blick flußaufwärts richten[눈길을 강 상류로 돌리다]' 같은 번역 표현을 사용한다면 두 번째 단락에 나오는 유사한 표현과 응집성을 갖게 될 것이다. 하지만 이 표현은 L2에서 캐치프레이즈로서 기능하지 않는다. 번역자는 등가적 L2 표현인 'Vorbeugen ist besser als Heilen [예방이 치료보다 낫다]'을 활용하고 '... ist zum Schlagwort für alle geworden, die mit Gesundheitspolitik zu tun haben, Der Grund fur seine Popularität liegt im folgenden...[보건정책과 관련된 모든 이들에게 키워드로 거듭났다. 이러한 인기는 다음과 같은 이유에서 비롯됐다]'과 같이 단락을 이어나갈 수도 있다. 하지만 이런 식의 진행은 텍스트의 응집성을 저해할 것이다. L2 텍스트의 두 번째 단락은 L2 어구 'Vorbeugen ist besser als Heilen'가 주목을 끌게 된 이유를 설명할 수 없다. 번역자가 'Nicht erst ins Wasser fallen lassen[애초에 물에 빠지는 것을 방치하지 않는다]' 혹은 'Vorher das Ufer beobachten[미리부터 강가를 살핀다/ im Auge behalten[예의주시 한다]'에서처럼 상실된 응집성을 다시 회복하기 위해 새로운 캐치프레이즈를 만들어 내야 할까? 번역자가 이미지를 희생시키면서 텍스트의 은유를 버려야할까?

번역자는 두 하위 텍스트를 연결하는 은유의 고리를 단절하고 현재의 L2 캐치프레이즈인 'Vorbeugen ist besser als Heilen'을 사용할 수도 있다. 이렇게 하려면 부차적 개념인 '주목을 받게 된 이유'를 삭제해야 할 것이다. 또한 번역자는 'ist zum populären/weit verbreiteten Schlagwort geworden...[가 인기있는/널리 퍼진 키워드가 되었다]'에서처럼 부차적 개념을 변형할 수도 있을 것이다. 이에 더하여 두 번째 하위 텍스트에서 반복된 어구 '상류를 바라보는 것'은 'Wer dagegen die Vorbeugung in den Mittelpunkt stellt[그에 반해 예방에 중점을 두는 사람들은]'로 대체되어야 한다. 이렇게 하면 비은유적 수단을 통해 응집성을 회복할 수 있다. 이 마지막 해법이 가장 적절해 보인다.

결속성

응집성과 어휘 구조의 표층적 배열은 분명 상호 의존적이다. 추정된 응집성 패턴은 번역자가 내리는 어휘 선택을 제약한다. 이러한 제약들로 인해 L1 패턴을 그대로 재생하지 못한다. 사실 저자나 번역자는 응집성 패턴을 대폭 수정해야 할 수도 있다. 어쨌든 L1을 모델로 하였든 새로이 만들어졌든 응집성 패턴은 존재해야 한다. 상황적 변수와 목표언어의 어휘 자원 때문에 번역자는 어쩔 수 없이 또 하나의 기능적 응집성 패턴을 생성시켜야 할 수 있다. 결국 독자가 경험하는 텍스트 표층은 모종의 기저 응집성을 반영하고 있어야 한다. 텍스트 표층에 반영된 의미론적 응집성은 텍스트성의 여섯 번째 결정인자인 결속성이다.

텍스트성을 결정하는 일곱 가지 요인 중에서 결속성은 가장 언어적으로 느껴지는 항목이다. 응집성은 텍스트의 기저 의미 구조가 갖는 속성인데 반하여 결속성은 텍스트의 언어적 표층이 갖는 속성이다. 결속성은 응집성을 언어적으로 뚜렷하게 만드는 역할을 한다. 결과적으로 결속성 있는 텍스트는 번역의 최종 생산물이다. 응집성과 결속성을 분리하여 생각하는 것은 불가능하다. 결속성과 응집성의 복잡한 상호 의존성은 학자들 간에도 혼란을 야기한다. Halliday와 Hasan은 오로지 '결속성cohesion'이라는 술어만 사용한다 (Halliday and Hasan 1976; Hasan 1968). 결속성이 "언어 체계의 일부"로서 "텍스트 내에 존재하면서 텍스트를 텍스트로 정의하는 역할을 하는 의미 관계를 나타내는"(Halliday and Hasan 1976, 4-5) 의미론적 개념으로 정의된다면 응집성 개념은 불필요하다. 저자는 의미론적 관계를 표현할 수 있는 언어적 가능성을 탐색하는 데 일차적으로 관심이 있다. 저자는 "언어 자체에 내재된 … 체계적인 자원systematic resources"(Halliday and Hasan 1976, 5)에 초점을 맞춘다. 응집성을 구현하는 개념적 체제들의 취급은 전적으로 이러한 체제들을 텍스트 내에서 언어적으로 표현함으로써 가능해진다. 문장의 연속체에 나타나는 언어적 요소들이 한 데 작용하여 '텍스처texture'를 구성한다. 텍스처는 (개별 문장 내에서의 결속 장치에 반대되는 개념으로서의) 연결된 담화 차원에서의 결속 장치를 지칭한다. 텍스트가 명문銘文, 구호, 공지, 명령, 감탄문, 속담, 인용, 경구의 경우처럼 단일 문장으로 구성된다면 텍스처는 언어적 구조와 일치할 수 있다. 이러한 일치는 순전히 형태적이다.

한 문장 텍스트인 'No smoking'은 구조적으로는 'Kein Rauchen[무無흡연]'으로 번역될 수 있다. 그러나 이 푯말의 텍스처는 보존되지 못할 것이다. L2의 구조 체계에서 완전히 제대로 된 구성인 이 L2 문장은 맥락에 따라 'Rauchen verboten[흡연 금지]'이나 'Rauchen nicht erwünscht[흡연은 삼가 주십시오]'로 대체되어야 한다. Kein Rauchen은 구조는 있되 텍스처는 없다. 이 텍스트는 L2의 용인성 기준에 위배된다. 용인성 기준은 구조 규칙에 우선한다. 용인성 기준에 따라 구조에 대한 특정 옵션이 선택된다.

번역자는 결속성 개념과 응집성 개념 간 구분의 이점을 누릴 수 있다. 필자는 Halliday와 Hasan의 견해와 달리 결속성이 언어적 수단을 통한 개념 구조의 표현만을 지칭하는 것이라고 제안한다. 이러한 구분은 실제 목표텍스트에 대한 경험적 관찰에 근거를 둔다. L2 언어 자원을 이용하여 L1 결속성 패턴을 유지하면서 L1의 텍스트 표층을 구조 대 구조 방식으로 번역한 결과 효과적인 텍스트가 나오는 경우는 드물다. 번역자는 L2 텍스트에 적절한 텍스처를 부여하기 위해 L2에서 활용 가능한 결속성 기제들의 복잡한 체계에 대한 세세한 지식에 의존해야 한다. L1의 텍스처는 번역자에게 어떠한 직접적인 길잡이도 제공하지 못한다. 사전과 대조 문법은 현명하게 활용한다고 해도 못 미더운 수단이다.

결속성은 특정 텍스트의 개념 구조를 반영할 뿐 아니라 지식이 구조화되는 방식을 반영하기도 한다. 텍스트의 개념 구조는 번역자의 머릿속에서 명확하게 자리 잡고 있어야 결속력 있는 텍스트 표층이 생성될 수 있다. 지식 구조에 대한 이해는 기술 번역에서 중요하다. 예컨대 기계 부품과 소재 간의 부분 관계partitive relationship: PART-OF와 총칭 관계generic relationship: IS-A가 정확한 용어로 표현되어야 한다. 기저의 관계들을 이해하지 못하는 번역자는 번역에서 정확한 용어를 선택할 수 없다. 언어적으로 실현된 형태에는 존재하지 않는, 번역 과정의 메타언어적 중간 단계가 존재한다. 이 단계에서 번역자는 텍스트에 대한 정신적 모델을 구성하는바, 우리는 이를 첫 번째 장에서 '가상 번역'이라고 지칭했다. 번역자가 L2 텍스트에서 이 모델을 실현하는 순간 결속성은 L2 언어 체계가 지배한다. 다시 말해서 일단 개념적 구조가 선택되면 이를 실현할 언어별 방법은 제한적이다. 결속성은 응집성에 의존하지만 응집성도 결속성에 의존한다. 각 언어는 결속성을 구현하기 위한 특정 장치들을 생성시켜 놓았다. 이러한 기제들은 문법 구조와 어휘 구조가 텍스트 표층에서 어떻게 상호작용할 수 있는지 명시한다.

결속성은 문장의 경계를 넘나들며 작용한다. 결속 장치들은 이전에 처리한(읽은, 들은, 저장한) 항목들과 앞으로 처리할 항목들을 연결시키기 위한 방향 지시 신호 역할을 한다. 텍스트의 결속성은 독자가 텍스트를 읽어 나감에 따라 점증한다. Halliday와 Hasan(Halliday and Hasan 1976, 4)은 결속성에 대해 다음과 같이 언급한다.

결속성은 담화의 어떤 요소에 대한 **해석**이 다른 요소의 해석에 의존하는 경우 발생한다. 한 요소가 다른 한 요소에 의지하지 않고서는 효과적으로 해독될 수 없다는 의미에서 한 요소는 다른 한 요소를 **전제**한다.

이것이 발생할 때 결속성 관계가 수립되고, 그 두 요소, 즉 전제하는 것과 전제된 것이 이에 의해 적어도 잠재적으로 텍스트에 통합된다.

L1 텍스트에서 작동하는 결속성 기제에 대한 번역자의 이해에는 목표언어 자원을 이용하여 어떻게 L2 텍스트에서 결속성을 구현할 것인지에 대한 이해가 뒤따라야 한다. 번역자는 L2 독자가 '결속성 간섭cohesion interference'을 겪지 않도록 해야 한다. 결속성 간섭은 L1 결속성 패턴이 L2 텍스트에 침입함으로써 야기된다. 그뿐만 아니라 번역자가 L1 텍스트에서 활성화된 결속성 장치들을 파악하지 못하는 것도 원인이 될 수 있다. 결속성 간섭을 야기하는 이 두 가지 원인은 쉽게 구분되지 않는다. 일부 L1 특유의 결속 장치들은 "이를 탈피하도록 번역"해야 한다. 그렇지 않으면 이러한 결속 장치들은 L2 텍스트에서 부적절하게 나타날 수 있다. 역으로, L1 결속 장치들이 완전히 무시되면(그리고 번역자가 독립적이지만 유사한 결속성을 구현하여 이를 보상하지 않으면) L2 텍스트는 의미적 완결성을 상실할 수 있다.

• 어휘 결속성

어휘적 오역은 거짓 연어pseudo-collocation를 야기할 수 있기 때문에 결속성 간섭의 흔한 원인이다. 거짓 연어는 제대로 된 L1 연어에서 나왔지만 목표언어에서는 자연스럽게 발생하지 않는 L2 어휘 항목들의 조합을 말한다. L1 텍스트의 낱말은 의미그룹sense groups에서 발생한다. 의미그룹은 각 낱말이 그 그룹에 가져오는 의미적 특성들의 결합을 통해 그 성격을 얻는다. 각 낱말의 의미는 그 낱말의 앞뒤에 오는 낱말들과 그 낱말 간의 관계를 살펴봐야만 해독될 수 있다. 한 의미그룹의 인접한 항목 간에 국지적 의미 관계가 있을 수도 있고 텍스트 내에서 더 멀리 떨어져 있는 항목 간에 전역적 관계가 있을 수도 있다. 인접한 항목 간 관계는 '연어에 의한 결속성cohesion by collocation'을 구현한다. 전역적 관계는 '단어 체계word systems'를 생성시킨다. 국지적 관계와 전역적 관계들은 해당 언어 체계의 어휘의미론에 토대를 둔다. 이 말은 일부 어휘 항목은 그 어휘들이 나타나는 특정 텍스트를 불문하고 그 어휘들과 다른 항목들과의 관계보다 그 어휘들 서로 간에 의미적으로 더 가깝다는 것을 의미한다. 이러한 의미적 근접성은 언어 체계와 인지 체계에서 나오지만 결속성과 동일한 것은 아니다. 의미적 근접성은 사물의 "관련성relatedness"에 대한 문화 종속적 인식이다. 의미적 근접성은 텍스트의 낱말 간 실제 관계가 확립될 가능성을 알려주기 때문에 결속성의 기초를 제공할 수 있다. 예컨대 원색原色의 명칭은 동일한 지식 프레임을 가리킨다. 이러한 명칭의 집합은 프레임 관계를 언어적으로 반영하는 '어휘장lexical field'을 구성한다. 색깔의 명칭은 텍스트 환경 내에서 다른 어휘장 구성원들과의 결합을 통해서만 결속적으로 작용한다. 따라서 '파란 하늘a blue sky,' '푸른 초원a green meadow,' '에메랄드빛 섬the Emerald Isle'은 기저의 의미적 근접성 때문에 텍스트에서 그 구성요소들이 조합될 수 있는 어구이다. 어휘 항목인 '하늘,' '초원,' '섬'은 색깔이라는 속성을 가질 수 있는 개념을 표시한다. '파랗다'는 객체들이 가질 수 있는 속성에 대한 표시이다.

연어 구성의 가능성은 언어-의미 체계에서 나온다. 텍스트에서 이와 같은 조합 가능성이 해당 언어에 한정되는 방식으로 나타나고 번역자가 이에 대처해야 할 때 문제가 발생한다. 'Blauer Himme[파란 하늘]'과 'güne Wiese [푸른 잔디]'는 등가적인 L1 연어와 유사하지만 'Grüne Insel[푸른 섬]'은 그렇지 않다. 이 조합은 잠재적으로 가능한 채로 존재하겠지만 독일어 텍스트에서 실현되지 않는다. 영어를 사용하는 방문객을 위해 번역된 독일어 관광 브로슈어에서 발췌한 아래의 문장을 보자.

> Wenn Sie das Gruseln lernen wollen, dann begeben Sie sich am besten zum
> Schwarzen Kreuz am Schwarzen Kreuzweg, wo vor vielen Jahren ein
> Grünrock von einem Schwarzkittel getötet wurde.
> [오싹함을 경험하고 싶으시다면, 수년 전 한 산림관이 멧돼지 한 마리에
> 게 죽임을 당한 어두운 십자로에 있는 Schwarzen Kreuz(Black Cross)로
> 오시는 것이 최고입니다.]

'Grünrock[초록 치마-사냥꾼]'과 'Schwarzkittel[검은 가운-멧돼지]'은 그
의미 구조가 해당 구절의 가상적 텍스처에 기여하는 낱말들이다. 아래와 같
은 번역이 어떻게 텍스트의 결속성을 감소시키는지 보자.

> If you are out to experience that uncanny feeling one gets at dark
> crossroads, make your way to the "Black Cross" where many years ago a
> gamekeeper was killed by a wild boar.
> [어두운 갈림길에서 묘한 느낌을 받고 싶다면 수년 전 사냥터지기가 멧
> 돼지한테 목숨을 잃은 "블랙 크로스Black Cross"로 가보라.]

이와 같은 결속성의 상실은 관광 브로슈어에서는 인정될 수 있을지 모
르지만 시詩적인 텍스트의 번역에서는 용인될 수 없을 것이다. 결속성은 정도
의 문제이며 여러 차원에서 작용할 수 있다. 번역은 분명 결속성이 부재해선
안 된다. '사냥터지기gamekeeper'와 '멧돼지wild boar'는 영어 어휘목록에서 의
미적으로 관련되어 있다. '어두운 갈림길dark crossroads'은 이전 단락에서 사
용된 '숲forest'과 연결된다. 그럼에도 불구하고 L1 텍스트가 L2 텍스트보다 더
결속적이다. 저자는 더 높은 수준의 결속성을 확보하는 데 필요한 언어 자원

을 투입하기 위해 노력했다. 이를 투입함으로써 L1 독자에 대한 텍스트의 효과가 높아졌다.

그런데 번역자가 원문이 갖는 "높은 수준의" 텍스처를 담아내기 위해 요구되는 노력도 투입해야 할까? 이에 대한 답은 텍스트의 목적에 달려 있다. 이 텍스트가 관광 브로슈어일 뿐 시가 아니기 때문에 덜 결속적인 번역이 용인될 수 있다. L2 텍스트는 기저의 응집성을 표현하는 데 충분히 결속적이다. 기본 개념들과, 이 개념들과 부차적 개념들과의 관계도 명확하다. 번역자는 선택적인 결속 장치들을 "탈피하는 번역"을 택했고 의무적인 결속 장치들은 재표현했다. 이러한 환원적인 접근은 '녹색 코트greencoat'와 같이 원문의 결속성을 그대로 재현하는 척하는 인위적 구성을 사용하는 것보다 바람직하다.[41] 이 예는 어휘 결속성을 다루는 데 있어서 번역이 갖는 한계를 나타낸다. 위에서 본 관광 브로슈어에서 발췌한 또 다른 구절을 보자.

Ein Bummel durch die Stadt erschließt den Besuchern oftmals deutlicher als den Einwohnern selbst das spezifische Leipziger Fluidum, das sich aus der anheimelnden Atmosphäre einer gewachsenen Stadt und den Vorzügen einer modernen Großtadt ergibt. Diese Stadt atmet überall Geschichte. Der Entdeckerfreude des aufmerksamen Beobachters sind keine Grenzen gesetzt.
[도시를 배회하다 보면 종종 도시 주민들보다 방문객들이 더 명확하게 라이프치히 특유의 신비함을 느끼는데, 이 신비함은 성숙한 도시로서 집 같은 편안함을 주는 분위기와 현대적 대도시가 가진 특권의 결과물로 생기는 것이다. 이 도시는 모든 곳에서 역사를 숨 쉰다. 주의 깊은 관

---

41) 형태적인 결속 장치들이 메시지의 필수적인 일부인 시詩의 번역에서는 상황이 다르다. 의미 관계와 형태적 관계를 모두 표현하는 언어 형태가 L2에서 발견되어야 한다. 이것이 거의 극복 불가능한 문제를 야기하지만 보상compensation이 있다. 시는 새롭고 이례적인 연어와 형식적 장치들을 사용하고 생성하는 데 있어서 더 많은 재량을 허용한다.

찰자의 발견의 기쁨에는 한계가 없다.]

연어 'das spezifische Leipziger Fluidum[라이프치히 특유의 신비함]'은 간행본에서 'the specific Leipzig air'로 번역되었다.[42] 이와 같은 토큰token 대 토큰의 "사전식 번역dictionary translation"은 용인될 수 있는 영어 번역이 아니다. 영어 단어 'atmosphere'는 'Fluidum[신비함]'에 가장 가깝다. 이 단어가 사용되면 텍스트의 뒷부분에서 'Atmosphäre[분위기]'에 대한 등가어로 반복되어야 할 것이다. 이렇게 하면 바람직하다고 할 만한 수준보다 더 결속성을 확보하게 된다. 'Fluidum'의 등가표현으로 기능하기에 'aura'는 너무 약하고 'air'는 너무 재미없다. 번역자는 'Fluidum'이 'Atmosphäre'와 'Vorzüge[특권]' 모두에 대하여 상위 개념을 갖는다는 것도 고려해야 한다. 이러한 상위개념화 superordination는 '포의包意적 결속성hyponymic cohesion'을 생성시킨다. 동사 'sich ergeben[(결과로서) 생기다]'은 포의적 관계를 나타낸다.

번역자가 번역에서 결속성을 회복하거나 생성시키려고 할 때 번역자에게 길잡이가 될 만한 엄격한 규칙이란 없다. 표준적인 대응 규칙을 활용하여 적용할 수 있는 일대일 등가어(구)도 없다. 번역자는 몇 가지 전략에 기댈 수 있다. 하지만 전략은 다른 텍스트 요소들의 영향에 따라 선택 혹은 폐기되어야 한다. 목표텍스트의 결속성은 L1 텍스트의 기본 응집성 구조에 위배되지 않아야 한다. 그러한 구조는 (번역의 목적이 달리 지시하는 경우가 아닌 한) L2 텍스트에서 필수적으로 재구성되어야 한다. 번역자는 결속성을 재구성할 자유가 텍스트의 의도성과 정보성에 반하는 방향으로 작용하지 않도록 해야 한다. 번역자는 결속성과 전역적 텍스트 요소 간 균형점을 찾아야 한다.

---

42) 영문판인 *Leisure and Recreation Activities in the Leipzig Area*[라이프치히 지역의 레저 및 레크리에이션 활동]은 1980년에 라이프치히 시가 발간하고 DEWAG Leipzig가 인쇄하였다.

균형점이라는 말을 염두에 두면 'das spezifische Leipziger Fluidum'을 'the sense and character of Leipzig[라이프치히의 멋]'이라는 어구로 번역할 수 있을 것이다. 이와 같은 이사일의二詞─意 어구hendiadys는 'the friendly atmosphere of a historical town[유서 깊은 도시의 친근한 분위기]'와 'the amenities of a modern city[현대적 도시의 편의시설]'과 포의적 관계를 유지하기 때문에 'Fluidum'에 대한 적절한 L2 연어를 선택해야 하는 문제에 대한 해법을 제공한다.43) 이러한 번역으로 생성된 새로운 단어그룹에 속하는 'Leipzig,' 'town,' 'city'는 포의적 단어그룹에 속하는 'sense and character,' 'friendly atmosphere,' 'amenities'와 결속적이다.

이러한 결속 장치들은 기저 응집성 구조에 기여한다. 'friendly atmosphere'와 'amenities of a modern city'는 'the sense and character'의 이유들이다. 특정한 결속적 어휘 자원을 사용함으로써 실제화되는 전제前提와 귀결의 논리적 체제가 있다. 'sich ergeben'에 대한 적절한 번역은 포의적이고 전제적인 구조를 실제화하는 데 필요하다. 이러한 논리적 관계를 표현하는 데 적절한 후보로는 'result from,' 'be the result of,' 'spring from,' 'give rise to'가 있다.

어휘적 결속은 절clause과 문장의 경계를 넘나드는 연어 범위에 걸쳐 나타난다. 아래의 예에서 볼 수 있듯이 어휘적 결속은 상호 의존적이다.

> Strolling through the town, visitors will often appreciate, more than a native inhabitant, what gives rise to the sense and character of Leipzig: a combination of the friendly atmosphere of a historical town and the

---

43) Friedrich(1969, 46-50)는 영어의 이사일의 어구hendiadys, double-headed phrases 선호를 보여주는 예를 많이 제시한다. 독일어는 부차적 속성을 갖는 일사一詞 어구를 선호한다(예: beauty and magic/zauberhafte Schönheit, individuality and charm/eigener Reiz, laughter and happiness/glückliches Lachen, passion and excitement/leidenschaftliche Erregung, care and attention/sorgfältige Beachtung).

amenities of a modern city.

[관광객들은 시내를 거닐면서 라이프치히의 멋을 풍기는 것을 토박이들보다 더 잘 느끼기도 한다. 유서 깊은 도시의 친근한 분위기에 현대적 도시의 편의시설이 가미되어 있다.]

또는

Strolling through the town, visitors will often get a better idea than a native inhabitant of what makes up the sense and character of Leipzig, the result of a combination of the friendly atmosphere...

[관광객들은 시내를 거닐면서 라이프치히의 멋을 구성하는 것, 즉 친근한 분위기 ... 가 조합된 결과임을 토박이들보다 더 잘 이해하기도 한다.]

첫 번째 버전에서 'give rise to'는 기저 명제의 전제-귀결 관계를 반영한다. 이로 인해 'sense and character of Leipzig' 다음에 'result' 동사의 형태로 표현된 또 다른 의미 관계는 불필요하게 된다. 두 번째 버전에서 'what makes up'은 전제와 귀결의 지표로는 상대적으로 약하다. 이 때문에 종속절에 'result'를 쓰는 것을 추천해 볼 수 있다.

한 어휘 항목을 선택하는 것이 다른 어휘 항목에 영향을 미치는 것은 분명하다. 영어의 'The town breathes history at every turn[시내는 어디에서든 역사를 숨 쉰다]'와 연어 면에서 부분적으로 등가적인 어구 'Diese Stadt atmet überall Geschichte[이 도시는 모든 곳에서 역사를 숨 쉰다]'를 생각해 보자. 번역자는 단어 'strolling'에서 힌트를 얻어 'The town breathes history at every turn'이라는 번역을 시도해 볼 수 있다. 또 다른 가능성은 'stroll'과의 연결고리는 유지하고 'atmet[숨 쉬다]'을 (영어 등가어가 있기는 하지만) 그렇게 축어적으로 번역하려는 시도를 포기하는 것이다. 'History comes alive at every turn [어디에서든 역사가 되살아난다]'도 마찬가지로 훌륭하고 'town'이라는 단어의 반복도 피할 수 있다. 마지막 어구도 어휘적 상호 의존성을 보여준다(Der Entdeckerfreude des aufmerksamen Beobachters sind keine Grezen gesetzt[주의 깊은 관찰자의 발견의 기쁨에는 한계가 없다]).' 첫 문장을 번역하면서 'visitors'가 사용되었기 때문에 'Beobachter'에 대한 등가어로 그 단어를 사용함으로써 마지막 문장에서 결속성이 확보될 수 있다. 'attentive[주의 깊은]'이라는 형용사를 부가함으로써 이 독일어 명사의 중요한 의미 특성이 보존되고 있다. 이러한 전략을 사용함으로써 그 의미 특성이 이 텍스트에는 맞지 않는 영어 등가어 'observer'의 사용을 회피할 수 있다. 한 가지 가능한 번역은 'The attentive visitor's joy of discovery is unlimited[주의 깊은 방문객이 누리는 발견의 기쁨은 끝이 없다]'이다. 'joy of discovery'가 너무 진부하게 느껴지면 'The enthusiastic visitor will be able to make endless discoveries[열광적인 방문객은 끝도 없는 발견을 할 수 있다]'에서처럼 'joy'의 의미에 'attention'의 의미를 결합시킬 수 있다.

번역은 그 자체가 끝이 없는 발견이다. 번역자는 텍스트의 전체적 결속성에 가장 효과적으로 기여하는 L2 항목을 선택해야 한다. 번역자는 연어의 의미가 텍스트 전체의 결속성에 배치되는 경우 그 L2 항목을 버려야 한다. 결속성을 확보하기 위한 번역 전략들은 게임 전략과 같다. 한 가지 의사결정은 다른 의사결정의 필요성을 야기하며, 결속성의 망이 더 복잡해지면 일부 의사결정은 사전에 배제된다. 최종 L2 번역물은 하나의 의사결정 분지도decision tree이다.

관광 브로슈어는 결속성을 확보하는 데 사용될 수 있는 일부 어휘 기제를 예시하고 있다. 결속성을 달성하기 위한 기초적 기제들은 '연어'와 '반복'

이다. 반복iteration은 낱말의 반복, 동의어 및 유사동의어의 사용, 그리고 하위어나 상위어로의 치환이다(Halliday and Hasan 1976, 288).[44] 반복은 동일한 지시체를 갖는 어휘 항목들에 한정되지 않는다. 반복은 동일한 지시체를 공유하는 낱말들, (하나의 낱말이 다른 낱말의 지시체를 포함하는 경우처럼) 동일한 지시체를 부분적으로 공유하는 낱말들, 서로의 지시체를 제외하는 낱말들, 혹은 지시적으로referentially 관련이 없는 낱말들과도 관련될 수 있다(Halliday and Hasan 1976, 52).[45] 어휘 결속성은 텍스트 외적인 지시적 동일성referential identity과 무관하다. 어휘 결속성은 텍스트에 구현된 형태 간에, 그리고 텍스트 내 다른 낱말들과 특정 의미 관계가 있는 낱말들 간에 작용한다. 텍스트는 어떤 것들이 짝지어지는지 결정한다.

- 텍스토니미

결속성에 의해 수립된 의미 관계는 텍스트 종속적이다. 텍스토니미textonymy라는 술어는 텍스트에서 나타나는 다양한 단어 배열world configurations을 가리킨다(Neubert 1979, 22). 이러한 단어 배열에서는 동의성synonymy, 포의성hyponymy, 환유metonymy, 은유metaphor, 반의성antonymy, 상보성complementarity, 역관계converseness, 점층gradation, 테마 전개thematic

---

44) Halliday and Hasan(1976, 288)은 "일반어general words 사용"을 반복의 네 번째 유형으로 부가한다. 이러한 결속 관계는 일반성의 정도가 더 크다는 점에 의해서만 상위어superordinate words의 사용과 구분된다('책'은 소설, 학위논문, 혹은 논문보다 훨씬 더 일반적이며 '디저트'는 케이크, 과일샐러드, 아이스크림, 혹은 크림빵보다 훨씬 더 일반적이다).

45) Halliday and Hasan(1976, 294)에 따르면 "정확히 말하면, 지시는 어휘 결속성과 무관하다. 결속성은 한 어휘 항목의 두 발생 예 간에 결속력cohesive force이 수립되어 있는 모든 지시 관계에 의해서 생성된다기보다는 결속성이 그 형태 자체 간에 직접적인 관계로서 존재하는 것이다(그래서 지시보다는 대체substitution와 더 가깝다."

progression, 어휘장lexical fields, 단어족word families, 단어 체계word systems가 포함된다.[46] 구체적으로 텍스토니미는 어휘목록의 계열적praradigmatic 의미 관계를 텍스트의 실제 결합적syntagmatic 패턴으로 변형한 것을 지칭한다. 연어는 텍소토니미의 단위로서 그 의미가 각 부분의 "사전적" 의미의 합을 넘는 통합적 복합체이다. 연어 'sense and character'의 경우 텍스트 내에서 두 단어의 동의적 반복에 의해 복합적 의미가 생성된다. 연어는 구성요소가 각자의 특성을 가지고 결합하여 새로운 물질을 형성하는 화합물과 같다. 화합물은 다른 화합물과 상호작용하며 더 복잡한 물질을 만들 수 있다. 마찬가지로 여러 개의 연어가 결합하여 계속해서 더 크고 더 복잡한 텍스트 결속적text-cohesive 구조들을 생성시킬 수 있다. 텍스토니미는 텍스트에서 계속적으로 더 큰 의미 "덩어리"를 통합하여 어휘 결속성을 생성시키는 텍스트적 과정이다. 이러한 통합적 복합체들이 L1 텍스트에 존재한다. 번역자는 목표텍스트에 유사한 구조들을 구축하기 위해 L2의 텍스토니미 자원을 이용한다.

어휘 결속성은 통상적으로 전에 사용된 적이 있는 연어를 사용하는 것과 관련이 있다. 그러나 그 텍스트의 텍스처인 텍스토니미의 전체 결과는 전적으로 고유한 것일 수 있다. 텍스처를 이루는 개별 텍스토니미 요소들은 이 특정한 전역적 조합에 사용된 적이 없는 것일 수 있다. 하지만 독자로 하여금 이 고유한 전역적 조합에서 개별 연어의 특정한 텍스트적 의미를 이해하도록 하는 것은 그러한 개별 연어의 친숙함이다.[47]

---

46) Cf. 이러한 관계들이 텍스트 차원이 아닌 어휘목록 차원에서 해석되어 있는 Neubert(1977, 25-27)

47) "우리가 알지 못하는 사이에 한 어휘 항목의 각 사용 예들은 각자의 텍스트적 역사, 즉 해당 텍스트가 생성되는 과정에서 구축되어 해당 항목이 이러한 특정한 상황에서 실현되는 맥락을 제공할 특정 연어 환경을 갖는다. 이러한 환경이 해당 항목의 '사례적instantial 의미'나 텍스트 의미, 즉 각각의 개별 사례에 고유한 의미를 결정한다"(Halliday and Hasan 1976, 289).

• 단어 체계

원천의 텍스처가 번역에서 오롯이 보존된다는 보장은 없다. 언어 체계의 차이 때문에, 그리고 번역자가 표층 구조가 나타내는 의미를 전부 추출할 수 없기 때문에 텍스처의 손실이 일어난다. 이런 측면에서 번역자는 L1 독자와 같다. 대다수 독자는 텍스트에 투입된 것을 모두 추출하지 못한다. 의미의 감손은 피할 수 없다. 음운, 파생, 함축, 어원, 혹은 민간 어원 관련 관계가 번역 과정에 의해 파괴되기 때문에 L2 텍스처는 L1 텍스처와 결코 동일할 수 없다. 앞에서 살펴 본 독일어 관광 브로슈어의 예에서 'Grünrock'과 'Schwarzkittel'을 연결하는 텍스토니미 관계는 번역자가 L2의 'gamekeeper'와 'wild boar' 간 텍스토니미 관계를 설정하면서 파괴되었다.

어떤 단어 간 관계는 텍스트의 기저 응집성을 직접 지원하는 작용을 한다. 또 어떤 단어 간 관계들은 더 간접적인 차원에서 작용한다. Aphek과 Tobin은 히브리어-영어 번역 연구에서 이 부차적인 일단의 관계들을 단어 체계라고 지칭하였다(Aphek and Tobin, 1981).[48] 단어 체계는 이차 층위의 의미 관계를 나타내는 의미적 오버레이semantic overlay이다. 이 오버레이는 텍스트의 기본 논리 체제에 간접적으로 관련될 뿐이다. 단어 체계가 가장 흔하게 눈에 띄는 문학 작품에서 단어 체계는 "메시지가 실제 언어 자체 내에 긴밀하게 내포된 하나의 통합된 단위로" 텍스트가 "변형되도록"(Aphek and Tobin 1983, 68) 하는 역할을 한다.

일부 단어 체계는 (시나 이야기에서처럼) 미적 효과를 위해 의도적으로

---

[48] "단어 체계는 의미적, 음운적, 어원적, 민간어원적, 혹은 연상적일 수 있는 공통분모를 갖는 단어들의 매트릭스matrix이다."(Aphek and Tobin 1981, 32). 단어 체계는 텍스트에서 나타나며 어휘목록lexicon의 "장field" 개념과 혼동하지 않아야 한다는 점은 맥락을 놓고 볼 때, 그리고 여러 사례에서 분명하다(Blanke 1973, 116).

생성된다. 또 어떤 것들은 우연히 생성된 것들이다. 텍스트에서 인식 가능한 관계들 중 얼마나 많은 것들이 의도적으로 거기에 위치시킨 것들인가? 단어 체계는 설령 우연의 결과일지라도 저자 개인의 문체에 대해 무언가 나타낼 수 있고 계층, 문화, 성gender의 영향을 반영할 수도 있다. 단어 체계는 번역자에게 심각한 문제가 될 수 있다. 단어 체계의 전역적인 텍스트적 특성을 L2로 재현하는 것은 대개 불가능할 것이다(Aphek and Tobin 1981, 43). 비문학 텍스트는 대개 단어 체계가 있다고 하더라도 단편적이다. 이러한 텍스트 대부분은 (정치적 연설과 사설 등은 예외로 하고) 더 일상적인 언어 사용과 단일한 차원의 결속성을 특징으로 한다. 대다수 텍스트의 경우 어휘 결속성은 명제 구조를 명확하게 가리킨다.

단어 체계는 "다의적polysemic이며, 그래서 텍스트에 대한 복수의, 다양한 해석을 가능하게 한다"(Aphek and Tobin, 1983, 59). 독자가 L1 텍스트의 주어진 결속 관계에 대하여 두 개 이상의 해석 중 하나를 선택해야 하는 그 순간 그 관계는 더 이상 언어로부터 독립된 것이 아니다. 그 단어들은 더 이상 독립적인 정신적 컨텐트를 나타내는 임의적 기호들이 아니다. 번역은 단어들이 그 단어의 의미보다 너무 많은 것을 의미할 때 위험에 빠진다. 인유allusion는 둘 이상의 결속적 역할이 개입되는 다의적 구조들의 전형적 사례이다. 이러한 구조들은 '결속적 다치多値性cohesive polyvalence'을 보이는 것들로 언급된다. 인유는 문학 텍스트에서뿐만 아니라 실용 텍스트에서도 나타날 수 있다. 인유는 특허증과 컴퓨터 매뉴얼에서는 흔하게 나타나지 않지만 신문기사와 연설에서는 자주 눈에 띈다. 다치적 구조는 단어 체계와 같지만 그 범위가 더 제한적이다. 다치적 구조는 대개 단일한 구조에 대해서만 논하며 그 단일 구조는 텍스트에서 현지화localized된다. 결속적 다치성의 범위가 제한적이기 때문에 번역자는 대개 이를 처리할 수 있다.

'생쥐와 인간과 돈Of mice and men and money'라는 어구는 과학자들(men)이 생쥐를 가지고 실험을 하는 미국의 한 생물의학 연구소에 관한 기사의 표제이다.[49] 과학자들은 그 연구소의 운영 자금 절반을 한 해에 생쥐를 2백만 마리씩 팔아서 조달한다(money). 이 기사는 그 연구소가 장기이식과 암 연구에서 거둔 성공을 요약한다. 이 텍스트에는 단순한 결속 장치들이 많이 사용되었다. '인간'은 과학자, 유전학자, 면역학자, 조직학자, 바이러스학자, 세포생물학자, 발생학자, 설립자이자 연구소장, 현재의 연구소장, 노벨상 수상자, 스태프staff, 스태프 과학자, 대학원생, 그 일을 맡을 적격자, 암 연구에 관계된 사람들이라는 공동하위어co-hyponyms를 사용하여 반복된다. '생쥐'는 열세 번 반복되며, 품종, 군집, 동물 같이 텍스토니미적으로 연관된 단어도 몇 개 등장한다. '돈'은 표제 외에 전혀 반복되지 않지만 '잭슨랩은 부유한 미국인들과 이들의 민간자선활동을 통해 50여 년 전에 설립되었다(wealthy Americans and their philanthropy floated the Jackson Laboratory more than fifty years ago)'나 '독립적인 잭슨랩을 설립하고 여기에 자금을 댄 기업가들(the industrialists who set up and financed the independent Jackson Laboratory),' 혹은 '모금위원회가 그 건물에 사무실을 두고 있다(a fund-raising committee keeps an office in the building)'같은 문장에서 텍스토니미적으로 언급된다. 연구소의 수입, 잔여 기금, 공적 교부금, 민간 기부, 민간 기증, 민간 지원 같은 공동하위어도 사용되었다.

이러한 직접적인 어휘 결속성은 L2 텍스트에서 쉽게 표현될 수 있다. 그러나 표제에는 존 스타인벡John Steinbeck의 소설 *Of Mice and Men*[생쥐와 인

---

49) 표제는 *Of mice and men and money*이고 부제는 *Sally Festing visits the Jackson Lab in Bar Horbor, Maine*[샐리 페스팅, 메인 주 바 하버의 잭슨랩을 가다]이다(1983년 8월 19일자 *The Times Higher Education Supplement*).

간, 독일어 번역: Von Menschen and Mäusen]에 대한 인유를 포함하고 있다. 이 인유는 주의를 끄는 장치로서 아래와 같은 로버트 번즈Robert Burns의 유명한 시 *To a Mouse*[생쥐에게]에서 연원을 찾을 수 있다.

> The best laid schemes o' Mice an' Men
> Gang oft a-gely
> [생쥐와 인간의 최선의 계획이 종종 잘못된다]

> Wie oft schlägt fehl der beste Plan
> Bei Mensch und Mäusen.
> [생쥐와 인간의 최상의 계획이 실패로 돌아갈 때가 얼마나 많은가]

스타인벡은 번즈에 대한 지시를 자연의 압도적인 힘과 그 힘이 인간과 동물의 삶에 미치는 영향에 대한 상징으로 사용했다.[50] 이 신문 기사의 독자들은 무엇을 추출해 낼 수 있을까? 독자는 기사의 컨텐트와 스타인벡 소설의 핵심 주제 사이에서 진정한 개념적 연관성을 발견할 수 없을 것이다. 독자가 번즈 시와의 연관성도 추가적으로 고려해야 할까? 번역자가 또 하나의 결속

---

50) Thomas Kiernan(1979, 208)은 자신이 쓴 존 스타인벡 전기에서 이 제목을 다음과 같이 설명한다.

> 자신들도 모르게 주동자가 된 비극적 사건으로 인해 자기 땅을 갖고자 하는 조지와 레니(소설의 두 주인공)의 꿈이 물거품이 될 운명이었기 때문에 스타인벡은 '생쥐와 인간'으로 제목을 정했다. 이 제목은 로버트 번즈의 유명한 문구인 'The best laid schemes o' Mice an' Men gang oft a-gely'에서 연유하였다. 이 문구는 인간이 통제할 수 없고 집요하게, 하지만 무정하게 인간의 야망과 환상을 파괴하는 자연의 힘에 대한 인간의 종속을 개탄한 시에서 비롯되었다. 이 제목을 제안한 사람은 에드 리케츠Ed Ricketts였는데, 그는 몬터레이Monterey에서 해양연구소와 생물학 연구 기자재를 공급하는 회사를 운영하는 시카고 출신의 젊은 과학자였다. 리케츠는 과학자들의 자연주의적, 생물학적 결정론을 설명하기 위해 스타인벡에게 번즈의 시를 소개했다. 이 시는 리케츠가 가진 철학의 전형이었고, 스타인벡이 자신의 마음속에서 과거에 모호했던 다양한 자연주의적 인식들을 지각하고 통합하는 데 한 역할을 했다.

형태인 표제의 두운頭韻도 반영해야 할까?

　　이 표제는 다치적 결속성의 전형적인 사례이다. 번역자는 독자의 L2 텍스트 이해를 돕는 데 그 인유가 수행하는 역할을 판단하여 인유의 중요성을 평가해야 한다. 그 인유가 정보성에 도움을 주는가? 그 지시가 결속성을 이루는가? 그 표제는 번역자가 텍스트적 결속성을 탐색하는 데 있어 논리적 출발점이다. 이 표제는 'mice,' 'men,' 'money'라는 세 가지 의미치semantic values를 제공한다. 이러한 값들은 텍스트의 본문에 비추어 참조해야 한다. 번역자는 이 세 가지 값이 텍스트에서 갖는 상대적 중요도를 평가함으로써 의미 손실이 분명히 일어날 수밖에 없는 상황에서 객관적인 선택을 할 수 있다. 부차적인 논리의 줄기를 보존하려는 시도 때문에 필수적인 논리가 희생된다면 그러한 시도에 노력을 쏟는 것은 무의미하다. 그렇다고 인유를 버리라는 주장을 펴는 것은 아니다. "필수적인 논리"의 보존은 기저의 정보 구조를 직접 반영하는 결속장치만 보존하는 것을 의미하지 않는다. 번역자가 중요한 정보 컨텐트만을 추구한다면 'Biomedizinisches Forschungszentrum, Erfolge und Finanzierungsprobleme[생체의학 연구소, 성공, 그리고 재정문제]'면 충분할 것이다. 이렇게 번역하면 국제 의학 연구계의 전문가 독자들을 대상으로 하는 기사에 대한 완전히 타당한 표제가 될 수 있을 것이다. 신문기사의 텍스트성은 번역자에게 더 많은 노력을 요구한다. 번역자는 원문의 구체적인 결속적 성격을 유지할 수 없을 수도 있지만 신문기사의 기능적 요소, 즉 기사가 독자의 눈길을 단번에 사로잡는 효과를 재현해야 한다. 스타인벡과 번즈에 대한 인유가 L2 텍스트에서 이러한 역할을 하지 못하면 이를 희생해야 한다.

　　번역자가 원문의 인유가 전이될 수 없다고 판단하면 창의적 해법 모색이 시작될 수 있다. 가능한 번역으로는 'Forschungserfolge und Finanzierungsprobleme[연구의 성과와 재정문제]', 혹은 'Forschung hilft

Menschen, Forschung braucht Mittel[연구는 인간을 돕고, 자금을 필요로 한다].'
또는 더 요점을 찌르는 'Experimente mit Mäusen kosten Geld[쥐 실험은 돈이
든다]'가 있다. 'Von Mäusen und Menschen und den nötigen Mitteln[쥐와, 인간
과, 필요한 자금]'이나 '...und dem lieben/leidigen Geld...[...그리고 밉기도 곱기
도 한 돈]' 같은 문학적 연상은 아마도 부적절할 것 같다. L2 독자는 대부분
요점을 놓칠 것이다.[51] 번역의 제목으로 어떤 것이 나오든 원문 표제의 복잡
한 결속 기능을 동일하게 수행해야 한다. 표제가 독자에게 정보를 줘야하며
어떻게든 독자의 주의를 끌어야 한다. 표층의 표현은 다를지언정 L1 표제와
L2 표제의 상호작용 목표는 동일하다.

● 문법적 결속성

   어휘적 결속성의 문제에 대처하기 위한 번역 전략들은 종종 재구성
restructuring과 관련이 있다. 재구성은 대개 무비판적으로 전이되었을 때 부적
절할 수 있는 소소한 특정 L1 결속 관계들을 해체한다. 간혹 진정으로 중요도
높은 결속 관계들이 상실되기도 한다. 이럴 경우 과소번역된undertranslated L2
텍스트가 나올 수 있다. 과소번역은 어휘적 결속성을 적절하게 처리하지 못
해 초래될 수 있지만 중요한 문법적, 통사적 의존성dependencies을 보존하지
못하는 결과로 야기될 수도 있다. 문법이 결속성에 일정 역할을 한다는 점이
놀라울 수 있다. 문법적 특성이 텍스트의 명제적, 지시적 컨텐트에 어떠한 직
접적인 영향도 없다고 가정하기 쉽다.

---

51) 또 하나의 가능성은 'mice'라는 단어를 포함하는 L2로 된 문학 작품 제목을 찾아보는 것이다. 하지
   만 적절한 제목을 찾을 수 없었다. 아니면 예컨대 '2 Million Mäuse reichen zur Finanzierung nicht
   aus[쥐 2백만 마리로는 자금 조달이 안 된다]'처럼 텍스트에서 화제를 하나 골라 이를 표제에서
   언급할 수도 있다.

문법은 문장에서 단어들을 관련짓는 구조적 매개체 이상의 역할을 수행한다. 문법 구조는 중요한 관계들을 나타냄으로써 의미 기능도 수행한다. 그러나 문법의 결속 기능은 텍스트 내에서만 활성화된다. 어휘적 결속성과 마찬가지로 문법적 결속성은 텍스트적 현상이다. 동사구에 대한 문장-문법 분석은 그 어구의 형태적, 통사적 구조와, 시제, 상相, 서법을 포함하여 해당 동사의 형태와 범주를 기술한다(Graustein et al. 1977, 98-176). 문법은 문장의 지시 프레임 내에서 각 문법 구조에 기능을 할당한다. 영어에서 상의 문법적 범주는 단순형과 확장형 간 대비에 의해 형태적으로 유표화된다. 문법은 화자의 관심의 초점을 나타내는 언어 기제로서 기능한다. 그 범주 쌍 중 유표적 항목은 (동사+ing라는 확장형으로) 과정 혹은 상태가 (1) 실제로 진행되고 있거나 시간이 지나면서 계속되는 것, 그리고/혹은 (2) 한정된 지속 시간을 갖거나, 또는 (3) 어느 주어진 때에 불완전하다는 것을 나타낸다.

　　상이 시제(현재, 과거, 미래) 및 상관관계(동시성, 선시先時성, 후시後時성)라는 문법 범주와 조합되는 것은 문장과 같은 텍스트 하위 단위 내에서 이다(Graustein et al. 1977, 170, 175-176). 'He was speaking when I joined the banquet[내가 만찬장에 갔을 때 그가 연설을 하고 있었다]'에서 첫 동사구와 같은 설명적 진술문은 "(여전히) 진행 중인, 아직 완료되지 않은" 의미를 전달한다. 그러한 판단은 해당 담화에서 앞서 일어난 일과 뒤따라 일어날 수 있는 일에 대한 언급 없이 내릴 수 있다. 이와 같은 문법 구조들은 문장을 포함하는 더 큰 담화의 텍스처를 이해하는 데 아무 것도 기여하지 않는다. 독일어 번역인 'er sprach gerade[그는 막 말하는 중이었다]/hielt (s)eine Rede[그는 연설을 했다]/war gerade bei seiner Rede, als ich zum Bankett kam[내가 연회에 왔을 때 그는 막 연설을 하는 중이었다]/zum Bankett eintraf[내가 연회장에 도착했을 때]'도 마찬가지로 이해할 수 있다. 어떤 텍스트적 신호도 필요하지 않다.

독일어의 형태적인 상 표지가 부재하는 것은 어휘적 수단(부사와 바꿔 쓴 것)으로 보상된다. 개별 문장을 번역할 때 의미가 문법 수단(형태적 또는 통사적 수단)으로 표현되는지, 아니면 어휘 수단으로 표현되는지는 문제가 되지 않는다.

상의 구분이 격상되어 텍스트 층위에서 문법적 결속성을 제공하면 상황은 달라진다. 확장형을 포함하는 일련의 문장이 여러 문장으로 이루어진 그룹에서 진행의 느낌을 줄 수 있다. 이 때 문장의 특성인 문법 구조는 텍스트의 특성이 된다. 또한 문법 구조는 번역자에게도 중요한 사안이 된다. L1 텍스트에서 거의 부지불식간에 작용하면서 문장 경계를 넘나드는 결속성을 생성시키는 문법 구조는 서로 충돌하는 부사가 연쇄적으로 나오는 경우처럼 L2 텍스트에서 부조화를 일으킬 수 있다. 문법적 구분을 어휘로 치환하는 경우는 문장 층위에서 유용한 단순 전위 전략이지만 문장들이 연결된 그룹의 경우에는 그렇게 효과적이지 않다. 문장 경계를 넘어 결속성을 확보하기 위해 문법적 특성이 활용될 때는 언제나 원문과 멀어지는 번역이 나오거나 어휘적으로 과잉번역될 가능성이 높다.

여기에는 인접한 문장들과의 결속성을 제공하기 위해 사용한 문법적 특성이 L2에서 대응되지 않는 경우들이 포함된다. 흔히 확장형으로 나타나지 않는 영어 동사 'say'는 "그것을 듣고 있는is hearing it" 사람이 갖는 말의 청각적 느낌을 지시하는 것이면 상적相的으로 사용될 수 있다.52) 'X was saying' 혹

---

52) 'say'는 'John was talking a lot but not saying much[존은 말은 많았지만 알맹이는 별로 없었다]'에서 처럼 "뭔가 뜻있는 말을 하라"를 의미하는 또 다른 용례도 있다. 여기에서는 동사의 의미sense가 확장형을 정당화한다. 'say'는 "더 완전한fuller" 상적 의미를 띤다. 'ausdrücken[표현하다],' 'wirklich sagen[실제로 말하다]'과 같이 (L1과 마찬가지로) L2에 이러한 의미 변화를 표현하는 동의어가 많기 때문에 번역은 문제가 되지 않는다. 이런 구분은 'John talked a lot but said nothing'이라는 단순형에서도 나타난다. 이 예의 독일어 번역인 'John redete ständig viel, aber was er dabei sagte, war nicht viel[존은 항상 많은 말을 했지만 정작 의미 있는 말은 별로 없었다]'도 복문 층위에서 전방조

은 'Y was replying' 혹은 'Z was hearing'처럼 활발한 대화를 묘사하는 경우 단순형과의 대비는 물리적 경험(확장형)과 인지적 통각統覺(단순형)을 조합하는 미묘한 결속성 패턴을 생성한다. 물리적 사건의 성격은 언어적 기술linguistic description에 반영되어 있다. 이러한 장치를 소설에 사용하면 발화 대상(X said...)과 발화 대상을 말하는 (혹은 듣는) 행위 간의 초점 이동을 나타낼 수 있다. 저자는 해설자나 주인공의 시점 이동을 반영하기 위해 이러한 간단한 문법적 대립을 사용할 수 있다. 반면 이와 동일한 형태적 구분이 없는 언어를 번역하는 번역자는 어려움을 느낄 것이다. 이러한 경우 번역자는 아마도 어휘적 수단을 활용하여 이와 같은 효과를 창출할 것이다.

아래와 같은 예가 문법적 결속성과 관련한 사항 몇 가지를 예시할 수 있다(1982년 2월 3일자 *Morning Star*).

China's Foreign Minister Wu Xueqian said in Peking Yesterday that "Further efforts are no doubt necessary to dispel the dark clouds" over Sino-American relations. He was speaking at a banquet for US Secretary of State George Shultz, who arrived from Japan earlier on a five-day visit, which he claimed was aimed at "correcting misunderstandings."
[우쉐첸 중국 외교부장은 어제 북경에서 중미관계에 드리운 "먹구름을 걷어내기 위해 두말할 것도 없이 더 많은 노력이 필요하다"고 말했다. 우 부장은 5일 일정으로 일본을 출발하여 도착한 조지 슐츠 미국 국무장관 환영 만찬에서 이같이 말했다. 슐츠 국무장관에 따르면 이번 방문은 "오해를 바로잡는 데" 목적이 있다.]

두 번째 문장의 확장형(was speaking)은 선행하는 단락을 참고하지 않고

응적 지시(was)를 포함하고 있다.

는 해석될 수 없다. 이러한 구조는 종종 신문기사의 첫머리에 나타난다. 처음에는 사실들facts이 단순형(said)으로 서술되고 그 다음에는 중심 화제를 맥락화하기 위해 확장형이 사용된다. 이러한 구조는 연설, 성명, 혹은 발언이 기사의 첫 번째 문장이나 단락에서 인용될 때 종종 사용된다. 피인용문(과 화자)은 대개 "말하기 동사verb of saying" 단순형(said, claimed, vowed, denounced)과 함께 소개되고 그 뒤에 동사의 확장형이 뒤따른다.[53]

확장형의 결속 범위가 표제까지 포함하는 다른 예를 보자. 이러한 경우는 기사가 어떤 이가 공개적으로 발언한 것에 관한 것일 때 종종 발생한다 (1982년 12월 28일자 *Morning Star*).

Thatcher scuppered settlement plan – Dalyell MP vows to dig out the Falkland facts. Rebel labor MP Tom Dayell yesterday vowed to fight on to find the truth about the Falklands adventure – and made dramatic new charges against Premier Thatcher's conduct of the Falklands war. He claimed that on at least three occasions Mrs. Thatcher ordered military action to scupper a negotiated compromise settlement and therefore caused the unnecessary loss of hundreds of lives. The West Lothian MP was

---

53) Cf. Hopper(1982, 5)에 따르면 "상의 기본 개념은 국지-의미적local-semantic인 것이 아니라 담화-화용적discourse-pragmatic이며, 담화에서 완료된 사건으로 특징지을 수 있다." 과거의 논문에서 Hopper(1979, 215)는 스와힐리어 서사체 텍스트에서 발췌한 예를 통해 "담화-조건적 discourse-conditioned 상"을 언급한다. 그는 "지속durative/상태stative/반복iterative을 나타내는 동사가 미완료형imperfective, 즉 배경 절backgrounded clause에서 나타나는 ... 경향"이 있다고 말한다. 이것이 완료상perfective aspect과 더불어 순간상 동사punctual verbs에 의해 전경 문장들 foreground sentences에서 이전에 표현된 바를 배경에 두는backgrounding 우리의 "-ing 형태"와 부합한다. 배경 절은 그 자체로는 내레이션(우리가 살펴보고 있는 예에서는 뉴스 항목을 보도하는 것) 기능을 하는 것이 아니라 내러티브를 뒷받침하고 부연하거나 논평하는 역할(우리가 살펴보고 있는 예에서는 뉴스의 상황 설명)을 한다. 이러한 절은 "보도되는 뉴스의 컨텐트 내 이야기의 사건들에 부수하며 이에 의존한다"(Hopper 1979, 215-216). Hopper는 "시제-상이 이해 가능하게 되는 것은 담화적 관점"(Hopper 1979, 239)에서만 가능하다고 결론짓는다.

speaking after a Christmas storm of protest over his letter to the Queen
begging her to drop phrases backing the war from her Yuletide message.
[대처 총리, 타협안 무시 - 댈리엘 하원의원 포클랜드의 진실 파헤치겠
다고 공언. 노동당의 강성 의원인 탬 댈리엘 하원의원은 어제 무모한 포
클랜드 전쟁의 진실을 찾기 위한 투쟁을 계속할 것이라고 공언하고 대
처 총리가 포클랜드 전쟁에서 한 행동을 놓고 새로이 극적인 주장을 들
고 나와 공세를 이어갔다. 댈리엘 의원은 대처 총리가 적어도 세 차례
협상을 통한 타협안을 무시하고 군사적 행동을 명령했으며 이로 인해
수백 명의 인명이 불필요하게 희생되었다고 주장했다. 웨스트로디언
West Lothian 하원의원인 댈리엘은 크리스마스 메시지에서 전쟁을 지지
하는 문구를 빼달라고 여왕에게 청원하는 그의 편지를 둘러싼 거센 시
위가 크리스마스에 있은 후 이같이 말했다.]

L1 독자는 'was speaking'에 선행하는 것이 사실 그 동사의 "정신적 객
체mental objects"라고 암묵적으로 추정한다. 다시 말해서 확장형은 단순형에
객체가 더해진 것을 상징한다. 아래의 예와 같이 대안적 형태는 종종 명시적
으로 표현되는 것이다(1982년 12월 31일자 *Morning Star*).

Escaper's boast

A prisoner on the run, who was re-arrested then mistakenly released by the
police, has boasted that he is now leading "the life of Riley." Stephen
Sinton, 22, made the claim in an interview in yesterday's Birmingham Post.
He also said that he would give himself up in the next fortnight.
[도피 중인 죄수의 허세. 다시 체포되었다가 경찰이 실수로 풀어준, 도
피 중인 죄수가 자신이 현재 "안락한 생활"을 하고 있다고 허세를 부렸
다. 스티븐 신튼(22)은 어제 일자 *Birmingham Post* 지에 게재된 인터뷰에

서 이같이 주장했다. 또한 신튼은 보름 내에 자수할 것이라고 말했다.]

위 예문에서 문법적 결속성은 동사 'claim'과 앞서 말한 것 사이의 어휘적 관계로 대체되었다. 이러한 형태의 결속성은 영어권 신문에서 흔하지 않다. 상의 구분을 처리할 수 없는 언어인 독일어를 목표언어로 하는 번역자의 경우 확장형을 (단순) 과거형인 'sprach'로 번역하는 것은 결속 관계를 전적으로 간과하는 것이다. 과소번역을 피할 수 있는 방법으로 L1의 대안적 어휘를 사용한 모델을 따라 'er traf diese Feststellung[그는 이러한 확언을 했다]/er äußerte diese Ansicht[그는 이런 의견을 표출했다]/Behauptung[주장을 했다]/er vertrat diese Auffassung[이런 견해를 밝혔다]/er machte diese Bemerkung/ Außerung(en)[이런 발언/ 입장을 밝혔다] 또는 er äußerte sich in dieser Richtung[그는 이런 성향으로 입장을 밝혔다]'과 같은 번역이 가능하다. 대안 중에서 어떤 것을 선택하느냐는 발생한 의사소통의 종류(단순한 진술, 의견, 요청, 주장, 협박)에 달려있다. 어쨌든 확장형의 전방조응적 기능은 적절한 어휘적 치환을 요한다.[54]

L1의 문법적 결속성을 L2에서 어휘적 수단으로 번역한다는 것은 L1의 어휘적 구분에 대해 L2에서 문법적 번역을 활용하는 것도 가능할 수 있다는 것을 시사한다. 하지만 실제로는 이런 경우가 드물다. L2의 어휘 항목이 먼저 "머릿속에 떠오르기" 때문이다. 문법적 전위grammatical transposition는 L1 텍스트의 문법적 특성이 L2에서 대응되지 않고 어휘적 기제가 제 역할을 못할 때

---

54) 물론 영어에서 확장형이 갖는 전방조응적 기능은 개별 문장의 문법적 의미와 다르지 않다. 신문 기사의 예에서 결속 장치들은 대화에서 유표적 형태를 활용하는 것과 관련이 있다. "대화에서 확장형은 선행하는 특정 발화 또는 행위/행동을 지시하고 논평하는 서술문에서 흔히 나타난다(예: I couldn't hope to enjoy myself without you. You're a festivity in yourself. You're making fun of me.[너 없인 즐거울 수 없다니까. 너 자체가 축제야. 날 놀리잖아.])"(Graustein et al. 1977, 170).

에 한하여 고려되는 것으로 보인다. 오컴의 면도칼 법칙(Occam's Razor: 불필요한 복잡화를 피하고 가장 간결한 이론을 취해야 한다는 원칙[역주])에는 위배되지만 번역자는 어휘적으로 표현된 것을 문법적으로 표현하려는 시도를 해야 한다. 영어를 목표언어로 하는 번역자는 독일어 원문이 (예문에서와 같이) 명시적인 목적어나 부사와 같은 어휘적 수단을 사용한 경우 확장형과 현재완료의 구성을 취할 수 있다. 동명사, 분사, 부정사와 같은 비정형 구성들도 있다. 이러한 것들은 다양한 독일어 복문 구조에 대한 전형적인 영어 등가물 역할을 한다.

이 시점에서 우리는 결속성이라는 화두에서 이탈하고 있다. 'er macht das nun schon seit mehr als zwanzig jahren[그는 이 일을 벌써 20년 이상 하고 있다]'을 'he has been doing this for more than twenty years'로 옳게 문법적 번역을 하는 문제는 텍스트 상의 문제가 아니다. 이 문제는 문장 층위에서 완전한 해결이 가능하다. 여기에는 구조는 있지만 텍스처는 없다. 문법이 문장들을 결속적으로 만든다고 말하는 것은 결속성이라는 술어를 잘못 사용한 것일 수 있다. 문법적 결속성을 제공하는, 진정으로 텍스트적인 관계들은 충분히 있다. 그러한 관계들의 예는 지시reference, 대체subsitution, 생략ellipsis, 접속conjunction을 포함한다(Halliday Hasan 1976). 이러한 것들 모두 번역에서 효과적으로 활용될 수 있다.

상호텍스트성

문법적, 어휘적 결속성은 L1 텍스트와 L2 텍스트 이곳저곳에 분포되어 있다. L2 텍스트의 모든 개별 문장 혹은 연어는 결속성 표지를 포함하고 있을 수도 있고 그렇지 않을 수도 있다. 결속성은 서로 연결된 텍스트 분절들로서 개별 문장을 처리할 때 경험하는 것이다. 목표텍스트의 독자는 고립된 구조나 연어가 부적절하고 이상하거나 어색한지, 혹은 부정확한지 판단할 수 없다. 이러한 판단은 결속성을 참고할 때만 가능하다. 어구나 연어가 부적절한지에 대한 판단은 더 큰 언어적 맥락에서만 내릴 수 있다. Newmark(1981), Duff(1981), Nida와 Taber(1969)는 L2 독자가 파악한 번역의 어휘적, 문법적 불일치가 불완전하다고 분석했다. 이러한 불완전성의 원인이 L2 독자에게 항상 명확하지는 않다. 보통의 독자들이 문제가 있는 문법적 혹은 어휘적 흠결을 언제나 인식하지는 못한다. 그럼에도 불구하고 텍스트의 "정상적인" 언어 사용에 대한 L2 독자의 기대가 어긋나는 경우가 있다. 텍스트의 단절 discontinuties은 다른 텍스트에서 독자가 경험한 언어 사용과 충돌을 빚는다. L2 사용자가 번역의 어떤 단일한 국면을 문제 삼는 경우는 드물다. L2 사용자는 그러한 국면들의 누적적 효과에 반응한다. 흠결이 있는 텍스트 프로파일로 인해 번역된 L2 텍스트는 자연스러운 L2 텍스트들과의 거리가 멀어진다. Duff(1981, xi)는 "필자는 아무리 잘 된 번역이라도 종종 '외국' 말처럼 읽히는 때가 있는 것은 왜 그런지 궁금해 했다. 필자는 우리가 본능적으로 '잘못된 것 같다it sounds wrong'고 말할 때 이것이 무엇을 의미하는지 알고 싶었다. 그리고 왜 때때로 이러한 느낌을 설명하는 것이 어려운지도 알고 싶었다"라고 적으면서 이러한 거리감에 대해 언급한다.

번역이 "잘못된 것처럼 들리는" 느낌은 텍스트에 대한 독자의 기대와 어긋나는 데서 비롯된다. 독자 마음속에는 텍스트가 "어떠해야 한다"는 것에 대한 일련의 암묵적 기대가 있다. 이러한 일련의 기대는 상호텍스트성 intertextuality의 산물이다. 이 개념은 "주어진 텍스트와, 과거의 경험을 통해 마주친 적 있는 다른 관련 텍스트들 간의 관계"를 일컫는다. 이것이 텍스트성의 일곱 번째이자 마지막 결정인자로 제시된다(Beaugrande and Dressler 1981, 10, 182-208; Beaugrande 1980a, 20).

상호텍스트성은 번역자에게는 텍스트성의 가장 중요한 측면일 수 있다. 상호텍스트성은 텍스트에서 어떤 단일한 문법적 혹은 어휘적 패턴의 존재 또는 부재의 결과가 아니다. 이것은 문법적, 어휘적 속성들의 구성이 수행하는 기능을 말한다. 상호텍스트성은 독자가 경험에서 추출한 기존의 인지적 템플릿과 비교하는 전역적 패턴이다. 상호텍스트성은 텍스트가 갖고 있다고 독자가 생각하는 속성이요, "이 종류의 다른 텍스트들과 같은" 속성이다. 번역자는 병렬텍스트를 길잡이로 활용하여 의도성, 용인성, 상황성, 정보성, 응집성, 결속성의 요소들을 L2 목표독자의 기대에 맞게 의식적으로 재구성한다. 혹자는 텍스트 관습textual conventions을 언급할 수도 있겠다. 텍스트적 기대 textual expectations와 텍스트 관습을 구분하는 것이 유용할 수 있다. 텍스트 관습은 대개 더 명시적이며, 예컨대 국제 특허증의 구조처럼 텍스트를 생성하기 위한 규칙과 지침들이 있을 수 있다. 대개의 경우 목표텍스트의 텍스트성에 대한 번역자의 이해는 덜 명시적이다. 이러한 번역자의 이해는 L2의 "의사소통 문화communicative culture"의 요건에 대한 덜 공식적인 인식이다. Beaugrande와 Dressler(1981, 206)는 "텍스트성의 개념 전체가 전반적인 의사소통 활동에 대한 절차적 통제로서 상호텍스트성의 영향을 탐색하는 것에 달렸다"고 말한다.

독자가 번역에 적용하는 기대의 패턴은 목표언어로 쓰인 자연스러운 텍스트에도 적용된다. 독자는 이러한 텍스트들 대부분을 자연스러운 텍스트로 인식할 뿐 번역으로 인식하지는 않는다. 번역자가 자연스럽게 느껴지는 번역물을 생산하고자 한다면 번역자는 이와 같은 느낌을 주는 언어적 표층을 갖는 텍스트를 생성해야 한다. 번역물에는 목표문화의 자연스러운 텍스트들이 갖는 상호텍스트성이 있어야 한다. 상호텍스트성이 번역자에게 가하는 제약들은 결정적이며 직접적이다. 이러한 제약들은 번역물의 가시적인 표층 표현에 각각 영향을 미친다. 목표텍스트는 독자적인original L2 텍스트들과 어떤 관계를 형성하며, 번역은 토착 텍스트들과 경쟁해야 한다. 번역자나 의뢰자가 원천텍스트 요소의 보존을 요구하는 특별한 경우에만 Venuti의 저항적 번역에서처럼 번역자가 목표의 상호텍스트성을 무시할 수 있다(Neubert 1980). 모든 번역은 이중 상호텍스트성을 갖는 것으로 볼 수 있다. 원천텍스트는 다른 원천언어 텍스트들과 상호텍스트적 관계를 갖는다. 번역은 기존의 L2 텍스트들과 새로운 관계를 형성한다. 번역자는 목표텍스트와 독자적 텍스트 간의 관계를 무시할 수 없다. 번역자는 이러한 이중 상호텍스트성에 직면하여 목표언어 텍스트 세계에 순응하는 쪽으로 행동해야 한다. 저항적 번역의 경우도 번역자는 마음대로 상호텍스트성을 무시할 수 없다. 원천중심적 번역은 원천텍스트 상호텍스트성을 절차적 통제 수단으로 활용할 뿐이다.

L2 공동체는 번역을 필요로 하기 때문에 번역을 요구한다. L2 공동체는 L1 텍스트의 정보에 대한 접근을 필요로 한다. 번역자는 원천텍스트와 목표텍스트를 상호텍스트적으로 조정함으로써 이 요구에 부응한다. 번역은 '조정된 상호텍스트성mediated intertextuality'을 갖는다고 할 수 있을 것이다. 번역을 이렇게 특징짓는 것이 우리가 번역을 텍스트에 의해 유도되는 텍스트 생산이라고 정의한 것과 부합한다(Neubert 1980). 이러한 정의에 비추어 보면 L1 텍스트는 목표언어로 번역되는 것이 아니다. L1 텍스트는 마치 자연적으로 발생한 L2 사용자 간 의사소통 문화의 한 사례인 것처럼 L2 사용자들이 접근하는 L2 텍스트로 번역되는 것이다. L2 사용자들은 번역물의 일부 (L2 상호텍스트성 기준과 충돌한다는 의미에서의) 비정상적 특성들이 L1에 의한 간섭 때문일 것이라 생각할 수 있다. 하지만 이런 일은 흔히 일어나지 않는다.

대개 L2 사용자들은 텍스트를 번역으로 인식할 수 있는 입장에 있지 않다. 이들은 번역을 구체적인 소통적 니즈와 관심을 충족하는 (혹은 충족하지 못하는) L2 텍스트로 인식하는 경향이 있다. (예컨대 오륙십 년대 일본 전자제품에 대한 초창기 설명서와 같이) 극단적인 경우에만 번역은 번역으로 인식된다.

문학번역에서 목표텍스트 상호텍스트성에 대한 저항은 독자에게 의지한다는 것으로는 정당화되지 않는다. 저항적인, 매끄럽지 않은 번역의 경우는 목표독자의 소통적 니즈를 비평가나 특수한 독자의 소통적 니즈로 대체하는 것이다. 확실히 이것은 합당하다. 각각의 번역이 특정 번역 상황에 대한 대응으로서 존재하기 때문이다. 하지만 우리는 모든 독자의 니즈가 비평가의 니즈와 부합한다고 가정하지 않아야 한다. 저항적 번역은 특수 집단이나, 문화적 편차를 보존하려는 번역자가 교훈적 가치를 돋보이게 하기 위해 설정한 "가상적hypothetical" 독자의 니즈를 충족시킬 수 있다.

상호텍스트성은 번역에서 수단과 목표를 통합하기 위한 수단을 제공한다. 텍스트는 언어의 텍스트적 자원을 제공하는 의사소통 맥락에 내포된다.[55] 의사소통 맥락은 공동체의 소통 목표에서 분리될 수 없다. 의사소통을 통해 무언가를 달성하고자 한다면 그 방법은 제한적일 뿐이다. 말하는 이나 글 쓰는 이는 항상 발화나 작문에 기대되는 형태에 의한 제약을 받는다. 번역자가 자신의 목표를 달성하기 위해서는 이와 같이 기대되는 형태가 목표텍스트와 부합하게 해야 한다. 번역자는 적절한 목표에 맞게 적절한 텍스트를 생성해야 한다. 이중 언어 간 조정을 통한 의사소통뿐만 아니라 단일 언어 의사소통

---

55) 바로 이러한 이유로 언어 공동체speech community보다 의사소통 공동체communicative community 라는 술어가 선호된다. 공통의 언어를 사용하는 사람들의 최대공약수로서의 언어 공동체는 특정한 소통적 습관을 공유하는 집단들의 형태로 존재한다. "의사소통 공동체"라는 표현은 공통된 언어 체계를 암시하지만 특정 소통적 습관을 공유하는 언어 사용자 집단들도 가리킨다.

에서도 기대되는 형태로부터의 이탈이 발생한다. 원천텍스트에서의 이탈은 상호텍스트적 무능력intertextual incompetence 때문으로 생각될 수 있다(즉, 글 쓰는 이가 글을 못 쓰는 경우). 번역에서는 이러한 이탈이 대개 두 의사소통 공동체의 텍스트 관습 간 객관적 차이와 이러한 차이를 번역자가 조정하지 못한 결과로 나타난다. 조정된 상호텍스트성은 L1 텍스트를 L2의 의사소통 매트릭스에 내포시킴으로써 L2 의사소통 공동체의 처분에 맡긴다. 번역자는 L1 텍스트의 소통 범위를 확장한다. 아주 흥미롭게도 상호텍스트적으로 혼합되어 이국적인 형태를 만들어 내는 것도 가능할 것이다. 번역자는 L1 텍스트의 상호텍스트성이 L2 텍스트에서도 "비쳐 보이도록" 함으로써 L2 독자들이 L1의 의사소통 문화를 접하도록 할 수 있다. 번역에서는 원천보다 "나은" 텍스트일 수도 있는 완전히 매끄러운 텍스트에서부터 원천과 목표의 상호텍스트성을 모두 버린, 매우 서투른incompetent 텍스트까지 나올 가능성이 있다. 서투른 텍스트는 모호한 비非텍스트에 지나지 않을 수 있다.

상호텍스트성은 여러 가지 서로 다른 텍스트들이 띨 수 있는 언어 형태를 결정하는 데 중요한 요소이다. 상호텍스트성은 텍스트 유형text type 개념과 관련이 있다. 상호텍스트적인 구분은 일차적인 텍스트 유형론적 구분이며, 경계가 불분명한 기대와 인식의 영역들이다. 이러한 영역들 내에서 대다수 사용자들은 텍스트가 특정 범주에 속하는 것으로 파악한다. 상호텍스트적 구분은 이러한 범주에 이름을 부여하기도 한다. 그 인식의 영역 밖에서 사용자는 텍스트가 다른 유형에 속하거나 아마도 어떤 유형도 아닌 것으로 파악할 것이다. 그리고 모호한 경계에서 텍스트 사용자는 어떤 혼합형hybrid을 인식하게 될 수도 있다. 상호텍스트성은 텍스트 분석가가 아닌 텍스트 사용자가 텍스트에서 보게 될 것으로 기대하는 바에 기초를 둔다. 과학 텍스트와 현대 시詩는 서로 다른 상호텍스트성을 지닌다. 과학 텍스트는 현대 시보다 텍스트의 형태에 더 많은 제약을 받는다. 상호텍스트성으로 인해 독자는 과학 텍스트와 시가 서로 다른 텍스트 유형이라고 인식한다. 이 두 텍스트 종류의 사례들에 대한 과거 경험을 통해 독자는 다른 언어적 표지를 찾도록 학습한다. 독자는 상이한 정도로 집중되어 있고 상이한 형태로 배열된 표지들을 발견할 것으로 기대한다. 번역자는 상호텍스트성 본연의 모호성을 알고 있어야 한다. 어떠한 특정 표지도 독자로 하여금 해당 텍스트를 특정 범주에 속하는 것으로 파악하도록 신호를 보내지 않는다. 구체적 표지들의 출현은 확률론적으로만 기술될 수 있다. 표지는 특정 종류의 텍스트에 나타날 확률이 있다. 번역자는 독자가 해당 텍스트에 텍스트적 정체성을 부여하게 하는 것은 어떤 단일한 표지가 아니라 표지들의 배열이라는 사실을 알아야 한다. 이러한 배열은 가변적이며, 여러 배열이 모여 이루는 복합체를 다른 복합체와 구분 짓는 경계는 모호하다.

특히 문어적 의사소통에서 어떤 텍스트 사례들은 두드러지게 특정 담화 유형의 이상적인 모델에 가깝다. 이러한 텍스트에는 그러한 배열에서 통상적으로 나타나는 표지 대부분이 나타난다. 또 어떤 텍스트는 이보다 수는 적지만 여전히 구분 가능한 특성들이 있다. 상호텍스트적 구분이 갖는 본연의 모호성은 언어적 상호작용의 역학을 반영하며, 언어 사용과 상호텍스트성의 변증법에 대한 표현이다. 텍스트 유형 간 경계의 가변성은 특정 소통 목표와 상황에 맞춰 텍스트를 조정하는 텍스트 생산자의 능력을 반영한다. 저자나 번역자가 "따라야 하는" 마법의 표지 수數란 존재하지 않는다. 그럼에도 불구하고 번역자가 적절한 배열로 적절한 표지를 사용하지 않으면 독자는 텍스트를 자연스럽거나 통상적인 것으로 인식하지 않을 수 있다.

번역자는 목표문화에서 구분된 상호텍스트성에 영향을 미칠 수 있다. L1의 텍스트성이 목표텍스트에 나타나도록 허용된 번역물이 다수 있다. 긴

시간에 걸쳐 그러한 번역물의 수가 많아지면서 L1의 텍스트 습관들이 L2 텍스트에 나타날 수 있다. 언어 접촉language contact은 우선적으로 텍스트 접촉textual contact이다. 언어 변화를 야기하는 것은 L2 텍스트에 미치는 L1 텍스트의 영향이다. 현대의 의사소통은 새로운 텍스트 관습을 목표언어에 도입했다. 정보 전이가 어떻게 새로운 담화 패턴의 확산에 관여하는지를 자세하게 포괄적으로 규명한 예는 아직 없다. 예컨대 라틴어 텍스트를 고대 영어로 번역하는 과정에서 이것이 어떻게 분사구문과 차용조어loan formation를 포함하여 새롭고 다양한 문법 구조와 어휘 구조의 출현으로 이어졌는지 생각해 볼 수 있다. 새로운 구조는 텍스트의 결속성과 응집성을 나타내고 정보성을 강화하며 상황성을 반영하는 새로운 방식을 창출했다. 그 결과, 새로운 담화 방식이 생겨났다. 하지만 이러한 번역 활동 과정에서 영어가 풍성해졌다고 한다면 이는 사실의 일부만을 반영할 뿐이다. 번역은 새로운 지식과 지식을 조직화하는 새로운 방식도 유입시켰다. 이러한 지식의 전이는 "새로운" 고대 영어 텍스트에 의해 시작되었고 강화되었다. 개별 번역물은 정상에서 벗어난 것으로 인식되었을 수 있지만 다량의 이런 번역이 가져온 누적 효과는 L2의 텍스트 자원들이 재배열되는 결과를 가져왔다. 번역은 사회적, 이데올로기적 변화의 수단이 될 수 있다. 번역물은 사회적, 이데올로기적 목표를 달성하는 데 활용될 수 있고, 이제까지 그렇게 활용되었다. 이러한 활용이 가져온 부작용은 새로운 말하기와 글쓰기 방식일 것이다. 좋든 나쁘든 상호텍스트성은 언어의 의미론과 화용론의 발전에 있어 주요 매개요인이다. 언어가 보유하는 인지적 레퍼토리를 확장할 수 있는 것은 새로운 텍스트의 도입을 통해서이며, 그러한 텍스트의 다수는 번역물이다. 언어 사용자는 자신 주변의 세계에 대해 사고하고 이를 해석하고 표현하기 위한 새로운 수단을 제공 받는다.

번역으로 인하여 언어와 텍스트는 점차 국제화되고 있다. 20세기는 (번역학 문헌에서) 종종 "번역의 세기"로 불리었다. 보통의 독자가 읽는 텍스트 중에서 번역은 상당히 큰 부분을 차지한다. 일부 주제의 경우 L2 텍스트 대다수가 번역 텍스트이다. 어떤 사회에서는 번역 텍스트가 주된 담화적 영향을 줄 수도 있다. 그러한 예로 테크놀로지 관련 텍스트를 제3세계 언어로 번역하는 경우를 들 수 있다(Harris 1983). 자국 언어가 이보다 더 폭넓게 사용되는 경우도 전적으로 다르진 않다. 스페인어로 쓰인 의학 텍스트 다수는 번역의 영향으로, 그리고 스페인 의사들이 영어 의학 텍스트를 읽는다는 사실로 인하여 "영어 같은" 특성을 보인다(Talentino 1991). 체제와 용어의 구조 terminological structure 같은 상호텍스트적 특성은 국제화되는 경향이 있다. 이러한 "국제적인" 상호텍스트적 특성들은 영어, 러시아어, 혹은 일본어 같이 구조적으로 상이한 다양한 언어로 쓰인, 특정 주제의 텍스트들에서 흔히 나타난다.

이러한 국제화는 정치 텍스트와 저널리즘 텍스트에서도 나타날 수 있다. 그러나 상호텍스트성의 분리intertextual separation를 주창하는 세력도 있다. 과거 민주주의 체제인 서구와 공산주의 체제의 동구 간 심화된 이데올로기적 대립 때문에 "추정컨대" 동일한 유형의 텍스트 다수가 텍스트적으로 꽤 뚜렷하게 구분되었다. 러시아어 저널리즘 텍스트는 미국의 영어 신문과 동일하지 않았다. 이러한 차이는 당연하게도 일정 부분 텍스트 전통의 결과였지만, 그 중 일부는 의도적이고 이데올로기가 동기가 된 것들이다. 소통 목표가 다르고 그러한 목표를 달성하기 위해 사용된 텍스트 기제도 달랐다. 상호텍스트의 분리는 한 때 언어적 전통과 텍스트 전통을 공유했던 집단들에서도 발생할 수 있다. 구舊동독과 서독 간 저널리즘 담화의 차이를 생각해 볼 수 있다. 두 공산권 국가 집권당의 기관지인 *Pravda*와 *Neues Deutschland*를 비교해 보면 상호텍스트적 유사성이 두드러짐을 알 수 있다. 이 두 신문은 *Neues*

*Deutschland*와 *Frankfuter Allgemeine Zeitung*을 비교할 때보다 더 서로 닮았다. 언어와 문화적 차이에도 불구하고 상호텍스트적 유사성이 있었다. 이것은 구소련의 정치 텍스트와 저널리즘 텍스트가 동독에서 대량 번역되었고 구소련의 담화를 동독의 정치가들이 일부러 사용한 결과였다. 동독에서는 구소련 공산당의 모든 성명이 으레 번역되었고, 과거 독일민주공화국German Democratic Republic은 원래 러시아어 텍스트로 표현된 정견政見의 대변자 역할을 했다. 사실 (공식적인 단어에 강조 표시를 해서) 정기적으로 구소련의 생활에 관한 기사를 펴낸 *Die Presse der Sowjetunion*이라는 주간지도 있었다.

베를린 장벽 붕괴와 동구권 사회주의 국가들의 민주화를 비롯한, 1989년의 정치적 사건들은 동구의 정치 담화를 매우 빠르게 변화시켰다. 거의 하룻밤 사이에 구舊체제의 언론인들은 오랜 담화 습관을 잊고 서구 언론인들의 텍스트 신호textual cues들을 받아들였다. 그러한 전환은 이미 서구 쪽으로 기운 비판적 언론인들에 의해 초래되었다. 상호텍스트성의 동조intertextual alignment가 상호텍스트성의 분리를 대체한 것이다.

영어, 러시아어, 독일어 체계는 이 언어를 사용하여 선전되던 정치적 컨텐트와 관련하여 중립적이다. 그러나 텍스트 표지의 일관된 패턴인 텍스트적 배치는 공통의 정치적 가치들을 나타내는 데 활용될 수 있다. 서로 공유하는 정치적 지식이 특정 정치적 텍스트 유형을 생산하는 데 어떻게 문법적, 어휘적 선택을 제약하는지 기술하는 방법에 관하여는 문헌에 나오는 바가 거의 없다. 정치적 텍스트의 번역자는 텍스트에 나타나는 신호와 상징 관습들 symbolic conventions을 예민하게 인식하고 있다. 병렬텍스트에 대한 경험을 통해 번역자는 특정 배열로 나타나 독자에게 특정 텍스트 전략이 사용되고 있다는 것을 신호하는 텍스트 특성들을 파악하는 데 도움을 얻었다. 이러한 특성들에는 연어, 은유, 핵심어, 용어 전통, 역사 관련 인유, 구조의 진행 형태

structural progressions, 명칭과 인물 소개 관련 관습이 포함될 수 있다. 그뿐만 아니라 지위와 사회적 역할에 대한 지시도 포함될 수 있다. 여기에 열거한 것이 모든 특성을 망라한 것은 아니다. 이러한 것들과 무수히 많은 다른 특성의 출현 양상이 우리가 상호텍스트성이라 부르는 텍스트의 기대 영역textual regions of expectation을 구성한다.

텍스트에 대한 정형화된 기대는 독자가 텍스트를 범주화하도록 이끈다. 이러한 범주화는 명시적이지 않다. 독자가 항상 텍스트 범주에 꼬리표를 붙이는 것은 아니지만, 어떠한 종류의 텍스트를 다른 텍스트와 구분할 수는 있다. 독자는 신문기사를 과학 연구 논문과 구분할 수 있고 선전문을 보도문과 구분할 수 있다. 독자는 텍스트적 기대의 차이에 기초하여 일차 텍스트 유형론을 형성한다. 그리고 경험적 수단을 통해 이 초보적인 텍스트 유형론을 검토하는 것이 가능할 것이다. 번역자나 텍스트 유형학자의 텍스트 유형론은 텍스트 사용자의 기대와 식별identifications을 관찰한 결과에 기초를 두는 이차 텍스트 유형론일 것이다. 이차적인 경험적 유형론은 관찰보다는 성찰reflection에 기초한 추상적 텍스트 유형론보다 번역자에게 더 유용하다. 번역자는 텍스트 유형론 관련 문제에 극도로 민감하다. 왜냐하면 번역자의 작업은 L2 텍스트 특유의 신호와 기대에 대한 인식에 의존하기 때문이다. 번역자의 인식은 전반적으로 반응적reactive이기 때문에 독자의 일차적 인식이 아니다. 번역자의 인식은 기대가 어긋날 때에만 가시화된다. 번역자는 원천언어 텍스트와 목표언어 텍스트의 상호텍스트성을 명시적으로, 그리고 비암시적으로 파악하고 있어야 한다. 번역자는 번역이 문화 간, 그리고 언어 간 상호텍스트성 활동임을 인식한다. 번역은 조정된 상호텍스트성이다.

제4장
결과로서의 번역

번역의 발달

　　본서의 제목인 '텍스트로서의 번역'은 번역물은 텍스트이고 번역 과정
은 우선적으로 텍스트적 과정이라는 사실을 강조한다. 목표텍스트는 L1 텍스
트의 텍스트 세계와 L2 텍스트의 텍스트 세계 간 복잡한 관계를 고려한 세심
한 매칭 과정의 결과로서 생산된다. 완성된 번역, 즉 결국 의뢰자나 독자의
손에 주어진 번역물은 최종적인 번역 결과물이다. 혹자는 이 시점에 번역 과
정이 완료된다고 말하고 싶을 것이다. 하지만 그 과정이 정말 완료되었을까?
번역의 창출 과정에서 번역자가 내리는 의사결정은 L2 독자들에게 비정형적
인 영향을 미칠 수 있다. 번역물이 읽히는 한 번역자가 선택한 언어적 신호들
은 그 효과를 낸다. 확실히 번역물 창출 과정은 번역자가 텍스트를 독자에게
전달하면서 끝이 난다. 그러나 활발하게 텍스트를 이해하는 과정에서 독자가

번역자의 신호와 표지를 활용하면서 번역 과정의 새로운 단계가 시작된다. 번역 실행 단계에서 번역자는 활성화된 파트너이며 독자는 예측된projected 파트너일 뿐이다. 번역의 두 번째 단계에서는 독자가 중심을 차지한다. 텍스트 표층의 언어 표현들은 번역자의 존재를 알리는 잔존물에 불과하다. 모순적이게도 번역이 더 효과적일 수록 번역자의 존재를 감지하기가 더 어렵다. 최선의 화용적pragmatic 번역은 토착적 텍스트로 수용되기 때문에 결코 번역으로 인식되지 않는다. 그러한 번역은 부지불식간에 L2 텍스트의 세계에 융합된다. 번역자와, 상호텍스트성에 대한 번역자의 이해는 그러한 융합의 동인이다.

어떤 번역물들은 목표텍스트 세계에 쉽게 안착하지 못한다. 특정 문학 번역은 언어 용례, 텍스트 관습, 사회문화적 이해가 변화하였기 때문에 재번역될 필요가 있을 수도 있다. 처음 번역된 때 존재한 번역 상황이 변화하였고 현재는 그 번역이 부족하게 느껴지는 경우이다. 이런 경우에는 일종의 번역 형태형성translation morphogenesis이 일어난다. 번역은 번역 실행active translation 과 비판적 읽기를 주기로 하여 이루어진다. 비非문학 번역은 대부분 이 주기와 무관하다. 실용 텍스트는 재번역되는 경우가 드물다. 최초의 전이를 발생시킨 번역 상황은 고유하다. 실용 번역은 문학 번역보다 번역물이 생산되기 위한 실용적 여건에 더 밀접하게 예속되어 있다. 대개의 경우 [재]번역 필요성은 사라진다. 실용 텍스트는 일단 번역되면 목표문화 텍스트 시스템의 필수적인 부분이 된다. 훌륭하게 번역되었다면 그 번역 텍스트는 번역으로 인식되지 않을 것이다. 효과적인 실용 번역이라면 목표문화의 텍스트성 기준에 부합할 것이고 번역물로서의 발달은 끝이 날 것이다.

특정 문학 번역물들은 너무나 우호적으로 수용되어 목표문화 정전正典의 일부가 된다. 현대의 번역자가 좋은 의도로 더 동시대적인 버전을 생산하려는 경우 이러한 시도가 저항에 부딪힐 수도 있다. 19세기에 Schlegel과 Tieck가 번역한 셰익스피어와 16세기에 Luther가 번역한 성경은 일부 국가에서 더 최근에 나온 번역보다 여전히 더 인기가 있다.

우리가 번역 형태형성 개념을 수용한다고 해도 최초 번역물의 "후손"이 더 발전된 것임을 암시하는 것은 아니다. 성경 번역의 예를 생각해 보자. *Simple English New Testament, New International Revised Standard, Living Bible*은 확실히 *King James Version*과 꽤 상이하다. 이 번역들은 모두 존재할 권리에 있어 동등하다. 각 버전은 특정한 번역상황의 산물이다. 상이한 목적과 상이한 니즈는 번역물에 표현되어 있다. 상이한 번역 상황으로 보건대 각각의 번역은 목적에 완벽하게 맞춰 번역되었을 것이다.

텍스트 유형

번역물이 토착 텍스트와 융합되는 능력은 토착 텍스트의 텍스트 특성을 수용하는 능력에서 나온다. 모든 번역은 텍스트 특성의 특정한 배열로 특징지어진다. 상황, 의도, 정보성, 그리고 텍스트성의 기타 결정인자들은 번역자의 책임 하에 번역자가 처리한다. 텍스트 내 텍스트 특성의 배열은 L2 텍스트 독자가 기대하는 배열에 상응하도록 통제된다. L2 사용자에게는 텍스트에 대한 자신의 반응을 통제하는 일단의 텍스트적 기대textual expectations가 있다. 그러한 기대는 꼭 의식적인 것만은 아니다. 일상적인 것들에 대한 지식이 대부분 그렇듯 텍스트 지식은 위배될 때만 검증될 수 있다. 사용자는 텍스트의 무엇이 문제인지 정확하게 적시하지는 못하지만 전반적인 느낌은 대개 이야기할 수 있다. 사용자는 텍스트가 엇나가면 이를 구분할 수 있다. 텍스트 구조에 위배되는 경우는 물리적 결과가 초래될 수 있다. 독자는 텍스트를 몇 차례 다시 읽어야 할지도 모른다. 독자는 자신이 읽는 모든 텍스트에서 표지의 동일한 배열을 찾지 않는다. 독자는 텍스트 특성의 특정 배열을 보고 특정 텍스트 "유형"으로 인식할 수 있다. 이러한 일차적 유형론은 소박한 수준이다. 이러한 유형론은 분석적 성찰이 아닌 경험이 축적된 결과로 형성된 것이다. 예컨대 "사적인 편지"에 대한 경험의 결과로, 텍스트 특성의 특정한 포괄적 패턴은 구체적인 꼬리표와 연관된다. 독자의 일차적 유형론에 대한 번역자의 인식은 전문적 번역 지식의 중요한 일부분이다. 전문적인 학자의 텍스트 유형론은 텍스트의 일반적 속성을 나타내는 유용한 방법이다. 이러한 유형론은 목표독자의 기대에 부응하는 목표텍스트를 생산하기 위한 번역 상의 의사결정을 내리는 데 도움이 되는 경우에만 번역 실무자에게 유용하다. 번역자와 전문 텍스트 연구 학자나 모두 텍스트 지식의 사회적 분포에 대한 이차적 이해가 있어야 한다. 이러한 이차적 이해는 번역 사용자들의 일차적 이해에 대한 기술description이다. 번역자의 이차적 지식은 경험을 통해, 병렬텍스트의 집합을 통해, 그리고 목표언어 독자 및 전문가와의 협의를 통해 형성된다. 번역자의 이차적 텍스트 유형론이 텍스트를 학문적으로 분석하는 사람들의 유형론만큼 명시적이고 격식적인 경우는 드물며, 그럴 필요도 없다. 번역자는 실용 텍스트 분석가이다. 번역자는 먼저 어떤 유형의 텍스트가 생성되어야 하는지 결정해야 한다. 그리고 나서 번역자는 해당 텍스트가 목표언어 공동체의 텍스트 유형이 되는 데 필요한 텍스트 특성을 의식적으로 처리하고 조합해야 한다.

　　Gumperz(1982, 1)는 담화 전략을 논하면서 "의사소통은 두 명 이상 개인의 조율된 노력을 요하는 사회적 활동이다. 결과물이 아무리 잘 구성되었거나 멋들어지든 문장을 생산하기 위한 단순한 말talk은 그 자체로는 의사소통을 구성하지 않는다"고 중요한 점을 지적했다. 번역자는 의사소통 활동의 파트너이다. 번역자의 L2 텍스트 능력textual competence은 소통적 협력관계의 배경에 불리하게 작용한다. 텍스트가 "용인될 수 있다"거나 "적절하다"는 말을 듣기 위한 조건은 번역자가 결정하는 것이 아니다. 번역자는 의사소통 상호작용에서 중요도가 낮은 파트너이다. 용인성의 조건은 텍스트 독자가 결정하며 번역자는 이를 반영할 뿐이다. 목표독자의 텍스트 지식에 상응하도록 텍스트 생산을 조율하는 것은 번역자이다.

번역자의 일차적 텍스트 유형은 어떤 사회에 전형적인 소통 절차를 반영한다. 그러한 절차들은 그 사회에 널리 분포되어 특정 종류의 상황에서 사용하도록 의도된 담화 기제들이다. 텍스트 유형은 거의 그러한 유형이 사용되는 사회적 상황들만큼이나 서로 이질적이다. 텍스트 유형은 텍스트 사용자가 사회적 활동에 대해 갖는 지식에 포함되어 있다. 그렇기 때문에 번역자가 텍스트 유형을 사용하려면 특정 인지적 프레임을 활성화하고 구체적인 상호작용 시나리오를 적용해야 한다. 텍스트 유형에 대한 이해는 번역자의 절차적 지식 기반에 투입되는 자원이다. 번역자는 텍스트 유형 지식을 활용하여 목표언어 체계에서 이용 가능한 언어적 재료를 조합하여 사회적으로 효율적이고 상황적으로 효과적이며 소통적으로 적절한 배열을 생성시킨다.[56]

텍스트는 사회적으로 분포된 의사소통 절차들을 활성화시킨 사례들이다. 텍스트의 표층은 기저의 절차적 이해를 적용하는 데서 비롯된 언어적 표

---

56) "'텍스트 유형'은 텍스트 사례를 생산하고 예측하고 처리하기 위한 일단의 발견적 방법이며 그렇기 때문에 효율성, 효과성, 적절성의 주요 결정인자 역할을 한다"(Beaugrande and Dressler 1981, 186). Beaugrande와 Dressler(1981, 11)는 유형type의 이러한 세 가지 요소에 대해 언급하면서 "텍스트의 **효율성**은 참여자들이 최소의 노력을 들여 의사소통 하는 데 이것을 활용하는 것에 달려있다. 텍스트의 **효과성**은 강한 인상을 남기고 목표를 달성하는 데 유리한 조건을 생성시키는 것에 달려 있다. 텍스트의 **적절성**은 텍스트의 배경과 텍스트성의 기준들이 준수되는 방식 간의 합치이다"라고 덧붙인다.

지들을 담고 있다. L2의 의사소통 절차는 고르게 분포되어 있지 않다. 모든 독자가 자신이 속한 문화권의 모든 텍스트적 잠재성에 동일하게 접근할 수 있는 것은 아니다. 텍스트에 대한 독자의 경험은 결코 동일하지 않으며 독자의 개인적인 의사소통 이력도 매우 다양할 수 있다. 텍스트적 경험은 초기 사회화, 공교육, 그리고 특수한 훈련을 통해 형성된다. 일부 일차적 텍스트 유형은 폭넓게 퍼져 있다. 그 한 예가 '사적인 편지'라는 텍스트 유형이다. 예컨대 제품 수리 설명서 같은 다른 텍스트 유형은 이보다는 협소하게 분포되어 있을 수 있다. 한 문화권의 텍스트적 지식의 총합은 한 개인의 텍스트적 지식과 결코 일치하지 않는다. 텍스트 유형은 수용 기대receptive expectations와 생산 절차productive procedure로 구성된 복합체에 붙여진 꼬리표이다. 텍스트 유형은 특정 특성을 공유하는, 사회적 상황 속의 일단의 텍스트 사례들을 정의하는 역할을 한다.

개별 텍스트는 독자의 사회적 관계라는 맥락에서 의미가 통할 때에만 비로소 이해될 수 있다. 텍스트는 텍스트 생산자와 독자의 관계와 합치해야 하며, 소통 목적에 대한 이해와 합치해야 한다. 텍스트 사용자는 특정 상황을 특정 소통 절차와 동일시한다. 독자는 "저장된 지식에서 생성되는 동기 유발 체제"(Garnham 1983, 152)의 결과로 그러한 상황에서 행동하고 반응하도록 동기가 부여된다. 따라서 텍스트 유형은 그 적용 방법이 구체적인 사회적 지식의 형태로 학습된, 사회적으로 제도화된 수단이다(Stein 1982, 330).

텍스트 유형에 대한 지식은 어휘와 문법에 부가하여 습득되는 것이 아니라 이러한 것들과 함께 습득되는 것이다. 특정 텍스트에서 형태와 구조의 언어적 공존성은 정신적으로 저장된 프레임과 관련을 맺는다. 텍스트에 대한 경험이 축적되면서 텍스트 내 언어 형태의 분포는 직접적인 맥락들을 상실한다. 이러한 형태의 분포는 텍스트의 유형들과 더욱 추상적으로 연결되며 구체적인 텍스트 사례와는 연관성이 감소한다. 특정 종류의 텍스트 내 언어적 요소들을 활용하는 것은 텍스트와 텍스트 유형의 상호작용이다. 언어적 표지의 특징적인 분포는 텍스트적 지식 프레임을 촉발시킨다. 그러나 이러한 촉발 효과를 인식하면서 저자와 필자는 그러한 분포를 텍스트에서 생성시키게 된다. 텍스트 유형은 수용 기대와 생산 절차의 조합이다.

텍스트 표지의 배열(언어적 재료의 패턴)은 추상적인 프레임과 관련이 있으므로 텍스트 유형은 절차적 지식으로서 작용한다. 그러나 어떤 텍스트 유형에서 텍스트 표지가 어떻게 구체적으로 배열되었는지는 단순한 텍스트 표지 점검표checklist로 확인할 수 없다. 독자가 특성의 특정한 분포를 보고 구체적인 텍스트 유형으로 인식하는 능력은 텍스트를 훑어보고 필요한 요소들을 찾아보는 행위를 통해 나타나는 것이 아니다. 텍스트가 특정 텍스트 유형의 한 사례로 인식되도록 텍스트를 생산하는 것은 그 텍스트를 그러한 유형의 구성원으로 표시하는 데 필요한 모든 특성을 한 가지 한 가지 도입하는 간단한 문제가 아니다. 점검표 방식의 텍스트 분석은 유용한 분석 수단일지 모르지만 아마도 독자와 저자가 텍스트 유형을 활용하는 실제 방식을 나타내지는 않을 것이다.

텍스트 유형에 대한 번역학자의 시각에는 사회적 활동에서 발생하는 텍스트 표지의 정교한 맥락화에 대한 더 현실적인 견해가 담겨 있어야 한다. 특허증과 특정 유형의 시는 형태 규칙이 적용되지만 다른 텍스트 유형은 대부분 그와 같이 깔끔하게 기술될 수 없다. 특허증에서도 형태적 요건이 반드시 텍스트의 모든 층위까지 적용되는 것도 아니다. 특허증의 경우 형식적 요건은 더 일반적인 텍스트 층위에서 적용된다. 더욱 구체적인 문법적, 어휘적 결속성 층위는 이러한 요건들과 무관하다. 미리 규정된 전체적인 구성 양식은 있을 수 있지만 문단이나 섹션의 내부 구조에 대한 처방은 없다. 텍스트 대부분은 기존의 형식적 처방을 통해 생산되는 것이 아니다. 만약 그렇다면 번역자가 할 일은 더 단순할 것이다. 형식적 처방은 텍스트 템플릿을 구성한다. 그리고 그러한 템플릿에는 불변적 구조들과 가변적 구조들이 섞인 특징적 집단들이 포함될 것이다. 가변적 구조들은 소통적 맥락이 제공될 때 채워진다. 아래와 같은 문서가 텍스트 템플릿의 한 예이다.

Assignment of Lease

_____ and _____, Lessees of that certain lease dated _____, b and between _____ Lessor and _____ Lessee, and pertaining to that certain _____ do hereby assign their right, title and interest in and to said lease to _____, whose address shall henceforth be _____.
It is agreed and understood that this assignment is contingent upon satisfactory compliance with terms and provisions of the lease.

Witnesses:

_____

_____

Acceptance
We, _____, hereby accept the above assignment and subject ourselves to all the promises and covenants therein contained. We fully understand that this assignment is contingent upon the making of timely payments on the lease and complying with all the terms and provisions of the lease.

Witnesses:

_____

_____

Consent

_____, landlord and lessor under the above lease hereby consents to the assignment of said lease from _____ to

_____.

By: _____

Attest: _____

이런 식으로 기술될 수 있는 텍스트의 수는 제한적이다. 텍스트가 구체적으로 조직화된 사회적 지식을 나타내는 것이 사실이지만 그러한 지식은 대개 정형화된 방식으로 조직화되지 않는다. 번역자는 텍스트 유형의 언어적 일관성을 고정적인 템플릿이 아닌 텍스트에 관한 사회적 이해가 모여 조직화된 것으로 이해해야 한다. 텍스트가 특정 텍스트 유형에 속하는 경우, 그 텍스트의 "담화 층위 관습discourse level conventions은 (다소간) 공통된 목표를 추구하면서 제도화된 환경에서 협력하는 개인의 장기간에 걸친 상호작용 경험을 반영한다"(Gumperz 1982, 209).

담화 관습은 유사하지만 동일하지 않은 사회적 맥락들의 체제 내에서 작용하는 소통적 관행이다. 특정한 소통적 맥락 내에서 일어나는 모든 의사소통은 텍스트 사례를 발생시킨다. 각각의 사회적 맥락이 상이하기 때문에 그와 관련된 실제 텍스트도 상이하다. 텍스트 유형은 일반화된 사회적 맥락을 중심으로 집성된 가변적 사례들이 정형화한 것이다. '사업계약서'라는 텍스트 유형은 계약 협상이라는 사회적 맥락과 분리될 수 없다. 사업계약서가 텍스트 사례들의 한 부류로서 갖는 관습적 특성들은 계약 협상이라는 경험이 축적된 결과이다. 계약서의 언어적 표층은 그러한 사회적 환경과 결부된 각본(추상적 텍스트)을 반영한다. 일차적 텍스트 유형은 공식이나 템플릿이 아니라 경험에서 비롯된 추상적 개념이다. 그리고 이러한 추상적 개념은 구체적인 사회적 상황에서 경험의 대상이 된 텍스트에서 나온다. 텍스트 유형은 텍스트적 패턴이 아니라 패턴을 생성시키는 데 사용될 수 있는 기대와 인식이 조직화된 집합이다. 그러한 기대와 인식의 집합은 텍스트 분석가들이 제시하는 명확한 텍스트 유형과 전혀 같지 않다. 일차적 텍스트 유형은 사실상 '원형prototype'이다.

원형

원형은 텍스트에 대한 경험에서 축적된 것이지만 텍스트는 아니다. 원형은 구어적 혹은 문어적 담화에서 지식을 조직화하는 방식으로서 사회적으로 조건화된 것을 말한다. 필자는 '원형'이라는 낱말을 우리가 방금 살펴 본 일차적 유형들과 텍스트 유형론자들의 분석적 텍스트 유형을 구분하기 위해 사용한다. 특정 텍스트에서 텍스트 표지의 구체적 배열은 그러한 원형과 전적으로 관련이 있는 것도 아니고 그렇다고 해서 전혀 관련이 없는 것도 아니다. 해당 원형에 나타날 수 있는 특성이 어떤 단일한 텍스트에 모두 나타나는 경우는 없다. "동일한 유형"에 속하는 방대한 텍스트의 집합에서 나타나는 모든 특성의 목록을 통해 원형이 규정되는 것도 아니다. 원형은 단순히 특징적인 텍스트 특성으로 가득한 프레임이 아니다. 원형은 그러한 특성을 조직화하는, 일단의 상황 특유의 방식들이기도 하다. 맥락은 원형과 상호작용하면서 텍스트를 만들어낸다. 원형은 텍스트의 생산과 해석에 적용되는 지식 구조이다. 그렇기 때문에 원형은 텍스트 사례 다수의 총합이 아닌 그 이상이다. 마찬가지로 하나의 텍스트 사례는 원형에 의해서만 결정되지 않는다. 텍스트 사례는 항상 사회적 상황에 좌우된다. 각각의 개별 텍스트 사례는 원형이 제시하는 모든 가능성 전부가 아닌 일부를 활용한다. 표지들을 선택하는 일은 텍스트 생산 시점에 원형과 상호작용하는 화용적 변수들에 좌우된다.

원형과 물리적 텍스트의 상호 의존성은 텍스트 사례가 나타나는 사회적 상황의 가변성이 가져온 산물이다. 원형의 공통된 기대 구조가 제공하는 안정성과 텍스트적 상황의 가변성 간에는 지속적인 상호작용이 있다. 이러한 상호작용이 텍스트에 특유의 역사성historicity을 부여한다. 텍스트는 오랜 시간을 거치면서 역동적으로 발달한다. 원형과 사회적 상황 간에 완전한 균형이란 존재하지 않는다. 텍스트 사례는 텍스트적 이해의 안정성이 의사소통 상황 고유의 요구조건과 경합하는 경우의 타협이다. 텍스트 사례는 의사소통 상황 자체가 미리 규정된 특수한 상황에서만 더 고정적이 되고 수렴하는 경향이 있다. 법률 텍스트는 의사소통 상황이 미리 규정되는 경우를 보여주는 좋은 사례이다. 상황의 극단적인 안정성은 텍스트 사례들의 유사성을 야기한다.

따라서 원형과 연관된 특성들은 언제나 유동적이다. 오늘 의무적인 특성들이 내일 선택적 특성이 될 수 있다. 어느 한 종류의 텍스트와 연관된 특성들이 다른 종류의 텍스트에서 나타날 수 있다. 새로운 원형이 역동적 사회 상황 속에서 변모해 감에 따라 새로운 텍스트 사례의 집단이 나타난다. 아래의 신문기사는 언제나 진행 중인 텍스트의 변모를 엿볼 수 있는 훌륭한 사례이다. 분기별 보고서와 만화책이 그 부모 격의 원형parent prototype의 특성들을 공유하는 새로운 혼합형 텍스트로 병합되어 있다(1991년 12월 18일자

Record Courier).

Marvel gets comical with quarterly report

Now public Marvel Entertainment Group Inc. has published its first quarterly report to shareholders as a four-page color comic book starring The Incredible Hulk and The Amazing Spider-Man. "Things have sure changed around here!" says the Hulk, bursting from a business suit.
[코믹한 분기보고서 발간한 마블－이제 상장기업이 된 마블엔터테인먼트가 '인크레더블 헐크'와 '어메이징 스파이더맨'이 등장하는 네 쪽짜리 컬러 만화로 분기보고서를 발간했다. "확실히 상황이 달라졌군!" 헐크는 양복을 찢고 나오며 이렇게 말한다.]

하나의 특성이든 특성의 묶음이든 모두 둘 이상의 텍스트 유형과 관련되어 있을 수 있다. 원형과 원형 사이의 경계는 고착된 것이 아니다. 원형은 그 가장자리가 희미해지면서 다른 원형들과 중첩되는 "모호한 유형들fuzzy types"로 생각할 수 있다. 텍스트 사례들에는 원형에 "속하는 정도"가 있을 수 있다. Lakoff의 고전적인 조류鳥類 원형의 예가 이에 해당된다. 개똥지빠귀는 펭귄보다 더 새에 가까운 것으로 생각된다. 하지만 역시 둘 다 새로 인식된다. 업무 서신의 예들 중에는 분명히 그러한 유형에 속하는 것으로 인식될 수 있는 것들이 있다. 특정 텍스트 표지들이 나타나 이것이 특징적으로 조직화된 형태는 독자가 즉각적으로 해당 유형을 인식할 수 있게 한다. 특성의 수는 적게 나타나더라도 여전히 업무 서신으로 인식될 수 있는 텍스트 사례들도 있을 수 있다. 그렇다면 어떤 경우에 업무 서신이 업무 서신으로 인식될 수 없을까? 인식과 수용을 이끌어 내는 단일한 특성은 없다. 텍스트 표층에서 언어

요소들이 연계되면서 이를 신호로 독자들이 받는 복잡한 인상이 있을 뿐이다. 표지의 대체, 생략, 재배열, 부가로 인해 텍스트 사례는 뚜렷하게 인식될 가능성이 낮아질 수 있다. 이러한 변화로 인해 독자는 해당 텍스트를 다른 유형으로 인식하거나, 인식 가능한 유형이지만 일부 흠결이 있는 것, 혹은 어떤 혼합형으로 인식할 수 있다. 혼합형의 경우도 낯설기는 하지만 상황의 요구에 부응하기 때문에 여전히 소통적으로 용인될 수 있다. 혼합형 텍스트가 갖는 전반적인 성격 때문에 "텍스트다움"이 일반적으로 인식될 수 있다. 이것은 텍스트를 특정 텍스트 유형과 관련지을 수 없는 경우라도 텍스트로 인식할 수 있다는 것을 의미한다. 텍스트는 원형성prototypicality이 없이도 텍스트성을 보일 수 있다.

원형은 텍스트성에 대한 우리의 이해를 조직화한다. 원형은 텍스트성의 특정 영역들이 특정 소통 기능을 담당하도록 규정한다. 원형은 더 폭넓은 텍스트성 체제 내에서 나타난다. 원형은 사회적 목표라는 맥락에서 기능한다. 따라서 원형은 처방으로 간주될 수 없다. 원형은 구체적 목표에 다다르기 위한 담화적 수단이며 그러한 목표에 종속된다. 원형은 Marx가 말한 '사회적 교류 형태soziale Verkehrsformen이다.[57] 원형은 특정 소통 하위그룹에 의해 역사의 특정 시점에 용인되는 특정한 말하기 및 글쓰기 방식이다.

원형은 사회적 과정을 결정하기도 하고 사회적 과정에 의해 결정되기도 한다. 이러한 이중적 성격 때문에 원형을 기술하기는 어렵다. 그러한 어려움은 부분적으로는 원형이 사회적 기능, 정보 컨텐츠, 텍스트 형태를 완전히 통합하는 데서 기인한다. 텍스트언어학에서 주된 연구 문제 한 가지는 텍스

---

57) Marx가 주창한 역사의 변증법적 유물론 개념에서 "언어language"라는 용어의 사용에 대해서는 *The German Ideology*[독일이데올로기]에서 개진되었다. 언어 사용은 사회 집단의 구체적 목표 및 니즈와 긴밀하게 연관되어 있다.

트 컨텐트, 텍스트 형태, 텍스트 기능을 구분하는 것이다.

예컨대 가장 흔한 텍스트 분류 체계 중 한 가지는 텍스트를 기술적descriptive, 화술적narrative, 쟁론적argumentative 텍스트로 나눈다. 이러한 구분은 형태와 컨텐트의 사회적 기능을 포착하지 못한다. 고전수사학적 전통에 토대를 둔 다른 접근법들은 기능문체론functional stylistics, 담화분석discourse analysis, 민속방법론ethnomethodology과 같은 명칭 하에 체계적인 기술 체계를 마련했다. 이러한 체계 중 일부는 문장 상위 층위의 배치 형태와 사회적 상호작용 패턴 간의 관련성을 상세하게 다루는 인상적인 수준의 기술 방식을 낳았다. 하지만 이러한 접근법들이 제공하는 개념적 수단은 원형에 대한 완전히 만족스러운 기술 및 설명 모델을 산출할 만큼 충분히 정확하지 않다. 그럼에도 불구하고 이러한 접근법들에서 비롯된 개념들이 번역학에서 일반적으로 적용된다. 담화분석과 기능문체론 문헌에 나오는 개념 중에는 일상everyday, 과학scientific, 저널리즘journalistic, 격식official, 문학literary 같은 기술어descriptives가 포함된다. 인사말greetings, 대화conversation, 서신letters, 뉴스news stories, 표제headlines, 정치연설political speeches, 특허증patents, 공지public notices, 금지명령injunctions, 소설novels, 시poems 등 텍스트 범주에 대한 꼬리표도 있다.

이러한 모든 용어들은 텍스트의 주요 상호작용적 특성을 가리킨다. 그러나 이러한 개념들 대부분은 다른 특성들을 희생하여 텍스트성의 특정 측면을 강조하고 있다. 이러한 개념들은 너무 조악하다. 이러한 개념들이 원형에서 발견할 수 있는 특성 전체를 환기시킬 뿐 구체화하지는 않기 때문이다.[58]

---

58) "사회적 기호로서의 언어"라는 체계 내에서 텍스트를 분석하기 위한 용어 체계를 세우려는 유용한 시도는 Halliday의 담화장field, 담화관계tenor, 담화매체mode 적용이다. Halliday는 이러한 술어들의 영역을 "상황의 기호학적 구조"(1978, 163-164, 142-145)로 명확하게 제한한다.

텍스트는 사회적 목표를 실현하기 위해 사용된다. 그렇기 때문에 텍스트는 의도성을 갖는다. 저자나 번역자의 의도를 실현하는 텍스트의 능력은 그 상황에서 활성화된 용인성 조건의 제약을 받는다. 용인성 조건은 정보 구조, 응집성 패턴, 어휘적/문법적 결속성에 제약을 가할 수 있다. 전통적인 텍스트 유형 기술어들은 텍스트적 과정의 결과에 집중하기 때문에 이러한 복합성을 다루지 않는다. 반면에 원형은 텍스트 지식과 텍스트적 과정의 융합을 강조한다. 원형의 경우 텍스트성의 모든 특성, 즉 의도성, 용인성, 상황성, 정보성, 응집성, 결속성, 상호텍스트성을 고려한다. 목표텍스트에서 이러한 일곱 가지 텍스트의 특성을 통합하기 위해 활용할 수 있는 언어 기제들을 파악하는 것은 번역자가 할 주된 과업이다. 이것이 번역자가 목표문화 원형들의 범위 내에서 수행해야 할 일이다.

각 텍스트가 고유한 사회적 상황에서 발생하는 특수한 이벤트인 것이 사실이나 텍스트 사례들이 기저의 사회 규범을 반영하는 것 역시 사실이다. 각 의사소통 행위가 고유함에도 불구하고 사회 규범은 원형으로 하여금 과거 경험과 미래의 목표 간 조정 모델로 기능하도록 한다. 원형은 의사소통이 가능한 방식을 우리에게 개략적으로 보여주는 상위구조를 산출한다. 오래된 저널리즘의 규칙과 마찬가지로 이러한 상위구조는 텍스트적 의사소통의 '누가', '무엇을,' '언제,' '어디서,' 그리고 '어떻게'를 자세히 제시한다(Van Dijk 1980, 107).

원형적 상위구조prototypical superstructure는 사회적 담론의 통일성과 다양성을 모두 반영한다. 텍스트 사례들에 대한 경험적 연구를 통해 볼 때 텍스트는 명확한 범주 체계가 없다. 앞서 언급한 바와 같이 원형은 점검표가 아니다. 소위 한 텍스트 유형에 속하는 일부 특성을 분리하는 것은 언제나 가능하다. 예컨대 "교과서"는 항상 교육적 의도를 갖는다. 이러한 의도는 정보 컨텐트를 제시하고 조직하는 전형적 방식에 반영되어 있다. 특정 수준에 따라 그에 걸맞는 특징적인 통사적, 어휘적 용례가 나타날 수 있다. 전형적인 "교육" 각본을 다수 기대할 수도 있다. 이러한 공통적 특성들이 "교과서의 원형"을 기술하기에 충분할까? 학교에서 사용되는 교과서의 모든 공통적 특성의 요약이 텍스트 상위구조를 파악하기 위한 토대를 제공할까? 이러한 상위구조가 저자와 번역자에게 유용한 모델이 될까? 그러한 노력은 어느 정도 유용할 것이다. 이러한 텍스트들에 대한 경험적 분석은 면밀하게 이루어져서 텍스트성을 생성시키는 데 활용된 실제 언어 기제를 번역자가 예측할 수 있도록 해야 할 것이다.

대다수 텍스트 유형론은 환원적reductive이다. 이들 텍스트 유형론은 소수의 (간혹) 상호 배타적인 범주들을 구성하여 실제 텍스트들의 다양성을 환원한다. 텍스트 유형론은 서로 구별되는 특성들의 구분에 의존한다. 이러한 분석적 접근법은 어떤 한 문화권에서 접할 수 있는 텍스트들에 대한 식견을 길러주지만 번역자에게는 별 도움이 되지 못한다. 환원은 번역자가 필요로 하는 세부 사항을 조금씩 잘라내 버린다. 반면 원형 분석은 텍스트를 세부적으로 다루며 실제 텍스트 사례를 더 상세하게 분석한다. 원형은 텍스트성의 모든 결정인자를 설명하려 하기 때문에 세부적인 사항을 더 많이 포착한다. 원형은 실제 의사소통 이벤트의 패턴을 반영한다. 텍스트 유형론은 의사소통 이벤트의 '유물relics'에 바탕을 둔 개념이다.

실무적인 문제로서, 번역자는 독자와 번역 의뢰자가 실제로 사용하는 텍스트의 실례를 수집하여 이를 연구함으로써 원형 분석을 수행한다. 이러한 일차적인 분석을 통해 번역자는 텍스트성을 확보하기 위해 사용되는 실제 언어 기제들에 대해 알게 된다. 번역 실무자는 병렬텍스트를 수집하고 자신의 번역에 텍스트성을 주입하는 길잡이로서 그 텍스트들의 텍스트 프로파일을 적용할 때 원형 분석을 활용한다. 경험적인 이차적 원형 분석은 이와 동일하게 사회적 상황에 내포된 텍스트의 수집과 분석에만 토대를 둘 수 있다. 이것이 어떻게 수행되어야 하는지에 대해서 구체적으로 언급하는 것은 본서의 지면을 통해 필자가 할 일은 아니다. 필자는 원형이 번역자에 의해 어떻게 활용될 수 있는지에 주로 관심이 있다.

번역자는 L2 원형의 언어적 특이점에 관심을 집중해야 한다. 추상적인 표준적 특성들은 별 쓸모가 없다. 번역물의 추상적인 텍스트 유형을 파악하는 일은 출발점일 뿐이다. 이러한 예비적 판단에는 이와 유사한 상황에서 사용되는 텍스트에 대한 연구가 뒤따라야 한다. 이러한 병렬텍스트는 텍스트에 대한 정신적 모델에서 고려될 각각의 기준점을 번역자에게 제공한다. L2 텍스트 사례들에서 추출된 이러한 개별 기준점은 L2 원형이 표현된 것이다. 번역자는 이러한 사례들을 길잡이로 활용하여 원천텍스트의 텍스처를 재구성re-texture한다. 그 최종 결과물은 L2 상위구조를 갖는 텍스트이다(Neubert 1984; Snell-Hornby 1988; Bühler 1988).

번역자는 목표텍스트가 원형을 따르고 있는지 점검함으로써 목표텍스트의 전개를 이끈다. 번역자가 활용하는 원형은 번역자가 알고 있는 텍스트 사례들에 전적으로 의존한다. 이것은 목표문화권에 속하는 일련의 텍스트 사례들을 더 잘 인지하고 있으면 그 결과로 더 좋은 번역이 산출될 것임을 의미한다. 반면에 신중하게 선택한 한두 개의 바람직한 병렬텍스트도 충분할 수 있다. 원형은 양적 실체가 아니라 질적 실체이다.

번역자가 원형을 활용할 때 번역자는 원형을 목표텍스트의 "텍스트다움"을 평가하는 기제로 활용한다. 그러한 원형은 번역자가 중요한 질문을 던지도록 유도한다. L2 독자에게 요구되는 상호지식이 L2 독자에게 결여되어 있을 수 있다는 점을 번역이 고려하는가? 상호지식의 격차는 어떻게 새로운 자료material의 투입으로 바로잡을 수 있는가? 이러한 새로운 자료는 텍스트의 정보성에 어떤 영향을 미치는가? 이러한 변화들 때문에 텍스트의 결속성 패턴을 변경할 필요가 있는가? L2 텍스트의 상황성 때문에 번역자가 원문의 의도성을 재해석해야 하는가? 특정 L2 프레임에 어휘를 첨가하는 것 때문에 L2 텍스트의 어휘적 표층을 수정하는 것이 필요한가? 원형 분석은 목표문화권 병렬텍스트에 대한 철저한 이해를 길잡이로 활용하여 번역의 텍스트성을 체계적으로 담아내는 하나의 방법이다.

필자는 원형이 템플릿은 아니라고 말한 바 있다. 번역자는 번역의 텍스트성을 결정하는 요소들을 체계적으로 담아내야 한다. 원형은 특정 텍스트 사례들의 컨텐츠를 구체적으로 설명하지 않기 때문에 번역자가 원형의 영역 밖에서 선택을 내려야 하는 상황이 있다. 예컨대 상황적 맥락이 저자의 의도보다 중요성을 갖는 경우는 언제인가? L2 관습이 무시되고 L1 텍스트성이 보존되어야 하는 경우는 언제인가? 이런 유형의 의문들은 원형성을 초월한다. 원형은 번역자를 텍스트 표층으로 이끌 뿐이다. 원형은 더 폭넓은 전략적 결정을 지시하지 않는다. 원형은 텍스트의 상황성과 의도성이 결정되었을 때 유용한 길잡이가 될 뿐이다. 상황적 요소들은 번역자가 어떤 한 원형을 버리고 다른 원형을 선택하도록 한다.

텍스트 의미

번역자가 원형을 활용하는 것은 텍스트 의미와 무관하지 않다. 텍스트성은 그 자체로 목적이 아니다. 언어는 의미 교환의 기제로 발전하였다.[59] 따

---

59) "언어는 의식意識만큼이나 오랜 역사를 가졌다. 언어는 실행할 수 있는 형태를 가지면서, 자기 자신 뿐만 아니라 다른 사람들을 위해서도 존재하는 의식이며, 또 언어는 의식과 같이 다른 사람들

라서 번역자에게 중요한 의미론적 질문들은 언어적인 의미 매개체들(단어, 문장, 형태소)이 텍스트에서 조합될 때 그 의미 매개체들에게 어떤 일이 일어나는지와 관련이 있다. 국지적인 의미 단위들은 어떻게 더 전역적인 '텍스트 의미textual meaning' 단위들로 통합되는가? 원형 개념은 목표문화권에서 수용되고 기대되는 언어적 표층의 패턴을 다룬다. 반면, 텍스트 의미는 텍스트에 담겨 연결된 전체로서 경험되는 의미적 패턴을 지칭한다. 텍스트 의미와 원형은 번역자에 의해 조합되어 의미를 인식 가능한 텍스트 묶음package으로 전달한다.

텍스트 의미는 번역자가 L1 텍스트를 이해한 후에만 번역자의 마음속에 형성된다. 텍스트에 대한 이해는 텍스트 전체를 면밀하게 읽어 보는 데서 비롯될 수도 있고, 훑어보는 것, 부분적으로 읽어 보는 것, 혹은 다른 이해 전략을 통해 얻을 수 있을 것이다. L1 텍스트 의미는 L2의 텍스트 의미의 결정인자로서 기능하는 일종의 정신적 모델이다.[60] 번역자는 L2 언어 자원을 평가하고 이것이 L1의 텍스트 의미와 부합하면 이를 목표텍스트에서 사용한다. 사용되는 언어 표현들의 정확성은 원형과 텍스트 의미 간 상호작용에 좌우된다. 번역자는 의미와, 원형이 제공하는 텍스트성 간의 중요한 연결고리들을 텍스트 의미가 모두 수용할 수 있을 경우에만 텍스트 의미를 길잡이로 활용할 수 있다.[61] 텍스트 의미와 텍스트 원형은 서로 연결되어 있다. 텍스트 의

과의 교류를 향한 갈망에서 비롯된다(원문은 독일어)"(Marx and Engels 1970, 221).

60) 통역에서 L1 텍스트의 텍스트 의미는 연속적으로 조합될 수밖에 없다. 통역에서 텍스트 의미는 항상 불완전하다. 모든 참여자가 이에 따라 행동해야 한다는 점을 알고 있다. 그럼에도 불구하고 통역자는 몇 구절을 통역한 이후 의미의 더 큰 일부분들(즉 거시구조적 의미)을 개념화할 수 있는 입장에 있게 된다. 이렇게 개념화된 의미들은 텍스트의 나머지 부분들이 어떻게 통역될 것인지에 영향을 미칠 것이다.

61) 극단적이긴 하지만 결코 비논리적이지 않은 텍스트적 접근법의 연장선에서 번역자의 관심사는 문어 텍스트를 훨씬 넘어서는 것으로 설명된다. Holz Mänttäri(1984)에 따르면 번역자가 "고객customers"을 위해 번역되어야 할 것은 텍스트 자체가 아니라 일차적으로 "메시지"Botschaft와 번

미는 원형의 적용을 통해 언어적 표현이 주어진 전역적 의미 구조를 제공한다.

텍스트 의미는 이것보다 작은 의미 단위들의 누적이나 총합을 넘어선다. 텍스트 의미는 과거, 현재, 미래의 텍스트 의미와의 관계를 반영하는, 인식과 의사소통의 독립적인 전역적 단위들이다. 텍스트 의미는 다른 텍스트들과 의미적, 화용적 관계를 갖는 개별 의사소통 단위들이다(Van Dijk 1980, 90). 예컨대 요약문과 그 요약문이 요약하는 텍스트를 연결하는 함의 관계가 있다. 재판에서 판사, 검사, 변호인, 피고, 증인의 상호작용으로 생성된 법률 텍스트 간의 화용적 연결고리들을 생각해 보자. 각각의 이러한 법률적 역할은 텍스트의 앙상블ensemble과 연관된다. 그러한 텍스트들의 텍스트 의미들은 참여자들의 활동에 적용되는 사회 규범 때문에 서로 연관이 있다.

개별 텍스트들의 텍스트 의미는 의미적 연결고리와 화용적 연결고리로 연결된다. 컴퓨터 매뉴얼의 번역자는 용어상의 문제를 해결하기 위해 컴퓨터에 관한 교과서를 참고한다. 두 텍스트 간 연결고리는 의미적인 것이다. 소송적요서의 번역과 목표언어로 쓰인 병렬 소송적요서 간 연결고리는 화용적인 것이다. 병렬텍스트와 번역물은 동일한 주제에 관한 것일 필요가 없다. 하지만 두 텍스트는 동일한 부류의 독자를 대상으로 하며 동일한 의도성을 반영한다. 번역자는 배경 텍스트background texts가 앞으로 나타날 목표텍스트와 의미적 관련성이 있기 때문에 이를 참고한다. 번역자는 목표텍스트와 병렬텍스트가 공유하는 원형적, 화용적 관계 때문에 병렬텍스트를 참고한다.

역자가 수행하도록 의뢰받은 일Übersetzungsauftrag인 "과업assignment"이다. 이른바 스코포스 skopos 번역 이론(Vermeer 1983; Vermeer 1986)은 이 정도까지는 아니지만 텍스트 의미가 L1과 L2 에서 내보일 수 있는 다양한 "범위"에서 그 추동력을 얻는다.

거시구조와 거시규칙

L1 텍스트 의미와 L2 텍스트 의미 간 연결고리는 의미적이다. 의미적 연결고리는 상황 및 목표언어 원형과 관련된 화용적, 맥락적 제약을 받는다. (번역될) L1 텍스트의 의미와 (번역된) L2 텍스트의 의미는 구체적인 의미적 관계를 갖는다. 두 텍스트의 전역적 의미 구조들은 예상할 수 있는 바와 같이 서로 부합하지만 동일하지는 않다. 의미 구조가 동일하지 않은 이유는 텍스트 의미가 원형적 상위구조와 병합될 때 변경이 요구되기 때문이다. 텍스트 의미와 원형이 만나면 그 결과는 '텍스트화된 의미textualized meaning'이다. 원형에 의해 텍스트화된 전역적 의미론적 의미(혹은 전역적 명제)는 텍스트 상위구조를 산출한다. 텍스트 상위구조는 텍스트화된 전역적 명제이다.

텍스트 상위구조는 계층화된 의미 거시구조macrostructure들의 집합으로 분해될 수 있다. 거시구조는 L1과 L2의 전형적인, 텍스트화된 의미 패턴을 반영한다. 의미적 거시구조는 텍스트화된 의미적 거시명제macroproposition이다.

거시명제는 텍스트의 중심 주제(전역적 명제) 바로 하위의 중간 의미 구조이다. 거시명제는 "부상하는rising" 일반성generality의 층위에 존재한다 (Neubert 1987). 더 낮은, 더 구체적 층위에서 텍스트 의미는 텍스트의 종국적 구성요소인 원자적 미시명제atomic micropropositions로 분해된다. 텍스트화된 미시명제가 미시구조microstructure이다. 예시를 위해 텍스트의 명제적 구조를 수형樹形 구조로 생각해 보면 도움이 될 것이다. 텍스트의 전역적 명제는 나무의 뿌리 부분에 위치하며 거시명제는 중간 마디에 위치한다. 원자적 미시명제는 의미 수형도의 말단 가지에 위치하게 된다.

거시명제는 하위 층위 명제들이 주제화topicalization한 것들이다. 높은 층위의 중간 구조들은 이른바 거시규칙macrorules들에 의해 하위 층위 구조들에서 파생된다. "이러한 규칙들은 일종의 의미 파생semantic derivation 규칙 혹은 추론inference 규칙이다. 이러한 규칙들이 미시구조에서 거시구조를 파생시킨다"(Van Dijk 1980, 46). 그러한 규칙들의 연속적인 적용이 전역적 텍스트 의미를 산출한다.[62)

거시규칙은 텍스트 이해 절차를 가설적으로 표현한 것이다. 거시규칙은 번역이나 다른 텍스트 독자가 어떻게 텍스트 표층에서 연속적으로 접하는 더 작은 의미 단위들에서 더 큰 의미 단위들을 조합할 수 있는지를 설명하려는 시도이다. 텍스트 이해는 전역적 의미의 상향식 조합을 전제로 한다. 텍스트 생산은 더 전역적인 의미 구조들에서 하향식으로 원자적 미시명제들을 파생시키는 것을 가정한다.

번역이라는 맥락에서 우리는 목표텍스트 거시명제들과, 더 나아가 거시명제들이 표현하는 전역적 명제가 문장 대 문장 식의 의미 전이가 가져온 직접적 결과라고 가정할 수 없다. 목표텍스트 거시 명제들은 번역자가 새로운 하향식 생산의 결과로 생성해야 한다. 번역자는 원천텍스트의 일부분에 대한 의미 평가를 수행해야 한다. 번역자는 이렇게 파악한 의미를 독자가 적절한 중간 및 최종 거시구조들을 도출할 수 있도록 목표텍스트에 위치하게 해야 한다. 어떤 의미에서 볼 때 번역자는 목표텍스트 독자가 번역의 텍스트적 의미를 상향식으로 구성하면서 따라야 할 지도를 만드는 것이다(Gutt 1990).

텍스트 의미를 구성하는 데 활용되는 거시규칙들을 분류하려는 시도가 있었다. 그 결과 삭제deletion 규칙, 일반화generalization 규칙, 그리고 구성

---

62) "거시규칙은 추상적인 의미 맵핑semantic mapping 이나 추론의 규칙이지 인식의 규칙이나 전략이 아니라는 점을 상기해야 한다. 거시규칙은 담화 이해에서 거시규칙의 작용에 영향을 미치는 다양한 인식적 요소들을 고려하지 않으며 단순히 담화의 '전역적 의미global meaning'나 '주제topic'의 언어적·의미적 개념을 정의할 뿐이다"(Van Dijk 1980, 82).

construction 규칙이라는 세 가지 서로 다른 유형의 거시규칙이 기술되었다. 각 규칙은 낮은 층위 의미를 높은 층위 의미와 연결하는 특징적 방식을 규정한다.

삭제 거시규칙은 연관성relevance 없는 미시명제와 거시명제를 삭제한다. 연관성은 텍스트의 전역적 의미를 기준으로 정의된다. 삭제 규칙은 중요한 사실들을 선택하고 중요하지 않은 것들은 버린다는 의미에서 선택selection 규칙으로도 불린다.[63] 한 가지 특정 선택 규칙은 더 자세히 기술할 필요가 있다. 낮은 층위의 명제가 상위 층위로, 혹은 최상위 층위로 "상승되면raised" 이 것은 영zero 규칙 때문이다. 이것이 영 규칙이라고 불리는 이유는 "영零" 요소가 삭제되었기 때문이다. 영 규칙은 "모든 것"이 동일한 의미 층위에 있는 매우 짧은 텍스트에서 분명하게 나타난다. 모든 의미 단위들이 연관성이 있다.

표면적으로 삭제와 유사한 또 다른 거시규칙은 낮은 층위 명제에서 의미 자료semantic material를 추출한다. 일반화 규칙은 특정 특성들을 상승시키고 다른 특성들은 무시한다. 이 규칙은 구체적 의미들을 더 일반적인 의미들 아래에 위치시킨다. 아무 것도 삭제되지 않고 새로운 무언가가 부가되지도 않는다. 일반화 규칙은 텍스트 의미를 압축하고 명확하게 한다. 전역적 명제에 가깝게 다가갈수록 거시명제는 더 일반적이 된다.

구성은 세 번째 거시규칙이다. 구성 규칙은 새로운 의미 요소들을 거시명제에 도입한다는 점에서 일반화 규칙과 구분된다. 구성 규칙은 아마도 전역적 의미를 수립하는 데 활용되는 절차 중 가장 강력한 것일 것이다. 구성 규칙은 텍스트에서 표현된 명제들을 독자가 가진 지식과 연결한다. 텍스트에

---

63) Van Dijk는 추가적으로 약한weak 삭제와 강한strong 삭제를 구분한다. 약한 삭제는 낮은 혹은 "국지적local" 담화 층위의 세부 사항에 적용된다. 강한 삭제는 훨씬 더 전역적인 층위에서 제외하는 의미 자료를 지칭한다(Van Dijk 1980, 47).

담긴 의미 자료는 의도되고 예정된 방식으로 사용자 지식을 활성화시키도록 배열된다. 이러한 활성화가 가능한 이유는 (텍스트의) 정보 촉발요소information trigger와 (사용자 지식 프레임의) 정보 목표information target가 공존하기 때문이다. 따라서 텍스트로 표현된, 비교적 적은 수의 미시명제들은 텍스트적 신호를 통해 프레임에서 파생된 명제들로 구성된 훨씬 더 광범한 집합에 의해 보충된다. 거시명제들은 독자 자신의 세계 지식에 의해 증강된다. 구성의 의의는 텍스트의 전역적 의미가 확장된다는 데 있다. 텍스트의 전역적 의미에는 텍스트 기저의 실제 명제들에 존재하는 것보다 더 많은 의미적 정보가 담긴다. 달리 표현하자면, 구성은 전역적 의미가 텍스트에 '입력'되도록 한다. 구성은 텍스트를 이해하려는 사람이 다양한 종류의 지식을 의미 구성 과정에 투입할 때에만 작동한다. 구성 규칙은 텍스트 의미가 정적인 구성체가 아니라는 사실을 반영한다. 번역자가 L2로 생산하려고 하는 텍스트는 독자가 거시규칙을 적용하여 생성하는 농축된enriched 텍스트이다. 이러한 광역적 텍스트는 가상 텍스트이며, 문어written 버전은 그러한 텍스트가 시각적으로 실체화된 것일 뿐이다.

구성 규칙은 앞서 살펴 본 텍스트 의미와 텍스트성의 상호 의존성을 예시한다. 텍스트 의미가 원형과 병합될 때 우리는 텍스트화된 의미를 얻는다. 텍스트 표층에 나타난 언어적 표지의 연속체는 텍스트 의미의 구성에 영향을 미친다. 그러한 연속체는 독자가 텍스트의 전역적 의미를 상향식으로 구성하기 위한 토대이다. 하지만 번역자가 어떤 표층이든 자유롭게 생산할 수 있는 것은 아니다. 목표공동체의 텍스트적 기대는 적용될 수 있는 실제 언어 기제들을 제약한다. 원형이 텍스트 의미에 미치는 영향은 번역자가 목표 텍스트를 생산할 때 자신에게 내재화된 L1 텍스트 의미 개념에만 의존할 수 없다는 점을 시사한다. L1 텍스트 의미는 L2 텍스트 의미를 제약하는 체제이다. L1 거시명제 구조의 L2 상사물相似物은 L2 공동체에서 기대되는 원형적 상위구조에 덧씌워진다.

텍스트적 번역 접근법의 논거는 상당 부분 전역적 텍스트 의미 개념에 의존한다. 원천텍스트 본래의 전역적 의미와 대응되어야 하는 것은 L2 텍스트로 재텍스트화 된, 번역물의 전역적 의미이다. 텍스트 의미는 번역자가 선택하는 번역 전략의 기원이다. 번역자는 단어나 문장을 번역할 수 없다. 번역자는 텍스트만 번역할 수 있을 뿐이다. 원천텍스트를 번역할 때 번역자는 물리적 목표텍스트와 그 물리적 텍스트가 표상하는 가상 텍스트를 독자가 생성시킬 수 있는 잠재성을 동시에 산출하는 것이다.

소통값

물리적 목표텍스트는 의미적 잠재성semantic potential을 갖는다. 번역자에게 물리적 목표텍스트는 독자가 독자에게 가치 있는 정보를 담고 있는 복합적인 의미적 대상을 구성할 수 있게 하는 기제로 활용된다. 따라서 번역자가 L1 텍스트에서 L2 텍스트로의 의미 전이에서 실제로 교섭negotiating의 대상이 되는 것은 소통값communicative value이다. 텍스트 의미는 물리적 텍스트의 언어 구조를 거시규칙을 적용하여 독자의 지식 구조와 맵핑시킨 것이다.[64] 소통값은 텍스트 의미 생성의 화용적, 사회적 효과를 말한다. 상황과 의도의 텍스트적 결정인자 구성이 달라지면서 생성되는 복수의 맵핑도 있을 수 있다. 이것은 발신자senders가 보통 한 가지 소통값을 염두에 두었더라도 텍스트는 둘 이상의 소통값을 지닐 수 있음을 의미한다.

---

64) Cf. 텍스트나 발화의 소통값의 구성요소를 논한 Jäger(1988, 55-57).

번역자의 소통값 창출 능력에 대한 제약 한 가지는 사용자가 세계, 언어, 소통 이벤트에 대해 알고 있는 바이다. 소통값을 갖는 L2 텍스트를 생산하는 번역자의 능력은 언어적 신호와 이러한 신호의 지시를 이해하는 독자의 능력에 좌우된다. 목표텍스트는 L2 독자가 구성 규칙을 활용하여 정보를 텍스트에 '입력'시킬 수 있는 잠재성을 의미한다. 구성은 목표텍스트에서 제시된 신호가 실제로 존재하는 지식 프레임을 작동시킬 수 있는 경우에만 새로운 의미를 생성하는 역할을 한다. 그 예로 심화 핵물리학 책을 생각해 보자. 우리는 이 책을 텍스트로 인식하지만 그 책이 우리에게 갖는 소통적 가치는 제한적이다. 이 책은 특정 지식을 갖춘 전문가를 대상으로 의도된 것이기 때문이다. 그 텍스트의 언어적 표층은 우리가 보유하지 못하는 지식 프레임을 작동시킨다. L2 텍스트의 지식 잠재성은 L1 텍스트의 지식 잠재성과 결코 완전하게 동일하지 않다.[65]

L1 사용자와 L2 사용자가 번역 상황에 대입하는 지식의 차이에서 비롯된 이가異價: heterovalence가 존재한다. 이가는 텍스트 의미가 상황적 요소들과 교차할 때 일어나는 소통값의 분기divergence를 의미한다.

번역의 역할이 L1과 L2 간 언어 차이를 조정하는 것만은 아니다. 번역은 L1과 L2 간 지식 격차도 조정해야 한다. 지식 격차를 좁히는 일은 적절한 텍스트 의미를 이끌어 내는 데 필요한 언어적 재부호화와 텍스트의 변경을 요한다. 텍스트 의미는 기능적, 상황적으로 적절해야 한다. 텍스트는 의미적 가치와 텍스트적 가치뿐만 아니라 상황적 요건들을 반영하는 소통값을 달성해야 한다.

---

65) 물론 완전한 동일성은 단일 언어 의사소통에서도 달성되지 못한다. 의사소통 과정에 영향을 미치는 요소들은 발신자sender와 수신자receiver 사이에서 결코 한결같지 않다. 참여자들participants은 자신의 고유한 사회적, 개인적 의사소통 이력을 상호작용 상황에 도입한다.

번역의 소통값은 원천텍스트의 전역적 의미를 두고 내리는 선택을 의미한다. 소통값은 텍스트 의미와 동일한 것이 아니다. 소통값은 텍스트 의미와, 독자가 텍스트에 도입하는 자원resources과 지향성orientation의 교차점이다. 소통값은 독자가 텍스트에서 추출하고 활용할 수 있는 어떤 것을 의미한다. 소통값이 잠재적으로 텍스트에서 추출할 수 있는 모든 것인 경우는 드물다. 소통값은 "필요한 것wants, 바라는 것wishes, 선호하는 것preferences, 관심 있는 것interests, 과업tasks, 목적purposes, 태도attitudes, 가치values, 규범norms 같은 요소"(Van Dijk 1980, 201)의 영향을 받는다. L2 텍스트의 소통값은 L2 독자의 '인지 틀cognitive set'에 의존한다. 이 술어는 사용자가 기능하는 층위인 '거시처리macroprocessing'의 층위를 지칭한다. 거시처리는 거시규칙을 적용하여 텍스트에서 값을 추출하는 독자의 능력을 말한다. L2 독자가 번역물에서 성공적으로 소통값을 추출했다면 이것은 "특정 (행위 또는) 담화 처리 맥락에서 거시구조에 영향을 미치는 일련의 요소들"(Van Dijk 1980, 201)[66]을 알고 있는 번역자에 의해 해당 번역물이 L2 독자의 인지 틀에 맞춰 개조되었기 adapted 때문이다.

번역물의 전역적 의미와 소통값은 번역자의 마음속에 저장된 L1 텍스트의 의미 심상semantic image을 이용하여 생성된다. 이러한 심상은 원형을 활용하여 변경되고 재구성된 후 재텍스트화 된다. 재텍스트화는 독자의 인지 틀을 반영해야 한다. 결속 장치에서 표현 양식에 이르기까지 목표텍스트에 나타나는 모든 단일 항목은 독자 지향적인 의사결정 과정의 결과여야 한다.

때때로 번역자는 동등하게 타당한 두 가지 보기 중에서 선택을 해야 한다. 원천텍스트의 텍스트 의미, 목표텍스트의 원형적 상위구조, 독자의 인지 틀 모두 번역자가 최선의 선택을 하는 데 도움이 될 수 있다. 그러나 일단

---

66) 사실 이것이 인지 틀에 대한 Van Dijk의 정의이다.

선택을 내리면 번역자는 계속해서 제약을 받는다. 텍스트가 언어적으로 정교해질수록 번역자의 선택권은 감소한다. 번역자는 원래의 선택을 철회하고 이미 번역된 미시구조를 변경할 준비를 해야 한다. 이러한 철회와 변경이야말로 번역자가 독자의 이익을 위해 주저해서는 안 되는 것이다. 이렇게 할 의사가 없다면 번역자는 해당 L2 텍스트 미시구조의 전개가 번역 과정을 지배하도록 허용하는 것이다. 그러한 의사의 부재로 인해 번역자는 항상 길을 잃고 만다.

텍스트 등가와 소통적 등가

원천텍스트 의미와 목표텍스트 소통값 간의 복합적인 상호작용은 등가 equivalence의 문제를 일으킨다. 이 개념이 최근 몇 년간 주요 쟁점이 되었기 때문에(Snell-Hornby 1988) 잠시 살펴 볼 필요가 있다. 등가에 대한 비판은 대부분 등가에 대한 협소한 언어적, 어휘적 해석에서 비롯된다. L1 단어와 L2 단어가 의미에 있어서 등가적인 경우는 거의 없다는 것은 명백하다. 기술 및 과학 영역에서 사용되는 표준화된 특정 용어들만이 등가적이라고 말할 수 있을 것이다. 이런 용어조차도 텍스트에 사용되고 담화 전략의 일부가 되면 새로운 의미를 갖게 될 수 있다. 언어적 등가에 대한 합리적 논거는 없다. 그러나 '텍스트 등가textual equivalence'에 대한 주장은 일리가 있다. 텍스트 등가는 단어 사이의 의미적 등가가 아니다. 텍스트 등가는 새로운 텍스트 간 화용적 등가 체계이다. 텍스트 등가는 원형 개념에서 파생될 수 있다. 텍스트는 텍스트 프로파일이 상황적, 기능적으로 등가적인 원형에서 파생되었을 때 등가적이라고 말할 수 있다. 독일의 컴퓨터 매뉴얼은 미국의 컴퓨터 매뉴얼과 상황적으로 등가적이다. 마드리드의 교과서가 갖는 의도성은 클리블랜드에서 사용되는 교과서의 의도성과 등가적이다. 이 두 상황의 컴퓨터 매뉴얼과 교과서는 등가적인 사회적, 소통적 역할을 수행하기 때문에 등가적이라고 말할 수 있다. 이 텍스트들의 원형은 컨텐트가 동일하지는 않지만 사회적으로 등가적이다. 번역 실무자가 이런 종류의 "등가"를 인식하지 못했다면 자신의 업무 수행을 안내해 줄 병렬텍스트를 파악하고 선택하지 못할 것이다. 어떤 텍스트도 다른 텍스트와 꼭 같지는 않다. 원천텍스트와 목표텍스트의 텍스트성은 몇 개 층위에서 달라진다. 결속성 패턴과 응집성의 차이가 난다. 텍스트 등가는 텍스트적 동일성이 아닌 서로 다른 종류의 텍스트가 수행하는 등가적인 사회적, 소통적 역할에서 비롯된다.

텍스트 등가는 유용하지만 상당히 일반적인 개념이다. 텍스트 등가는 번역자와 번역학자에게 실용적인 수단으로 기능하지 못한다. 우리는 번역 과정을 더 깊이 연구하여 다른 종류의 등가를 모색해야 한다. 아래와 같은 상황을 생각해 보자. 어떤 번역물이 번역이 잘 되었다. 목표독자는 그 번역물을 타당한 텍스트 사례로 수용하고 그 번역물에서 자신이 알고자 하는 것을 추출할 수 있다. 그 텍스트는 번역자가 원천텍스트 의미를 목표문화 원형과 적절하게 연결시킨 데서 비롯된 소통값을 산출한다. 이 경우 이러한 새로운 텍스트는 원래의 텍스트와 어떤 관계가 있는가? 우리는 그 새로운 텍스트가 원래의 텍스트를 "대신한다"고 말할 수 있다. 이것이 재텍스트화 된, 원천텍스트의 대용물이다. 그 새로운 텍스트는 원천텍스트가 전달할 수 없었던 정보를 목표독자에게 전달한다. 텍스트 표층이 서로 부합하지 않고, 의미 구조가 변경되었지만 두 텍스트는 본질적으로 유사한 상황에서 유사한 독자를 위해 유사한 정보를 산출한다. 이것이 소통적 등가의 정의가 아니겠는가?

우리는 '등가'라는 술어를 고지식할 정도로 고집하지 않는다. 그러나 그 술어를 버리자는 주장은 어원적 고려 이상의 어떤 것에 토대를 두어야 한다(Snell-Hornby 1988). 등가를 대체할 유용한 술어는 제시된 바가 없다. 본서의 맥락에서 등가 개념은 목표언어 원형적 제약의 영역 안에서의 의미적 일치semantic congruence를 지칭한다. 원천텍스트의 텍스트성은 목표텍스트성을 생산하기 위해 의도적으로 재구성된다. 좋은 번역에는 우리가 무시할 수 없는 내재적 원천텍스트-목표텍스트 관계가 성립한다. 우리가 이러한 관계를 지칭하기 위해 소통적 등가라는 술어를 사용할 수 없다면 어떤 술어가 만족스럽겠는가? 더 나은 술어가 있다면 필자는 기꺼이 그것을 채택할 것이다.

학자들이 완전한 동일성identity을 의미하는 등가 개념을 고집스럽게 주장하지 않으면 등가는 번역학에서 타당한 개념으로 남을 수 있다. 두 텍스트가 언어적으로 동일하지 않기 때문에 등가적이지 않다고 주장하는 경우가 있다. 좋은 번역에서 표층 대 표층 대응은 불가능하다. 동일성은 첫 번째 전위에서 사라진다. 원천텍스트와 목표텍스트 간에는 맵핑 관계mapping relationship가 있다. 이러한 맵핑은 번역자에 의해 생성된다. 두 텍스트의 의미적 일치는 L1의 의미 요소들을 L2 구조 및 연속체들과 맵핑시키는 기제들에 의해 달성된다. L2로 된 텍스트 분절은 구조적으로 상이한 L1 텍스트 분절의 소통적 대용물로서 제시된다.

소통적 등가 개념이 없이는 텍스트화 접근법이 상이한 일본의 컴퓨터 매뉴얼이 어떻게 미국의 실제 컴퓨터 핸드북으로 전환될 수 있는지를 설명하는 것이 힘들다. 또 한 가지 예를 들자면, *Swiss Civil Code*[스위스 민법]의 영어 번역이 갖는 등가성을 생각해 볼 수 있다(Wyler and Wyler 1987). 스위스 내 영어 사용 독자가 스위스 독자가 스위스 텍스트를 읽는 것과 동일한 이유로 영어 텍스트를 읽는다면 두 텍스트가 소통적으로 등가적인 것이 아니겠는가? 이러한 예들은 번역 등가가 단순한 언어적 등가로 축소되지 않아야 한다는 주장을 뒷받침한다. 이 사례들은 어떤 텍스트가 문화적, 언어적 경계를 넘어 다른 텍스트를 얼마나 잘 "대체하는지"에 대한 척도가 등가라는 점을 나타낸다. 따라서 소통적 등가와 텍스트 등가는 화용적, 소통적 성공의 실용적 척도이다.

등가는 텍스트 표층 간 관계가 아닌 텍스트 효과의 관계요, 소통값의 관계이다. 번역학자는 언어적 대응을 측정하여 등가가 존재하는지 판단할 수 없다. 번역 사용자는 소통값을 기준으로 번역물을 수용하고 거부함으로써 등가를 측정한다.

문제는 L2 항목들의 언어적 의미들이 L1 항목들과 실제로 등가적인지 여부가 아니다. 등가적인 것은 지식의 활성제activator로서 이러한 항목들이 텍스트에서 갖는 중요성이다. 이러한 개념은 등가가 텍스트 사이에서뿐만 아니라 텍스트 구성단위 간에도 형성될 수 있다는 점을 의미한다. 번역의 미시명제 구조는 원천텍스트의 명제적 구조를 토대로 하여 생성된다. 번역의 미시경제 구조는 모parent 구조가 기존 텍스트에서 한 것과 동일한 소통적 역할을 새로운 텍스트에서 수행한다. 목표언어 원형이라는 조건에 좌우된다고 하더라도 번역의 미시경제 구조들은 소통적으로 등가적인 것이 아닌가? 관습적인 원형적 체제에서 함께 작용하는, 소통적으로 등가적인 구조들의 순효과net effect가 소통적 등가이다. 번역자가 소통적 등가를 명시적 목표로 인식한다는 것이 해당 번역자가 목표텍스트에서 특정한 문장 층위 번역을 선택한 이유를 설명하는 유일한 기제이다.[67)]

목표텍스트 미시명제들에 언어적 표현이 부여될 때, 이러한 표현들은

---

67) 독일어 소설에서 어떤 사람이 호칭을 'Sie'에서 'du'로 바꾼다면 이러한 구분은 대개 줄거리에 중요하다. 동일한 문법적 수단으로는 표현될 수 없는, 이러한 것이 발생하는 미시구조의 영어 번역은 L2 텍스트의 전역적 의미에 있어서 매우 중요하다. 이러한 미시의미적microsemantic 등가 문제를 해결하지 못하면 텍스트 전체의 소통적 가치에 파급 영향이 있게 된다.

원천텍스트의 대응 언어 표현들과 더 제한적인 방식으로 관련된다. Jäger(1975, 145)는 이러한 관계를 '최대 등가maximal equivalence'로 명명했다. 목표 문장의 언어적 표층은 문장 층위에서 가능한 한 최대의 등가를 갖는 다.[68] 문장 층위의 등가 개념은 번역 교육에서는 유용할 수 있으나 등가 개념에 대한 진지한 고려는 개별 발화 및 문장의 상위 층위에서만 가능하다는 데 이견이 있을 수 없다(Neubert 1972; Neubert 1973; Jäger and Müller 1982, 45-46).[69] 최대 등가, 소통적 등가, 텍스트 등가는 서로 관련이 있지만 동일하

---

[68] 이런 식의 번역 비평은 필자의 생각에는 잘못된 것이다. Robinson(1991)은 대체적으로 유용한 자신의 저서 *The Translator's Turn*에서 자신이 생각하기에 정태적인 언어적 대응에 지나치게 의존한다는 이유로 현대 번역학을 거부한다. Robinson은 "서구 사상의 지배적 논리 전통"에서는 "번역 이론이 아마도 번역 품질이나 번역의 성공을 위한 구조적 등가structural equivalence라는 정태적 이상static ideal을 수립할 것으로 기대될 뿐이다"라고 주장한다. Robinson은 번역 업계나 번역 강의실에는 존재하지 않는 매우 기계적인 번역 과정을 지칭하고 있다. Robinson은 아래와 같이 덧붙인다.

> SL과 TL의 두 텍스트가 나란히, 아니 마치 투명한 것처럼 겹쳐지고 (사용된 언어의 '느낌 feel'은 마치 꿈처럼 사라져 가면서 어휘적, 통사적, 의미적 구조들이라는 앙상한 뼈대만 남긴다.) 대응correspondence되는지 본다. 그리고 구조적 대응만이 으뜸인 데서, 다시 한 번, 번역자는 등가 달성을 위한 기계 장치 – 분명 인간이지만 인간성의 창의적 영역에 전적으로 기대서는 안 되고, 정서적 선호나 연상을 활용하지 않아야 하며, 가장 엄격하게 통제되고 제한된 언어적 경험, 일상적인 말의 기저를 이루는 논리 체계만 활용해야 하는 존재 – 로 인식될 것으로 기대할 수 있을 뿐이다. (Robinson 1991, 113-134)

필자는 언어학적 번역linguistic translation에 대한 이러한 비판에는 동의하지만, Robinson의 묘사는 번역 이론의 광범한 영역과 부합하지는 않는다. Robinson은 국제 번역 이론의 주된 취지로부터 다소 고립되어 있는 것이 확실하다. 그가 묘사한 상황은 1970년대의 화용론적 전환pragmatische Wende 훨씬 이전부터 존재하지 않았다. 이러한 고립은 미국의 "토착적indigenous" 번역학에서 전형적으로 나타난다. 1989년 몬트리올 컨퍼런스Montreal Conference에서 발표된 Alan Melby의 논문을 생각해 보자. 이 논문에서는 설득력 있고 수긍되는 주장이 십 년 늦게 제시된 바 있다. 이런 상황은 부분적으로는 미국 번역학의 파편적 성격, 전통적인 언어 분과들에의 예속, 번역 업계와 동떨어진 인식, 그리고 번역학 분야의 중요한 저작물들이 영어로 나와 있지 않다는 사실에 기인한다.

[69] Jäger와 Müller(1982)는 최대 등가 기준을 만족시키지 못하는 L2 텍스트가 절대 번역으로 명명될 수 없을 수도 있다고 결론지으면서 타당한 주장을 펴고 있다. 이러한 텍스트들은 이중 언어적으

지 않다(Neubert 1985). 최대 등가는 문장 경계를 넘어 확장되어 소통적 등가를 형성시킨다. 소통적 등가는 담화 층위에서 텍스트 등가가 된다. '소통적 등가' 개념은 최대 등가와 텍스트 등가 간 가교 역할을 한다. 번역의 소통적 등가는 의도적으로 조정된 상호텍스트성의 결과이다(Van Dijk 1980). 소통적 등가 개념과 관련한 흥미로운 의의를 번역 비평에서 찾을 수 있다. 완전한 수용에서부터 완전한 거부에 이르기까지 사용자 반응이 경험적인 번역 비평의 토대가 될 수 있다.

소통적 등가는 사회언어학, 언어학, 심리학, 비평, 텍스트 관련 문제들과 연관되기 때문에 분명 번역에 대한 통합된 학제 간 접근에 있어서 중심적인 개념이다. 언어적 파급 효과가 있기는 하지만 소통적 등가는 언어학적 개념이 아니다. 소통적 등가는 '화용언어학pragmalinguistics'과 '언어화용론 linguistic pragmatics'이라고 불리는 것들과 관련이 있다. 번역의 목적과 기능은 소통적 등가를 생성하고 평가하는 데 결정적인 요소들이다. 텍스트는 지식을 전이시키기 위해 전개되는 복합적인 문제 해결 전략이다. 소통적 등가와 텍스트적 등가는 개별적인 목표 지향적 번역 행위 내에서만 이해될 수 있다.

우리는 텍스트성을 이해해야만 번역을 이해할 수 있다. 우리는 원천텍스트와 목표텍스트 간 텍스트적 등가와 소통적 등가를 생성하는 모든 요소들을 다뤄야 한다. 어떤 텍스트에 대한 단 하나의 진정한 번역이란 것은 존재한 적이 없다. 번역은 사회적 진공 상태에서 존재하는 것이 아니다. 하나의 L1 텍스트에는 번역을 필요로 하는 상황들만큼 많은 수의 번역이 있다. 번역은 목표문화 구성원이 번역을 귀중한 미적, 실용적, 사회적 정보를 제공할 수 있

로 조정된bilingually mediated 의사소통Sprachmittlung의 사회적 관행에 의해 완벽하게 정당화될 수 있지만, 아마도 소통적 이가communicative heterovalence를 보이는 개작adaptations으로 불려야 할 것이다(Jäger and Müller 1982, 55-56; Jäger 1980).

는 자원으로 여길 때 꽃핀다. 그리고 전문 번역사만이 원천텍스트의 소통적 등가물인 번역을 생산할 수 있다. 대다수 학생과 초심자는 텍스트성의 모호한 경계선에 있는 텍스트를 생산한다. 하지만 그렇게 매끄럽지 않은 번역도 실제로는 제한적이고 지속성이 요구되지 않는 목적으로는 충분할 수 있다. 이와 같이 전적으로 언어학적인 번역들은 대개 번역자가 제공하는 모든 텍스트적 신호를 사용자가 공급할 수밖에 없다. 경험 많은 L2 독자는 어떤 것들이 부족한지 알고 있으며 의도적으로 그러한 비非텍스트적 번역을 요구했을 수도 있다. 독자의 인지적 자원이 풍부할수록 독자는 자신의 지식을 활성화하는 데 더 적은 수의 텍스트적 신호를 필요로 한다.

　　실용 번역물은 대부분 소통적 등가를 위해 노력하지만 그렇지 않은 번역 유형도 있다. '문헌학적 번역philological translation'(Reiß 1990, 54)은 목표텍스트의 세계와 등가를 형성하기 위해 노력하지 않는다. 이러한 번역 형태는 원문 텍스트의 의미적, 화용적 고유성을 부각시키려 한다. 원천텍스트는 번역되기보다는 문헌학적으로 보존된다. 대다수 문헌학적 번역은 이를 예상한 전문가 급 독자를 상정한다. 목표텍스트에서 원천언어 요소들은 의도적으로 유지된다. 문헌학적 번역은 '멀어지게 하기alienation'를 위해 행해진다. 그러한 번역은 특정 니즈와 적절한 배경을 갖는 특정 독자를 대상으로 한다. 매우 이상하게도 그러한 특정 의도와 특수한 상황 때문에 이러한 번역도 소통적 등가물로 간주될 수 있을 것이다. 이렇게 되면 소통적 등가의 개념이 너무 넓게 확장된다. 이러한 경우는 텍스트 의미와, 소통적 등가 및 텍스트 등가의 개념에 필수적인 원형성의 관계를 버리는 것이 된다.

　　번역의 소통적 등가는 텍스트적 불확정성textual indeterminacy의 요소를 암시한다. 독자에 의해 텍스트에서 추출된 텍스트 의미는 번역자가 조정한 것이다. 동일한 텍스트가 여러 번 번역되어 여러 가지 대안적인 L2 텍스트화를 야기할 수 있다. 이럴 경우 여러 가지 L2 텍스트화가 일어날 수 있으며, 각 텍스트는 원천과 텍스트적, 소통적으로 등가적일 수 있다. 엄격하게 말해서 이러한 대안적 텍스트는 병렬텍스트가 아니다. 그러나 이러한 텍스트들은 텍스트적 특성을 공유한다. 이러한 텍스트들이 서로의 텍스트성을 정의하는 데 기여할 수 있는 경우도 있을 수 있다. 이러한 자매 텍스트들이 서로 상이한 의사소통 상황에서 생성된 대안적 해석들의 집단으로 이루어진 번역의 집합을 구성한다.

텍스트와 번역 이론: 끝맺는 말

본서에서 소개한 번역에 대한 텍스트적 접근에서 실용적 의의를 찾을 수 있는가? 번역 교육에 대한 영향을 고려해 보자(Neubert, 1984). 텍스트적 접근을 통해 번역 학습자들이 텍스트적 요소에 대한 인식을 바탕으로 하여 번역 전략과 방법을 익히는 데 도움이 될 수 있도록 교육 기법과 자료를 개발하는 것이 가능할 것이다. 필자가 기술한 텍스트성의 요소들 전체가 강의요강이나 교과과정에서 철저하고 자세하게 다루어진다면 이 또한 유용할 것이다. 이러한 프로그램은 예측 가능성과 품질 관리라는 중요한 경험적 질문들에 대한 우리의 주의를 환기시킬 것이기 때문에 상당히 유용할 것이다. 예컨대 사용자가 수용하고 유용하다고 판단하는 번역이 텍스트성의 특성을 보이는 번역이기도 한가? 품질 관리는 실용 번역 업계에서 중요한 문제이다. 번역이 어떠해야 하고 기존 번역의 문제는 무엇인가에 대한 진술들은 텍스트 등가와 소통적 등가를 생성하는 요소들에 대한 이해를 전제로 한다. 우리는 등가에 기여하는 요소들을 분리함으로써 번역이 잘못되는 방식을 구분할 수 있다.

필자가 제시한 개념들은 번역에 대한 경험적 연구와 번역 실무에서 활용할 수 있는 분석 체제이다. 필자의 접근법이 갖는 개념적 타당성과 실용성은 번역 실무에 대한 관찰을 통해서만 검증될 수 있다. 경험적 증거를 바탕으로 필자의 방식들이 변경되고, 필요하다면 거부될 수도 있을 것이다. 그럴 경우 필자는 번역 실무에서 관찰된 사실들을 설명할 수 있는 새로운 개념들을 개발해야 할 것이다. 텍스트 원형 개념이 갖는 영향력은 이를 뒷받침하는 텍스트 사례와 번역 실례에 대한 경험적 지식 모음이 형성됨에 따라 실용적으로 중요해질 것이다. 특히 성공적이거나 효과적이라고 판단되는 번역물을 포함하여 번역에 대한 상세한 연구가 번역에 대한 텍스트적 접근의 타당성을 입증하는 열쇠이다.

필자의 주장들은 과거의 번역 가능성 개념에 대해서도 의의가 있다. 이 개념은 번역의 모든 실무적 문제들의 핵심이다. 필자가 판단하기에 번역 가능성은 오직 텍스트적 고려사항들에 의해 결정된다. 번역 가능성은 텍스트화 잠재성과, 더 폭넓게는 의사소통 잠재성에 의존한다. 본서의 논의에 있어서 기본 가정은 구조화된 상호작용structured interactions과 상호작용 구조들 interactional structures이 일치하는 것은 텍스트 내에서란 점이다. 이러한 논의는 번역 가능성은 텍스트적 토대 위에서만 논할 수 있다는 경험 많은 번역사와 번역학자의 주장을 뒷받침한다. 텍스트화는 번역을 가능하게 하는 전역적 전략이다. 소통적 등가와 마찬가지로 번역 가능성은 L1 텍스트와 L2 텍스트 간 관계이다. 번역 가능성은 텍스트의 원형적 텍스트성prototypical textuality의 한계 내에서만 논할 수 있다.[70]

---

70) 한 의사소통 공동체가 다른 공동체에서 잘 다듬어진 원형을 텍스트 레퍼토리에 포함시키지 않는 상황(호주 원주민과 광고 텍스트의 예)을 상상해볼 수 있을 것이다. 이런 경우가 실제 번역 불가

번역자는 무엇보다도 번역을 하나의 텍스트로 다루어야 한다. 다른 모델들은 번역을 언어학적, 심리학적, 전산학적, 비평적, 혹은 사회적 현상으로 이해하는 데 도움을 준다. 하지만 텍스트적 접근만이 실무와 완전하게 연동된다. 번역이 텍스트적 과정이고 번역물이 항상 텍스트라는 개념은 이와 같은 다른 모델들에 대해서도 의의가 있다. 번역의 심리언어학은 텍스트 생산과 이해 과정을 다루어야 한다. 사회문화적 모델은 규칙의 지배를 받는 상호작용 구조의 표현으로서 텍스트가 하는 역할과 텍스트적 파트너들textual partners의 사회적 관계를 재평가해야 한다. 전산학적 모델의 한계 및 미래의 향방은 텍스트 요소들을 다룸으로써 확장될 것이다. 비평의 접근법조차도 텍스트의 결합과 관련하여서는 텍스트적 접근법과 하나가 된다. 필자가 텍스트적 과정에 대해 논하였지만 그 과정의 최종 결과물은 텍스트이다. 비평가가 평가하는 번역 결과물은 부호 해독 후 재부호화 된 언어적 항목이 무작위로 연결된 것이 아니다. 그 결과물은 그 자체로 텍스트이며, 텍스트여야 한다.

모든 번역 이론은 번역의 텍스트성을 설명해야 한다. 번역물이 언제나 텍스트이기에, 그리고 번역이 언제나 텍스트적 과정이기 때문에 번역 이론은 텍스트 이론의 일부이다. 본서는 텍스트 기반 번역 이론을 개략적으로 제안하였다. 필자는 우리가 소개한 주제들을 추구하도록 번역학계에 요구한다. 텍스트 기반 번역 이론은 텍스트 사례 및 번역 실례에 대한 경험적 관찰과 분석에 토대를 두어야 하며 이에 의해 검증되어야 한다. 그래야만 우리는 번역이 어떻게 작동하는지 이해할 수 있다. 번역의 텍스트적 과정에 대한 경험적 이해를 바탕으로 우리는 번역 교육과 번역 실무를 개선할 수 있다. 필자의 번역 이론은 실무 지향적이다. 이 번역 이론은 번역을 설명하고 기술하고자 하지

능성intranslatability에 해당한다. 그러나 번역의 역사를 돌이켜 보면 번역 불가능성이 언어 접촉의 직접적 영향 하에서 생성된 사회적, 소통적 니즈의 영향 앞에 무너진 사례가 많다.

만, 번역을 개선하는 것도 목표로 한다. 이 이론에서 번역이 어떻게 이루어져야 하는지에 대한 처방은 하지 않을 것이다. 그 대신, 이 이론은 텍스트적으로, 소통적으로 등가적인 번역에 대한 면밀한 기술을 통해 세상에서 가장 중요하고 가장 명예로운 전문 분야를 현재 연구하고 있고 여기에 몸담고 있는 사람들에게 어떻게 번역의 학문이 실제적인 도움을 줄 수 있는지 보여줄 것이다.71)

---

71) Goethe는 Thomas Carlyle에게 보낸 편지에서 "번역에 대해 어떤 비판이 난무하든 간에, 지구상에 존재하는 모든 것을 통틀어 번역만큼 중요하고 가치 있는 일은 존재하지 않고, 또 앞으로 생겨나지도 않을 것이다[원문은 독일어]"(Goethe 1907)라고 썼다.

참고문헌

Anderson, J. R. 1976. *Language, Memory, and Thought.* Hillsdale N. J.: Erlbaum.

Aphek, E., and Y. Tobin. 1981. Problems in the Translation of Word Systems. *Journal of Literary Semantics* 10(1):32-43.

_____. 1983. The Means is the Message: On the Intranslatability of a Hebrew Text. *Meta* 28(1):57-69.

Austin, J. 1962. *How to Do Things with Words.* London: Oxford University Press.

Barik, H. C. "A Study of Simultaneous Interpretation." Ph.D. diss., University of North Carolina at Chapel Hill, 1970.

Barnhart, C. L., S. Steinmetz and R. K. Barnhart. 1980. *The Second Barnhart Dictionary of New English.* Bronxville, N.Y.: Barnhart Books.

Barthes, R. 1979. From Word to Text. In *Textual Strategies,* ed. J. Harari, 73-81. Ithaca: Cornell University Press.

Beaugrande, R. de. 1978. *Factors in a Theory of Poetic Translation.* Assen: van Gorcum.

_____. 1980a. *Text, Discourse, and Process.* London: Longman.

_____. 1980b. Towards a Semiotic Theory of Literary Translating. In *Semiotik und Übersetzen,* ed. W. Wills, 23-42. Tübingen: Narr.

Beaugrande, R. de, and W. Dressler. 1981. *Introduction to Text Linguistics.* London: Longman.

Berglund, L. O. 1990. The Search for Social Significance. *Lebende Sprachen* 35(4): 145-51.

Bickerton, D. 1973. The Structure of Polylectal Grammars. In *Sociolinguistics: Current Trends and Prospects,* ed. R. Shuy, 17-42. Washington, D.C.: Georgetown University Press.

Bierwisch, M. 1979. Wörtliche Bedeutung-eine pragmatische Gretchenfrage. *Linguistische Studien* Reihe A(60):48-80.

Blanke, G. 1973. *Ein Führung in die semantische Analyse.* Munich: Hueber.

Bobrow, D., and A. Collins, eds. 1975. *Representation and Understanding.* New York: Academic Press.

Bobrow, D., and T. Winograd. 1977. An Overview of KRL: A Knowledge Representation Language. *Cognitive Science* 1:3-46.

Bouchard, J. 1960. *The Twin-Bed Marketing Technique.* Quebec: Editions Belle Province.

Bühler, H. 1988. Introductory Paper: Text Linguistics, Text Types and Prototypes. *Meta* 33(4):465-67.

Catford, J. C. 1965. *A Linguistic Theory of Translation.* London: Oxford University Press.

Clark, H., and E. Clark. 1977. *Language and Psychology.* New York: Harcourt, Brace and Jovanovich.

Clark, H., and C. R. Marshall.1981. Definite Reference and Mutual Knowledge. In *Elements of Discourse Understanding,* ed. A. Joshi, B. Webber, and I. Sag, 10-63. London: Cambridge University Press.

Cresswell, M. J. 1973. *Logic and Languages.* London: Methuen.

Danks, J. 1993. The Psycholinguistics of Reading and Translation. In *Proceedings of the Fifth International Conference on Basic Issues in Translation Studies,* ed. G. Shreve, A. Neubert, and K. Gommlich. Kent State University Forum on Translation Studies no. 2. Kent, Ohio.

DeLisle, J. 1980. *Translation: An Interpretive Approach.* Translation Studies, no. 8. London: University of Ottawa Press.

Dillon, G. 1982. *Constructing Texts: Elements of a Theory of Composition and Style.* Bloomington: Indiana University Press.

Duff, A. 1981. *The Third Language: Recurrent Problems of Translation into English.* Oxford, New York: Pergamon.

Eikmeyer, H. J. 1983. Procedural Analysis of Discourse. *Text* 3(3):11-37.

Fillmore, C. J. 1976. Frame Semantics and the Nature of Language. *Annals of the New York Academy of Science* 280:20-31.

Fishman, J. A. 1968. *Readings in the Sociology of Language.* The Hague: Mouton.

Friedrich, W. 1969. *Technik des Übersetzens, Englisch und Deutsche* Munich: Hueber.

Garnham, A. 1983. What's Wrong with Story Grammars. *Cognition* 15:145-54.

Garnham, A., J. Oakhill, and P. N. Johnson-Laird. 1982. Referential Continuity and the Coherence of Discourse. *Cognition* 11:29-46.

Gerver, D., and H. W. Sinaiko. 1977. *Language Interpretation and Communication.* New York and London: Plenum.

Goethe, W. 1907. *Goethes Werke.* Weimar: Böhlaus.

Goldman, S. R. 1982. Knowledge Systems for Realistic Goals. *Discourse Processes* 5(34): 279-304.

Gommlich, K., and K. Förster. 1991. Text Patterns in a Computer-assisted Translation System. *Linguistische Studien* A(196):72-79.

Graustein, G. et al. 1977. *English Grammar: A University Handbook.* Leipzig: Enzyklopädie.

Greimas, A. J., and J. Courtes. 1982. *Semiotics and Language: An Analytical Dictionary.* Bloomington: Indiana University Press.

Grice, P. 1975. Logic and Conversation. In *Speech Acts,* ed. E. P. Cox and J. L. Morgan, 41-48. Syntax and Semantics, vol. 3. New York, San Francisco, London: Academic Press.

Gumperz, J. 1982. *Discourse Strategies: Studies in Interactional Sociolinguistics.* Cambridge: Cambridge University Press.

Gutt, E. A. 1990. A Theoretical Account of Translation-Without a Translation Theory. *Target* 2(2):135-64.

Hall, E. T. 1959. *The Silent Language.* Greenwich, Conn.: Fawcett.

Halliday, M. A. K. 1971. Linguistic Function and Literary Style: an Inquiry into the Language of William Golding's *The Inheritors.* In *Literary Style: A Symposium,* ed. S. Chatman, 362-400. New York: Oxford University Press.

_____. 1978. *Language as a Social Semiotic.* London: Arnold.

Halliday, M. A. K., and R. Hasan. 1976. *Cohesion in English.* London: Longman.

Harris, B. 1977. The Importance of Natural Translation. *Working Papers on Bilingualism* 12:96-114.

_____. 1983a. Translation, Translation Teaching, and the Transfer of Technology. *Meta* 28(1):5-16.

_____. 1983b. Co-writing: A Canadian Technique of Communicative Equivalence. In *Semantik und Übersetzungswissenschaft,* ed. G. Jäger and A. Neubert, 121-32. Übersetzungswissenschaftliche Beiträge 6. Leipzig: Verlag Enzyklopädie.

Harris, B., and B. Sherwood. 1978. Translating as an Innate Skill. In *Language, Interpretation and Communication,* eds. D. Gerver and H. W. Sinaiko, 155-70. New York and London: Plenum.

Harris, Z. S. 1963. *Discourse Analysis Reprints.* The Hague: Mouton.

Hartmann, R. R. K. 1980. *Contrastive Textology: Comparative Discourse Analysis in Applied Linguistics.* Heidelberg: Groos.

Hartung, W. 1981. Über die Gesellschaftlichkeit der Sprache. *Deutsche Zeitschrift für Philosophie* 8:1302-14.

Hasan, R. 1968. *Part I: Grammatical Cohesion in Spoken and Written English.* Papers of the Programme in Linguistics and English Teaching Series I, vol. 7. London: Longman.

Hintikka, K. J. J. 1962. *Knowledge and Belief.* Ithaca: Cornell University Press.

Holz-Mänttäri, J. 1984. *Translatorisches Handeln: Theorie und Methode.* Helsinki: Suomaleinen Tiedeakatemia.

Hopper, Paul J. 1979. Aspect and Foregrounding in Discourse. In *Discourse and Syntax,* ed. T. Givon, 213-41. *Syntax and Semantics,* vol. 12. New York: Academic Press.

_____. 1982. *Tense-aspect Between Semantics and Pragmatics.* Amsterdam: Benjamins.

Hymes, D. 1962. The Ethnography of Speaking. In *Anthropology and Human Behavior,* ed. T. Gladwin and W. C. Sturtevant, 99-138. Washington D.C.: Anthropological Society of Washington.

Jäger, G. 1975. *Translation und Translationslinguistik.* Halle: Niemeyer.

_____. 1980. Translation und Adaptation. *Linguistische Arbeitsberichte* 26:1-11.

_____. 1983. Theorie der sprachlichen Bedeutungen und Translation. In *Semantik und Übersetzungswissenschaft,* ed. G. Jäger and A. Neubert, 53-61. Übersetzungswissenschaftliche Beiträge 6. Leipzig: Verlag Enzyklopädie.

Jäger, G., and D. Müller. 1982. Kommunikative und Maximale Äquivalenz von Texten. In *Äquivalenz bei der Translation,* ed. G. Jäger and A. Neubert, 43-57. Übersetzungswissenschaftliche Beiträge 5. Leipzig: Verlag Enzyklopädie.

Jäger, G., and A. Neubert, A. 1982. *Äquivalenz bei der Translation.* Übersetzungswissenschaftliche Beiträge 5, Leipzig: Enzyklopädie.

Johnson-Laird, P. N. 1981. Mental Models of Meaning. In *Elements of Discourse Understanding,* ed. A. Joshi, B. Webber, and I. Sag, 106-26. London: Cambridge University Press.

Joshi, A., B. Webber, and I, Sag. 1981. *Elements of Discourse Understanding.* Cambridge: Cambridge University Press.

Just, M. A. and Carpenter, P. A. 1977. *Cognitive Processes in Comprehension.* New York: Erlbaum.

Kelletat, A. F. 1987. Die Rückschritte Übersetzungstheorie. In *Übersetzen im Fremdsprachenunterricht: Beiträge zu Übersetzungswissenschaft — Annäherunen an eine Übersetzungsdidaklik,* ed. R. Ehnert and W. Schleyer, 33-49. Materialien Deutsch als Fremdsprache vol. 26. Regensburg: Johannes-Gutenberg Universität.

Kiernan, T. 1979. *The Intricate Music: A Biography of John Steinbeck.* Boston, Toronto: Little, Brown.

Kintsch, W. 1977. *Memory and Cognition.* New York: Wiley.

Krings, H. P. 1986a. Was in den Köpfen von Übersetzern vorgeht. Eine empirische Untersuchung zur Struktur des Übersetzungsprozesses an fortgeschrittenen Französichelernern. *Tübinger Beiträge zur Linguistik* 291.

_____. 1986b. Translation Problems and Translation Strategies of Advanced German Learners of French. In *Interlingual and Intercultural Communication: Discourse and Cognition in Translation and Second Language Acquisition Studies,* ed. J. House and S. Blum-Kulka, 263-75. Tübingen: Narr.

_____. 1988. Blick in die 'Black Box' — Eine Fallstudie zum Übersetzungsprozeß bei Berufsübersetzern. In *Textlinguistik und Fachsprache: Akten des Internationalen Übersetzungswissenschaftlichen AILA-Symposium,* ed. R. Arntz, 393-412. Hildesheim: Olms.

Kuhn, T. S. 1970. *The Structure of Scientific Revolutions.* Chicago: University of Chicago Press.

Kutz, V. 1977. Zur translatorischen Auflösung der Nulläquivalenz russischsprachiger Realienlexeme im Deutschen. Diss. A, Karl-Marx-Universität, Leipzig.

Labov, W. 1970. The Study of Language in its Social Contexts. *Studium Generale* 23:30-87.

Lawson, V. 1983. The Language of Patents. A Typology of Patents, with Particular Reference to Machine Translation. *Lebende Sprachen* 2:58-61.

Lewis, D. K. 1969. *Convention,* Cambridge: Harvard University Press.

Lyons, J. 1977. *Semantics: Volume I.* Cambridge: Cambridge University Press.

Mandler, J. M., and N. S. Johnson. 1977. Remembrance of Things Passed: Story Structure and Recall. *Cognitive Psychology* 9:111-51.

Martinet, A. 1964. *Eléments de linguistique générale.* Paris: Librairie Armand Colin.

Marx, K., and F. Engels. 1970. *Die deutsche Ideologie.* Marx und Engels, AusgewählteWerke vol. 1. Berlin: Dietz.

Meyer, B. 1975. *The Organization of Prose and its Effects on Memory.* Amsterdam: North Holland.

Miller, J. States of Mind: Conversation with Psychological Investigators, BBC Radio Interview. London, 1983.

Mitchell, T. F. 1984. Soziolinguistische und stilistische Aspekte des gesprochenen Arabisch der Gebildeten Educated Spoken Arabic in Ägypten und der Levante. *Sitzungsberichte der Sächsischen Akademie der Wissenschaften zu Leipzig* 123(6): 228-40.

Neubert, A. 1968a. *Grundfragen der Übersetzungswissenschaft.* Fremdsprachen, Beiheft II. Leipzig: Verlag Enzyklopädie.

_____. 1968b. Pragmatische Aspekte der Übersetzung. In *Grundfragen der Übersetzungswissenschaft,* ed. A. Neubert. Fremdsprachen, Beiheft II. Leipzig: Verlag Enzyklopädie.

_____. 1972. Theorie und Praxis für die Übersetzungswissenschaft. In *Applied Contrastive Linguistics, Proceedings of the Third AILA Congress Copenhagen,* 38-60, Heidelberg: Groos.

_____. 1973a. Invarianz und Pragmatik. In *Neue Beiträge zu Grundfragen der Überrsetzungswissenschaft //,* ed. A. Neubert and O. Kade, 13-26. Leipzig: Enzyklopädie.

_____. 1973b. Zur Determination des Sprachsystems. *Zeitschrift für Phonetik, Sprachwissenschaft und Kommunikationsforschung* 26(6):617-29.

_____. 1979. Words and Texts. *Linguistische Studien* Reihe A(55): 16-29.

_____. 1980. Textual Analysis and Translation Theory, or What Translators Should Know about Texts. *Liguistische Arbeitsberichte* 38:23-31.

_____. 1982. Textsemantische Bedingungen für die Translation. *Äquivalenz bei der Translation,* ed. G. jäger and A. Neubert, 22-36. Übersetzungswissenschaftliche Beiträge 5. Leipzig: Verlag Enzyklopädie.

_____. 1983a. Translation und Texttheorie. In *Semantik und Übersetzungswissenschaft,* ed. G. Jäger and A. Neubert, 100-110. Übersetzungswissenschaftiiche Beiträge 6. Leipzig: Verlag Enzyklopädie.

_____. 1983b. Methodologische Aspekte des Verhältnisses zwischen Konfrontations und Translationslinguistik. In *Studien zur Sprachkonfrontation Englisch-Deutsch,* ed. K. Hansen, 32-34. Berlin: Humboldt-Universität.

_____. 1984. Text-bound Translation Teaching and the Prototype View. In *Die Theorie des Übersetzens und ihr Aufschlußwert für die Übersetzungs und Dolmetschdidaklik,* ed. W. Wills and G. Thome, 61-70. Proceedings of the International Association for Applied Linguistics. Tübingen: Narr.

_____. 1985a. Maximale Äquivalenz auf Textebene? *Linguistische Arbeitsberichte* 47:12-23.

_____. 1985b. Textlinguistik des Übersetzens. *Linguistische Studien* Reihe A(135):15-24.

_____. 1986. Translatorische Relativität. In *Übersetzungswissenschaft —eine Neuorientierung. Zur Interierung von Theorie und Praxis,* ed. M. Snell-Hornby, 8-105. Tübingen: Francke.

_____. 1987. Beziehungen zwischen Semantik und Pragmatik in translatorischer Sicht. *Sitzungsberichte der Akademie der Wissenschaften der DDR* 15:40-44.

_____. 1988. Top-down Prozeduren bei translatorischen Informationstransfer. In *Semantk, Kognition und Äquivalenz,* ed. G. Jäger and A. Neubert, 18-30. Übersetzungswissenschaftliche Beiträge 11. Leipzig: Enzyklopädie.

_____. 1989. Interference Between Languages and Between Texts. In *Interferenz in der Translation,* ed. H. Schmidt, 56-64. Übersetzungswissenschaftliche Beiträge 12. Leipzig: Enzyklopädie.

_____. 1990. Übersetzen als Aufhebung des Ausgangstextes. In *Übersetzungswissenschaft, Ergebnisse und Perspektiven. Festschrift für Wolfram Wilss zum 65. Geburtstag,* ed. R. Arntz and G. Thome, 31-39. Tübingen: Narr.

_____. 1991a. Computed-Aided Translation: Where are the Problems. *Target* 3(1):55-64.

_____. 1991b. Models of Translation. In *Empirical Research in Translation and Intercultural Studies. Selected Papers of the TRANSIF Seminar,* ed. S. Tirkonnen-Condit, 17-26. Tübingen: Narr.

_____. 1992. Alternative Modelle des Übersetzens. In *Fremdsprachenunlterricht im internationalen Vergleich-Perspektive 2000,* ed. C Gnutzmann, F. Königs and W. Pfeiffer. Reihe Schule und Forschung. Frankfurt: Diesterweg. In print.

_____. 1993. Introduction to the Fifth International Conference on Basic Issues in Translation Studies. In *Proceedings of the Fifth International Conference on Basic Issues in Translation Studies,* ed G. Shreve, A. Neubert, and K. Gommlich. Kent State University Forum on Translation Studies no. 2. Kent, Ohio. Forthcoming.

Newell, A., and H. Simon. 1972. *Human Problem Solving.* Englewood Cliffs: Prentice Hall.

Newmark, P. 1981. *Approaches to Translation.* Oxford, New York: Pergamon.

_____. 1983. Translation and the Informative Function of Language. *Lebende Sprachen*

28(4): 160-65.

_____. 1989. Modern Translation Theory. *Lebende Sprachen* 34(1):6-9.

_____. 1991. The Curse of Dogma in Translation Studies. *Lebende Sprachen* 36(3):105-8.

Nida, E. A. 1975. *Componential Analysis of Meaning.* The Hague: Mouton.

Nida, E. A., and C, Taber. 1969. *The Theory and Practice of Translation.* Leiden: Brill.

Norton, G. P. 1984. *The Ideology and Language of Translation in Renaissance France and their Human Antecedents.* Geneva: Droz.

Omanson, R. C. 1982. An Analysis of Narratives: Identifying Central Supportive, and Distracting Content. *Discourse Processes* 5(34):195-224.

Pergnier, M. 1978. *Les fondements sociolinguistiques de la traduction.* Paris: Diffusion Librairie Honoré Champion.

Perret, J. 1975. Traduction et paroles. In *Problèmes de la traduction littéraire.* Louvain: Bibliothèque de l'Université.

Petöfi, J. S. 1979. *Text vs. Sentence: Basic Questions of Text Linguistics.* Hamburg: Buske.

_____. 1983. *Methodological Aspects of Discourse Processing.* Text, vol. 6, no. 1. Amsterdam: Mouton.

Reiß, K. 1990. Das Mißverständnis vom "eigentlichen" Übersetzen. In *Übersetzungswissenschaft: Ergebnisse und Perspektiven. Festschrift für Wolfram Wilss zum 65. Geburtstag,* ed. R. Arntz and G. Thome, 40-54. Tübingen: Narr.

Reiß, K., and H. Vermeer. 1984. *Grundlegung einer allgemeinen Translationstheorie.* Tübingen: Niemeyer.

Robinson, D. 1991. *The Translator's Turn.* Baltimore and London: Johns Hopkins University Press.

Rumelhart, D. E. 1975. Notes on a Schema for Stories. In *Representation and Understanding,* ed. D. G. Bobrow and A. Collins, 211-36. New York:

Academic Press.

Saussure, F. de. 1916. *Cours de Linguistique Générale*. Paris: Payot.

Savory, T. 1968. *The Art of Translation*. 2nd ed. London: Cape.

Schank, R. 1975. *Conceptual Information Processing*. Amsterdam: North Holland.

_____. 1982. *Dynamic Memory. A Theory of Reminding and Learning in Computers and People*. Cambridge: Cambridge University Press.

Schank, R., and R. Abelson, 1977. *Scripts, Plans, Goals and Understanding. An Inquiry in Human Knowledge Structures*. Hillsdale, N.J.: Erlbaum.

Schank, R., and J. R. Carbonell. 1979. Re: The Gettysburg Address: Representing Social and Political Acts. In *Associative Networks*, ed. N. V. Findler, 327-62. London: Academic Press.

Scherf, W. 1990. Computer-assisted Translation, the Workstation, and the Translator. In *TKE '90: Terminology and Knowledge Engineering Volume I*, ed. H. Czap and W. Nedobity, 574-78. Frankfurt: Indeks Verlag.

Schmidt, H. 1982. Zur Beschreibung der Äquivalenzbeziehungen bei Kompressionen in Übersetzungen aus dem Russischen ins Deutsche. Diss. B., Karl-Marx-Universität, Leipzig.

Schutz, A. 1963. Concept and Theory Formation in the Social Sciences, In *Philosophy of the Social Sciences*, ed. M. Natanson. New York: Random House.

_____. 1970. *On Phenomenology and Social Relations*. Chicago: Chicago University Press.

Sdun, W. 1967. *Probleme und Theorien des Übersetzens in Deutschland vom 18. bis zum 20. Jahrhundert*. Munich: Hueber.

Séguinot, T. C. 1982. The Editing Function of Translation. *Bulletin of the Canadian Association of Applied Linguistics* 4(1):151-61.

Shreve, G. M. 1990. Requirements Analysis, Empirical Research and Prototyping in the Software Engineering of Workstations for Computer-Assisted Translation.

In *TKE '90: Terminology and Knowledge Engineering Volume I*, ed. H. Czap and W, Nedobity, 553-64. Frankfurt: Indeks Verlag.

_____. 1991. Evolution of the Translators Workstation as Virtual Desktop: Software Services and User Environment. In *Proceedings of the 32nd Annual Conference of the American Translators Association,* ed. L. Willson, 307-16. Medford: Learned Information Inc.

Shreve, G. M., C. Schäffner, J. Danks, and J. Griffin, 1992. Is There a Special Kind of Reading For Translation? An Empirical Study of the Role of Reading in Translation. Kent State University Institute for Applied Linguistics.

Smith, N. V. 1982. *Mutual Knowledge.* London, New York: Academic Press.

Snell-Hornby, M. 1986. Übersetzen, Sprache, Kultur. *Übersetzungswissenschaft eine Neuorientierung. Zur Integrierung von Theorie und Praxis,* 9-29. Tübingen: Francke.

_____. 1988. *Translation Studies. An Integrated Approach.* Amsterdam and Philadelphia: John Benjamins.

_____. 1991. Übersetzungswissenschaft: Eine neue Disziplin für eine alte Kunst? *BDU Mitteilungsblatt für Übersetzer und Dolmetscher* 37(1):4-10.

Sperber, D., and D. Wilson. 1982. Mutual Knowledge and Relevance in Theories of Comprehension. In *Mutual Knowledge,* ed. N. V. Smith, 61-100. London, New York: Academic Press.

Stein, N. L. 1982. What's in a Story: Interpreting in Interpretation of Story Grammars. *Discourse Processes* 5(34):319-35.

Sutherland, D. 1983. Taking the Lid off the Brain. *The Times Literary Supplement,* June 17, 641.

Talentino, K. 1991. The Translation of Spanish Medical Texts. Master's thesis, Kent State University, Kent, Ohio.

Thorndike, P. 1977. Cognitive Structures in Comprehension and Memory of Narrative Discourses. *Cognitive Psychology* 9:77-100.

Toury, G. 1982. A Rationale for Descriptive Translation Studies. *Disposition* 7(20):23-39.

Van Dijk, T. A. 1980. *Macrostructures, An Interdisciplinary Study of Global Structures in Discourse, Interaction, and Cognition.* Hiilsdaie, N.J.: Erlbaum.

Vázquez-Ayora, G. 1977. *Introducción a la Traductología.* Georgetown: Georgetown University Press.

Venuti, L. 1986. The Translator's Invisibility. *Criticism* 28(2):179-212.

_____. 1991. Translation as A Social Practice; or, The Violence of Translation. Paper presented at conference. Humanistic Dilemmas: Translation in the Humanities and Social Sciences, 26-28 September, at the State University of New York, Binghamton, New York.

Vermeer, H. 1983. Aufsätze zur Translationstheorie. Heidelberg: N.p.

_____. 1986. Voraussetzungen für eine Translationstheorie. Heidelberg: N.p.

Wilks, Y. 1977. Good and Bad Arguments about Semantic Primitives. *Communication and Cognition* 10:181-221.

Winograd, T. 1975. Frame Representations and the Declarative Procedural Controversy. In *Representation and Understanding,* ed. D. Bobrow and A. Collins,185-210. New York: Academic Press.

Winston, P. 1977. *Artificial Intelligence.* Reading, Mass.: Addison, Wesley.

Woods, W. A. 1981. Procedural Semantics as a Theory of Meaning. In *Elements of Discourse Understanding,* ed. A. Joshi, B. Webber, and I. Sag, 300-334. London: Cambridge University Press.

Wyler, S., and B. Wyler, trans. 1987. *The Swiss Civil Code.* Oxford: Oxford University Press.

가능세계 possible world … 97, 128

개념 의존 이론 conceptual dependency theory … 160

거시구조 macrostructure … 223-227

거시규칙 macrorule … 223-227

 • 구성 construction / 225-226

 • 삭제 deletion / 224-225

 • 일반화 generalization / 224-225

 • 영 zero / 225

거시명제 macroproposition … 223-226

거시처리 macroprocessing … 229

거짓 연어 pseudo-collocation … 170

결속성 cohesion … 167-192

 • 연어에 의한 by collocation / 170-178

 • 문법적 grammatical / 185-192

 • 포의적 hyponymic / 174

 • 간섭 interference / 170

 • 반복에 의한 by iteration / 177, 178

 • 어휘(적) lexical / 170-185, 191

 • 다치적 polyvalent / 184

공동 작성 co-write … 137

공동체 구성원 지위 공유 community co-membership … 91

공존성 copresence … 56-59

 • 직접적 direct / 95

 • 인접 immediate / 92

 • 간접적 indirect / 95-97

● 언어적 linguistic / 93-97, 128, 152, 208

　● 사전 물리적 prior physical / 93

　● 전제조건인 이해가능성 understandability as precondition for / 94

과소번역 undertranslation … 185

관계의 격률 maxim of relation … 129-134

단어 체계 word systems … 171, 180-185

대응 규칙 correspondence rules … 39, 67, 174

등가 equivalence … 230-237, 34, 41, 44, 45, 87, 162

　● 소통적 communicative / 230-237

　● 최대 maximal / 234-235

　● 텍스트적 textual / 230-237

문화 특유의 사물 realia … 125

미시구조 microstructure … 223-227

미시명제 microproposition … 223-226

방법의 격률 maxim of manner … 134-137

번역 translation

　● 상향식 bottom-up / 44

　● 하향식 top-down / 44

　● 능력 competence / 65, 74

　● 컴퓨터 보조 computer-assisted / 49, 51

　● 비평 criticism / 34

　● 기술론적 descriptive / 22

　● 처방론적 prescriptive / 22

　● 발달 evolution / 203

　● 전문가 시스템 expert system for / 52

　● 발견적 heuristic / 55

　● 상호작용으로서의 as interaction / 70

- 학제 간 경계영역으로서의 as interdiscipline / 7
- 기계 machine / 49
- 모델 models of / 27
  ─ 응용 applied / 39, 42
  ─ 전산 computational / 49-53
  ─ 비평 critical / 33-36
  ─ 일차(적) first-order / 37, 59
  ─ 이차(적) second-order / 37, 59
  ─ 언어학적 linguistic / 38-45
  ─ 실무 practical / 36-38
  ─ 심리언어학적 psycholinguistic / 53-56
  ─ 사회문화적 sociocultural / 46-49
  ─ 텍스트언어학적 textlinguistic / 43-46
- 니드 need / 138
- 특허증 of patent / 140
- 문헌학적 philological / 236
- 화용론 pragmatics / 43
- 절차 procedure / 84-88
- 과정 process / 16-17, 32, 74-88
  ─ 인지적 cognitive / 84-85
  ─ 일차적 first-order / 86
  ─ 이차적 second-order / 87
- 수용자 지향적 recipient-oriented / 122
- 저항적 resistive / 13, 196
- 상황 situation / 65
- 전략 strategy / 55, 87
  ─ 인지적 cognitive / 54-55, 84-86
- 이론 theory / 237-240
  ─ 경험적 empirical / 26, 58
  ─ 통합(된) integrated / 29, 33, 58-61

- 변수 variables / 20-21
- 가상적 virtual / 31, 44, 169

번역가능성 translatability … 47

번역학 translation studies … 23-27, 61
- 연구 매개변수 research parameters for / 28

사고발화법 think-aloud-protocol … 54, 85

사회적 행동 방향 social course-of-action … 72, 86-88, 108

상호작용 목표 interactional aim … 117, 185

상호텍스트성 intertextuality … 192-202
- 조정된 mediated / 195-197

상황 situation
- 개작 adaptation in translation / 142
- 등가 equivalence of / 143
- 관리 management / 139
- 유형 types / 140

소통값 communicative value … 33, 227-230
- 이가 and heterovalence / 228, 235

스코포스 이론 skopos theory … 221

스크립트 script … 107, 111

스키마 schema … 107, 110-111

시나리오 scenario … 107-110

양의 격률 maxim of quantity … 124-127

어휘장 lexical field … 171

언어 공동체 speech community … 195

언어 조정 language mediation … 11

원천텍스트의 흠결 source text deficiency … 35

원형 prototype … 212-220
- 분석 analysis / 218-220

- 모호한 유형 as fuzzy type / 214
- 텍스트성 and textuality / 216-217
- 상위구조 superstructure / 217

응집성 coherence … 152-166

- 결정인자 determiners of / 155-159
- 전역적 global / 163-166
- 논리 구조 logical structure of / 152-153, 159
- 표지의 유형 typology of markers of / 159-163

의미양자 semantic quanta … 41, 99, 152

의미의 불변성 meaning invariance … 41

이론적 개별주의 theoretical particularism … 23

인지 틀 cognitive set … 229

죽은 텍스트 dead texts … 115

지식 knowledge

- 브로커 broker / 89
- 상호 mutual / 88-92
- 절차적 procedural / 77

질의 격률 maxim of quality … 127-129

탈장소적 상호작용 displaced interaction … 64

텍스처 texture … 168

텍스처의 재구성 re-texture … 219

텍스토니미 textonymy … 178-182

텍스트 text

- 추상적 abstract / 110
- 전역적 의미 global meaning of / 44, 224-227
- 전역적 명제 global proposition of / 223-225
- 문법 grammar / 69
- 발견적 heuristic / 145

- 이데올로기적 ideological / 48
- 상호작용 구조로서의 as interaction structure / 68
- 정신적 모델 mental model of / 31, 44, 154, 159, 169, 219, 221
- 토착 native / 145
- 최적 optimal / 136
- 병렬 parallel / 144-145, 194, 201, 218-220
- 유형 type / 198, 205-212
- 세계 world / 71

텍스트다움 textness … 113-115, 219

텍스트성 textuality … 32, 113-115

텍스트에 의해 유도된 텍스트 생산 text-induced text production … 46, 74

텍스트 유형론 text typology … 205-212
- 일차적 first-order / 72, 197, 202, 206-208, 212
- 이차적 second-order / 202, 206-208, 218

텍스트(의) textual
- 용인성 acceptability / 32, 119-137
- 능력 competence / 77-79
- 관습 conventions / 194
- 기대 expectations / 73, 193-194, 205-208
- 정보성 informativity / 143-151
- 의도성 intentionality / 115-119
- 생산 의도 productive intentions / 117
- 수용 의도 receptive intentions / 118, 130
- 표지 markers / 209-212
- 의미 meaning / 220-222
- 정보성의 순위 order of informativity / 147
- 프로파일 profile / 73, 193
- 연관성 relevance / 118, 129-134, 147
- 상황성 situationality / 138-143
- 상위구조 superstructure / 217

● 템플릿 template / 210-211

텍스트의 개념 concepts in texts

　● 기본 primary / 162-163

　● 부차적 secondary / 162-163, 166

텍스트 처리 text processing … 76

　● 이해 comprehension / 81-82

　● 생산 production / 77-83

프레임 frames … 97-107, 171

　● 인지적 cognitive / 99-104

　● 대응 correspondence of / 105

　● 기준적 criterial / 104

　● 확장 extension of / 110

　● 상호작용적 interactional / 101-102

　● 프로그램된 programmed / 107

　● 텍스트적 지시 textual references to / 107

플랜 plans … 107, 111

협력의 원칙 principle of cooperation … 122

| 옮긴이 | 주진국

충남대학교 영어영문학과 학사

한국외국어대학교 통번역대학원 한영과 번역학 석사

한국외국어대학교 통번역대학원 통번역학 박사

미국공인회계사

現 계명대학교 대학원 통번역학과 조교수

● 주요 역서: 『번역행위의 목적성』(제2역자), 『다시 산다는 것』

텍스트로서의 번역 Translation as Text

초판1쇄 발행일   2013년 6월 28일

지은이 Albrecht Neubert & Gregory M. Shreve / **옮긴이** 주진국
발행인 이성모
발행처 도서출판 동인
주 소 서울시 종로구 명륜2가 237 아남주상복합아파트 118호
등 록 제1-1599호
TEL   (02) 765-7145 / **FAX** (02) 765-7165
E-mail dongin60@chol.com / **Homepage** donginbook.co.kr
ISBN   978-89-5506-538-1
정가   15,000원

※ 잘못 만들어진 책은 바꿔 드립니다.